AF397106

LES
COSAQUES
DE L'INTÉRIEUR
OU LE GÉNIE
DES VAMPIRES DE JUILLET

PAR

F^{ois} DESCHAVANNE BINOT

SUIVIS

d'une Supplique de M. le B^{on} d'Argent-Court

A SA MAJESTÊ NAPOLÉON III.

PARIS

CHEZ L'AUTEUR, COUR DES MIRACLES, 9,

ET CHEZ LES PRINCIPAUX LIBRAIRES.

LES COSAQUES DE L'INTÉRIEUR

OU

LE GÉNIE DES VAMPIRES DE JUILLET.

1854

LES
COSAQUES
DE L'INTÉRIEUR
OU LE GÉNIE
DES VAMPIRES DE JUILLET

PAR

F^ois DESCHAVANNE BINOT

SUIVI

d'une Supplique de M. le B^on d'Argent-Court

À SA MAJESTÈ NAPOLÉON III.

PARIS

IMPRIMERIE G.-A. PINARD. — DENTAN ET Ce,

9, Cour des Miracles.

1854

AVANT-PROPOS.

Si les partisans du gouvernement de Juillet avaient cessé leurs intrigues ténébreuses après leur chute honteuse, rien au monde n'aurait pu me décider à écrire ce livre. Car il n'appartient qu'au lâche d'attaquer le faible. Mais comme je sais positivement qu'ils ont été à la veille, trois fois différentes, de faire un second escamotage, depuis le 24 février 1848, pour s'emparer de ce qu'ils appellent leur propriété, — chose qui est vraie en effet, si le bien volé appartient réellement et légalement à celui qui s'en est emparé par la ruse, la trahison, la force et l'assassinat, — et qu'il y a beaucoup….. de gens qui ont l'*impudence* de dire encore que l'*orléanisme* c'est la *France!* Je vais raconter quelques-uns des bons procédés qu'employait ce *tant regretté et si parfait gouvernement*, ainsi que quelques *hauts faits* de ses *augustes* princes, aux époques des trois fléaux orléanistes. On verra mieux ensuite jusqu'à quel point il convient de prêter l'oreille et de croire ce que disent les créatures de ce régime.

N'ayant pas même reçu une instruction élémentaire dans ma jeunesse, je ne puis promettre un style noble et recherché ; parce que mes études littéraires se bornent à ce que j'ai pu apprendre derrière la queue des vaches d'abord, puis ensuite dans les prisons et les cachots ; lieux dans lesquels les *humains*, *les illustres et très-vénérables* Orléanistes ont bien voulu me faire séjourner un certain laps de temps, en plusieurs fois. Soit avec les rouges-sang, soit ensuite, pour le bouquet, avec les voleurs, les réclusionnaires, les forçats et les assassins. Quoique ces *respectables* amis l'aient fait pour mon *bonheur*, sans doute ; c'est-à-dire pour remédier à l'éducation que mes parents avaient oublié de me faire donner, il y a une bien grande différence de la rhétorique qu'on démontre dans ces lieux de misère, à celle qu'on apprend dans les lycées, — du moins je le présume ; — mais c'est égal, par un excès de zèle, *plus vrai que celui des illustres*, pour mes concitoyens et pour ma patrie, je veux bien paraître parler mal à propos ; faire des phrases incohérentes et sans suite, ne sachant pas narrer.

Depuis bientôt vingt ans, nous avons fait quelque étude, autre que celle de la littérature : nous avons étudié méticuleusement les hommes et les choses. A force d'examiner consciencieusement leurs actes ; d'analyser scrupuleusement la conduite des partis et des factions politiques ; nous pouvons dire, sans présomption, que nous avons acquis quelque connaissance concernant les gouvernants et les gouvernés, qui suppléeront peut-être un peu à notre manque d'érudition. Mais on ne doit pas s'attendre à trouver dans cet opuscule des dissertations savantes, ni cette netteté de style qu'on voit surtout dans les œuvres des grands écrivains de Juillet et de Février.

Avec cela, ne connaissant pas l'art fameux du mensonge et de la dissimulation, je me vois encore une fois sous le coup de la haine implacable des prétendus *illustres hommes d'État* de ces deux fatales époques. Nous avons tant souffert, ma famille et moi, des suites des deux dernières tentatives d'assassinats *honnêtes* dont j'ai été victime, de la part des créatures des hommes de Juillet, pendant ma troisième captivité, que les questions personnelles ont failli prévaloir sur les questions générales ; c'est-à-dire que j'ai failli tout abandonner. Cependant, voyant l'admirable politique de l'empereur Napoléon **III**, d'un côté; de l'autre, le malaise profond auquel nous sommes exposés à chaque instant, nous, classe ouvrière, par l'intrigue des chevaliers d'argent, des vampires; sachant, en outre, combien de nobles cœurs battent sous l'habit grossier du travailleur, nous n'avons pu nous empêcher d'essayer de l'éclairer un peu en lui montrant les hommes et les choses tels qu'ils sont, puisque des hommes insensés, criminels, cherchent encore à l'égarer.

Ce livre est donc écrit pour les classes laborieuses, et aussi succinctement que le permet l'étendue d'un très vaste sujet afin de leur démontrer que, comme ces belles dames qui n'ont que la chair et les os, mais rien dedans, les moins mauvais des vampires de 1830 et de 1848, sauf une exception de *deux* ou *trois*, n'ont également que l'extérieur de beau et de bon: vu à l'œil nu, l'intérieur fait horreur. Ainsi que ces créatures dont ils sont les *admirateurs* et les risibles *poursuivants*, leur patriotisme, c'est l'argent; leur dignité, c'est l'argent; leur honneur, c'est l'argent; leur probité, c'est l'argent; leur moralité, c'est l'argent; leur religion, c'est l'argent; leur Dieu, c'est l'argent, toujours l'argent et rien que l'argent.

Pour éterniser une théorie politique où des noms propres tenaient la place des principes ; où l'égoïsme et l'orgueil tenaient lieu de devoir ; où l'intrigue, le mensonge et la perfidie singeaient la capacité gouvernementale et remplaçaient la vérité, ces *respectables* personnages *illustres* ne reculent devant rien : misère du peuple, déshonneur, abaissement de la nation , tout leur est bon.

Comme ce système désastreux ne fait que les affaires de quelques ambitieux, et qu'il est au détriment de plus de 35 millions d'âmes ; pour y mettre un terme, il suffira peut-être de jeter les yeux sur les actes de ces soi-disant *éminents hommes d'Etat*, qui trouvent tant à dire de tout gouvernement qui n'est pas spécialement bâclé par eux et composé de leurs membres.

Dans la crainte de faire un bien mauvais parti à certains fonctionnaires actuels , ainsi qu'à certains *honorables* magistrats, nous ne dirons pas toute la vérité ; mais nous ne dirons que la vérité et rien que la vérité ; nous nommerons tout par son nom, les personnes qui espèrent trahir le gouvernement exceptées.

Il y a déjà trop longtemps que l'erreur se cache dans des nuages obscurs, la vérité étant la mère de la justice et de la vertu, ne peut manquer de dissiper ces nuages : donc on ne doit pas hésiter à la dire, quand il s'agit du bien public, du bonheur de la nation, du bien-être de tant de millions d'habitants !....

On a beau dire que la vérité fait des ennemis, cela ne doit pas empêcher d'employer notre faible intelligence pour la faire sortir du puits profond où on la tient depuis si longtemps, depuis 1830 surtout. Pour qu'elle puisse, par son air noble et majestueux, son regard brillant, terrasser le hideux mensonge, ce monstre odieux qui a toujours fait la détresse du peuple, et qui cherche à reprendre pire que jamais son triste rôle dans nos destinées, il convient de faire tomber une fois ce voile épais qui lui couvre la face. Or, pour faire ressortir tout le vice de ce système honteux qui existait avant le 2 Décembre, nous parlerons sans haine, mais également sans crainte. C'est le seul moyen qui puisse dessiller les yeux de ce trop malheureux peuple, cette victime des habiles charlatans politiques, qui l'ont trompé tour à tour, depuis plus d'un demi-siècle, avec de belles phrases et des mots burlesques.

Malgré la trop pénible étude que nous avons faite des hommes et des choses, nous nous estimerons très heureux, si notre inexpérience dans l'art d'écrire nous permet d'atteindre le but que nous nous proposons, tant nous éprouvons de difficulté à tracer nos pensées sur le papier.

Je prie donc le lecteur de suppléer à mon ignorance littéraire, en m'aidant de sa patience et de son attention dans la laborieuse argumentation à laquelle je vais me livrer, autant pour lui que pour moi ; parce que je ne travaille pas pour ma personne seule ; mais aussi pour ceux auxquels la Providence n'a également donné que leurs travaux quotidiens pour subvenir à leurs besoins.

Par conséquent, si dans tout ce que je vais écrire, je parais céder souvent à un sentiment personnel, c'est le grand désir, d'abord, d'être utile à ma patrie et la profonde indignation que m'inspire le faux patriotisme, l'inhumanité, la perfidie, la scélératesse de quelques hommes engendrés par l'orgueil, l'égoïsme et la cupidité.

Quoiqu'ils aient été élevés aux écoles des *Talleyrand*, des *Louis-Philippe* et des *Laffitte*, nous verrons que tous ces Mirabeau-épiciers manquent de ce qu'il faut, de ce qui est indispensable pour faire des hommes pratiques. Lors même qu'ils ont dérobé aux *deux premiers* leurs roueries *perverses* et *traîtresses*, au *dernier* son *art fameux* de grouper les *chiffres ;* ces prétendus législateurs sages, ces soi-disant gouvernants modèles, comme *hommes d'Etat,* ne sont en réalité que des nullités, des anarchistes, des traînes-malheurs, des fauteurs de trouble quand même : ils savent détruire, mais absolument rien réédifier.

Et en effet, durant quatre ans, les *illustres* de Juillet surtout, simulaient rechercher une solution quelconque, pour donner de la stabilité au gouvernement de notre malheureux pays. Mais dès que la nation eut obtenu cette solution d'une manière légale, sans leurs pernicieux conseils ni leurs savantes et superbes personnes, ils n'ont plus été satisfaits. Il leur faudrait l'état d'agitation et la perspective d'une guerre civile imminente dans lesquels ils nous avaient acculés, pour les rendre contents. Aussi, *quoique avec beaucoup... plus de prudence qu'autrefois*, ils font des pieds et des mains pour nous ramener encore une catastrophe.

Quelque ruineuse qu'elle soit pour la nation, ils savent qu'ils n'ont que ce moyen pour se frayer une route vers tout ce que médite leur mercantille ambition. Et, comme il leur faut à tout prix des sinécures afin de se faire passer les uns les autres pour des *hommes importants*, de *grands politiques*, d'*illustres personnages d'État*; que leur importe un désastre de plus, puisqu'ils y trouvent leur compte? La France n'est-elle pas assez riche ? La classe ouvrière en souffre, il est vrai, mais que leur importe encore cette classe ouvrière, ne sommes-nous pas tous de la *vraie canaille*, de la *vile multitude*, de la chaire à *mitraille?* Eh! mon

Dieu oui. Les vampires de Juillet étant tous des *hommes supérieurs*, d'un *mérite hors ligne* et remplis de *loyauté*, de *probité rare*; si l'on en croit leurs *très vénérables créatures*, eux seuls sont la France, sont le progrès. Tout ce qui n'est pas Orléaniste ne vaut rien.

Nous en sommes fâché et pour eux et pour leurs partisans; mais comme nous avons observé, étudié et suivi pas à pas les hommes de tous les partis, de toutes les factions, de toutes les coteries, nous disons, *parce que nous pouvons le prouver,* qu'il n'y a rien de plus mauvais, de plus petit en tous points, de plus perfide, de plus scélérat que l'orléanisme, pas même le socialisme. Les grands hommes de celui-là, comme les grands-prêtres de celui-ci, ne sont que des êtres fort petits, bien au-dessous de l'ordinaire, qui savent dire de grands mots, faire de belles phrases, mais qui ne savent faire que cela. Quand on a examiné ce qu'ils ont fait durant les vingt-deux ans qu'ils avaient le pouvoir, et ce qu'ils auraient pu faire; non-seulement on est convaincu qu'ils sont aussi pauvres en actions fertiles, équitables, nationales et honorables, qu'ils sont beaux parleurs, mais encore on y voit la preuve écrite de ce que nous avançons plus haut.

Pour s'attirer une mesquine popularité des

masses, qui ne se rendaient pas compte des actes,
ces *honorables* savaient prendre les noms de *libéraux*, de *radicaux*, de *démocrates*, de *socialistes,*
suivant les temps et les circonstances ; puis, appeler le peuple son *ami,* son *frère,* pour le mieux
tromper, pour que ce peuple magnanime ne s'aperçût pas trop de leurs tripots, de leurs gaspillages
des deniers publics ; ce n'est pas ce qu'il faut pour
faire de bons gouvernants, c'est du bien, de l'intérêt public, c'est de la dignité pour la nation dont
on doit s'occuper, et non de l'intérêt privé.

Or, pour qu'on sache bien à quoi s'en tenir
sur le compte de **MM.** de Juillet et de Février,
nous allons dérouler leurs actes selon leur ordre
chronologique, ainsi que quelques *hauts faits* des
aïeux des princes d'Orléans; ces actes et ces hauts
faits se traduiront d'eux-mêmes. Et, quand on
aura bien apprécié le tout, nous ne doutons pas
que les gens de bien, tenant de près ou de loin aux
princes d'Orléans, aux hommes des factions
de 1830 ou de 1848, ne reconnaissent bien vite
que ceux-ci, comme les aïeux de ceux-là, ont été
généralement sans patriotisme, sans capacité, sans
dignité, sans probité, sans humanité et toujours
de vrais *chevaliers-d'argent*, dont le savoir et
l'amour du pays se bornent à saisir les instants
propices, pour obtenir de bons emplois publics

par toute espèce de moyens; pour entraver le char de l'État quand même, pour conduire le peuple à la misère, à l'abrutissement, au crime !.. tout en le forçant à croire que c'est pour sa liberté, pour son bien-être, quoi qu'ils n'y aient jamais pensé.

En voyant des actes si grands, si nationaux, si solennels que sont les votes de 1848, 51 et 52, concernant le Chef de la nation, il y avait lieu de croire que les *illustres* charlatans de l'orléanisme et du socialisme cesseraient leurs intrigues souterraines. Mais point, rien ne les arrête. Cette triple élection ne fait que les faire travailler davantage. Ils préfèrent l'escamotage, le vol, le crime, à la légalité.

Devrait-il en être ainsi, quand on a vu un grand peuple voter en toute liberté la forme de son gouvernement et choisir son chef? Vit-on jamais de spectacle plus imposant? Or, comme il n'y a rien qui soit plus légalement établi que ce gouvernement, ni de plus légitime que son chef; tout bon citoyen, quelles que soient d'ailleurs ses opinions politiques, ne doit-il pas s'incliner respectueusement devant cette triple acclamation qu'on a vu dans l'espace de quatre ans? Certainement, il ne peut y avoir que les ennemis de l'ordre, les ennemis du travailleur et de la patrie, les aveugles, les fous ou les athées qui ne puissent voir, dans cette triple élection de l'empereur Napoléon III, la volonté formelle de la Providence. Car c'est connu de tout le monde : la voix du peuple est la voix de Dieu !

Mais allons plus loin, supposons un instant, avec l'athéisme, que Dieu ne soit pour rien dans ces trois décisions ; de par la *loi*, le *droit* et la *morale*, on n'en doit pas moins soumission au gouvernement de l'auguste Prince qui a obtenu la première fois près de six millions de suffrages, quoiqu'il eût contre lui toute l'administration d'alors, qui poussait l'arbitraire jusqu'à retarder le départ des courriers ; qui obtint la deuxième, plus de sept millions et la troisième, plus de huit, sur dix millions de votants.

Avec des chiffres si élevés, quoique puissent dire les vampires de Juillet et de Février, peut-il y avoir le moindre doute ? Non, mille fois non : donc ce vote est bien l'expression vraie de la France. Or, cette dernière s'étant prononcée si formellement, la minorité, fût-elle de quelques millions de plus, elle ne devrait pas moins s'en soumettre par devoir.

Il est donc bien déplorable, pour nous, classe ouvrière, après des arrêts aussi souverains, de voir aujourd'hui des hommes assez pervers, assez mauvais patriotes ; assez insensés, assez criminels pour conspirer de nouveau, pour se servir encore, malgré les solennelles décisions du suffrage universel, de voies ténébreuses comme par le passé.

Pour tâcher d'affaiblir, de miner par sa base un gouvernement naissant, — plus légalement établi que tous ceux qu'on a vu depuis que les vampires ont assassiné Louis XVI, — un gouvernement qui a détruit l'anarchie, reconstitué l'autorité, préservé le pays des brigandages, des vols, des incendies et des meurtres de 93 ; il n'est sorte de calomnies, de ridicules dont les saltimbanques et leurs créatures ne se servent pour dépopulariser l'Empereur et amuser les badauds. Entre autres turpitudes, ils disent que Sa Majesté ne s'entoure que de personnes sans *mérite*, sans *qualité*, sans *crédit*, auxquelles on ne prêterait pas *cent sous sans caution*. Puis ils ajoutent ironiquement : « Et, pourtant, il veut singer le Grand Homme. » C'est à tort, il aura beau faire, il ne pourra » jamais être qu'un petit nain auprès de lui ; le » Neveu n'atteindra pas à la cheville de l'Oncle, » etc., etc. »

Pauvres bouffons ! la postérité sera plus juste que l'ambition déchue, que l'orgueil boursouflé de vanité de quelques esprits vindicatifs, chagrins, malades. Dans son appréciation impartiale, elle

dira que Napoléon III, dès son début, surpassa de
beaucoup Napoléon Ier, son oncle. Que celui-ci
avait su il est vrai détrôner le pillage, l'assassinat
et tous les crimes qui avaient été si bien organisés
par les princes d'Orléans et les autres vampires
d'alors, mais pour régner à la place de ces crimes,
pour s'emparer du pouvoir sans daigner consulter
la nation; tandis que celui-là, non-seulement avait
su empêcher le règne de 95, par son acte héroïque
du 2 décembre, mais encore après avoir préservé la France d'un cataclisme de malheurs, il
l'avait laissée libre de choisir son chef.

La postérité dira aussi, qu'aux menaces que lui
avaient fait l'Ours du Nord de sortir de sa tanière,
pour troubler la paix de l'Europe, en ayant soin
de lui rappeler comme épouvantail la gelée de
1812, Napoléon III avait fait donner une terrible
dégelée aux ports et à la marine russes en 1854,
pour toute réponse au bourreau des Polonais.

Or, si l'on veut être dans le vrai, il faut donc
retourner la phrase des Orléanistes et dire : que
non-seulement le 18 brumaire de l'oncle n'atteint
pas à la cheville du 2 décembre du neveu, mais
encore que sa politique extérieure est supérieure à
toutes celles qu'on a vu depuis des siècles. Sans
être lâche comme celle dès Orléanistes ni guerrière
comme celle de Napoléon Ier; quand les paroles de

paix ne suffisent pas à faire triompher le droit, Napoléon III sait faire respecter le drapeau de la France, ainsi que celui de ses alliés, en lançant des foudres de guerre, quand besoin est, contre les barbares ambitieux qui cherchent à attenter à l'indépendance des États et à fouler aux pieds la paix du monde. Lui du moins, protége le faible et n'aide pas le fort comme milord Philippe.

Sa politique intérieure n'est pas moins admirable que celle du dehors; car il est incontestable qu'il a plus fait pour les classes laborieuses, pour le bien public, en deux ans, que tous les charlatans et autres gouvernants durant soixante années. Mais, comme Sa Majesté a trouvé l'administration de l'intérieur dans un état encore plus déplorable que celle de l'extérieur, malgré sa sollicitude pour le triomphe de l'équité et de la justice, elle n'a pu encore faire réprimer tous ces monstrueux abus, ces infâmes actes arbitraires qu'avaient introduits les Orléanistes, et qui avaient été si soigneusement conservés par les Socialistes en 1848, dans l'espoir d'en profiter longtemps. Car il ne faut pas s'y tromper, pour épurer les fonctionnaires publics et chasser toute cette corruption qui a fonctionné vingt ans, il y a énormément à faire. Ce n'est pas quelques mois qui peuvent suffire à cette lourde tâche; il faut des années. Pour remercier ou poursuivre conformément à la loi des mauvais fonc-tionnaires, des magistrats prévaricateurs, il faut les connaître. Ensuite, quand une coterie, comme celle des vampires de Juillet qui ont fait semblant de se rallier à l'Empereur pour le trahir, et qui se soutiennent comme des larrons en foire ; qui ont un intérêt pécuniaire et politique qui empêche souvent la vérité d'arriver jusqu'au chef de l'État, la tâche devient beaucoup plus difficile et ne peut obtenir un résultat qu'après un certain laps de temps. Parce que dans cette coterie, il est des membres qui se trouvent, les uns alliés, les autres amis, parents, ou compatriotes des ministres, des marquis, des ducs et autres personnages hautement placés et dévoués à Sa Majesté. Ces hauts fonctionnaires étant trompés par la trahison de la coterie orléaniste, c'est ce qui fait que les améliorations du dedans ne peuvent aller que très doucement. Mais, comme Sa Majesté Napoléon III s'occupe activement de faire prévaloir partout la justice sur l'iniquité, le mensonge et la trahison ne vont pas tarder à faire place à la vérité ; et, malgré ce que disent les habiles, la France pourra mieux apprécier alors, que la politique du grand Empereur dont elle a fait choix est aussi sublime à l'intérieur qu'à l'extérieur. Les calomnies des factieux, de ces brouillons de haute école qui font semblant d'être patriotes, pourvu qu'on les laisse puiser dans la caisse du trésor, ne peuvent donc que devenir funestes à la nation, si on n'y prend pas garde. Les hommes qui s'en rendent coupables doivent inspirer plus que de la pitié aux honnêtes gens, surtout aux travailleurs; ils doivent leur faire horreur!...

Du reste, pour apprécier ces conspirateurs-nés, nous allons examiner leurs actes *avant*, *pendant* et *après* qu'ils sont au pouvoir; principalement depuis 1830, époque d'où ils ont successivement *si bien gouverné* d'après leur dire. Comme *gouvernants* habiles, nous allons voir si les surnoms d'*huîtres dans leurs écailles* ne seraient pas plus vrais que ceux d'*illustres*, d'*éminents hommes* d'État qu'ils se donnent.

Quand on les aura suivis pas à pas, malgré leur jactance et leurs calomnies, personne ne pourra plus se laisser prendre à leurs piéges perfides; parce que c'est au pied du mur qu'on voit le maçon.

Vu mon manque de pratique dans les lettres, je ne pourrai pas être aussi bref ni aussi correct que je le voudrais; mais je tâcherai d'être péremptoire. Quoique mes portraits ne soient pas ceux d'un maître, étant copiés tous d'après nature, ils seront d'une ressemblance parfaite, malgré la grossièreté du pinceau.

A défaut d'autre mérite, ils auront celui d'être vrais ; parce que si le mensonge qui nous berce vaut mieux parfois que la vérité qui nous cahote dans la vie privée, la ruse qui nous illusionne devient tôt ou tard un meurtre dans la chose publique. Ce livre sera donc sans phrases, ni emphase : il ne vaudra que par la vérité.

Paris, 1854.

CHAPITRE PREMIER.

De la Monarchie administrative des Mirabeau-saltimbanques.

PRIX DE REVIENT DU GOUVERNEMENT *à bon marché* DES GRANDS FINANCIERS DE L'ORLÉANISME.

Dans cinquante ans, la France ne voudra pas croire à son histoire ; les vieillards qui raconteront ce qui s'est passé depuis 1830 seront pris pour des radoteurs, les historiens pour des romanciers. Personne ne voudra croire qu'il ait existé un charlatanisme tel que celui des vampires de Juillet et de Février, durant plus de vingt ans. On ne pourra pas se mettre dans la tête qu'il ait pu régner en France, presque un quart de siècle, une espèce de folie générale, qu'on peut nommer la manie des tréteaux, de feu Bilboquet, appliquée à la politique de la première nation du monde ; où chacun voulait, bon gré mal gré se produire, se mettre en évidence pour faire fortune au détriment de son voisin, de son parent ou de son ami, par le moyen de quelques phrases souvent vides de sens.

Quand on dira qu'il n'y avait pas un goujat, quelque inepte qu'il fût, qui ne révât son moment de popularité, qui n'attendît un succès des plus grands, comment veut-on qu'on puisse le croire? Ce sera pourtant la vérité. Ce n'est qu'à cette maladie, qu'à cette triste et épidémique folie, si désastreuse pour le pays, qu'il faut attribuer ces incroyables et fabuleuses improvisations qu'on entendaient de tous côtés avant le 2 Décembre.

Oui, avant un siècle, la chose paraîtra si extraordinaire, que les journalistes paieront des prix exorbitauts le droit exclusif de publier en feuilletons les ouvrages des meilleurs historiens sur les règnes des Orléanistes et des Socialistes. Les feuilles publiques d'alors ne manqueront pas de rapporter le rôle important, et presque toujours honteux en même temps, qu'ont joué les *planches* et la *presse* jusqu'au 2 Décembre; ce sera le meilleur moyen à employer pour se faire une nombreuse clientèle.

On comprend que ce qui s'est passé ne puisse être regardé à cette époque comme une chose vraie, tant le charlatanisme qui a existé était extrême; mais ce qui ne se conçoit pas, c'est ce qui se passe aujourd'hui.

Qui aurait pu penser, il y a deux ans, qu'on oublierait si vite les Mirabeau-épiciers? Qui aurait pu croire alors, d'après les terribles leçons qu'ils nous ont forcé de prendre à nos dépens, que nous recommencerions déjà à prêter une oreille attentive et bien-

veillante à ces vampires saltimbanques, à ces intri-
gants, qui, malgré la sublime politique de l'Empereur, continuent à trouver mauvais, à tourner en
ridicule les actes de l'Élu de la nation ; de ce grand
Prince qui a non seulement sauvé la société d'un cataclisme de malheurs, mais encore qui a plus fait pour
les travailleurs en deux ans, que tous les *princes-
citoyens*, les *marquis* et *autres illustres* de la sociale et
de l'orléanisme réunis, durant les trente ans (1) que
ces derniers ont successivement gouverné?

Comme le merveilleux en politique a toujours nui
à la vérité, et par conséquent au bien-être du plus
grand nombre, il devait commencer à ne plus être si
cher aux Français. C'est vrai que l'erreur ressemble à
la Divinité, moins on la voit plus on la vénère; mais
ici, le cas n'est point le même, l'erreur s'est montrée,
s'est mise en évidence à plusieurs reprises. Comment
peut-on ne point se rappeler que lorsque le *philoso-
phisme* fut trop connu jadis, les vampires l'abandon-
nèrent pour adopter le *libéralisme*, puis qu'après
celui-ci usé, ils créèrent le *radicalisme* et enfin le
sublime socialisme?

Sachant par expérience qu'il n'est besoin que de
faire semblant de s'affubler des ombres du mystère
pour tromper les masses, les vampires de Février cer-
tifient que rien n'est *beau*, n'est *bon* que la *sociale*.
Ceux de Juillet assurent que la dynastie d'Orléans est
au-dessus de tout. Nous, nous croyons que celle-ci
représente les sentiments de Cartouche avec des de-

---

(1) Les huit premières années de la première république sont
comprises dans ces trente ans.

hors plus polis et plus hypocrites, et que celle-là représente purement et simplement les sentiments de Mandrin. Je défie qu'on puisse prouver le contraire.

Or, si les *honorables* de ces deux factions fussent restés dans la vie privée, leurs menées souterraines n'en seraient pas moins coupables, puisque la nation s'est formellement prononcée. Mais, d'après leur jactance et leurs belles théories, on comprendrait qu'on pût porter attention à leurs grands mots et qu'on pût les juger dignes de gouverner, ainsi que beaucoup le font. On pourrait comprendre encore, s'il n'avait été constamment trompé, que le peuple s'assemblât, comme les abeilles au son du bassin, au premier signal que lui font ceux qui se disent ses *amis*, ses *frères*. Mais comme on les a vus les uns et les autres, les maîtres absolus pendant vingt ans, de plus, avoir à leur disposition tous les éléments pour faire le bien et ne faisant à peu après que le mal, cet aveuglement du peuple est incompréhensible. Les ayant vus à l'œuvre, connaissant leur grand savoir et leurs merveilles, on devrait être fixé sur ce dont ils sont capables. D'où vient qu'on ne l'est point? C'est qu'on ne se rappelle pas de la veille. Les vampires ont fait tomber les classes pauvres dans une léthargie si profonde que la mémoire leur fait entièrement défaut. Ce n'est que cet assoupissement qui fait que les honnêtes gens, de tous les partis, ont toujours confiance dans ces charlatans. Mais si la maladie morale n'avait pas jeté ces personnes dans l'oubli, elles ne se demanderaient plus ce qui avait pu nous conduire à cette agitation permanente, à cette confusion d'idées, à ce tohu-bohu dont on ne vit jamais d'exemple, ni ce qui avait amené la société, qui est composée de chair et d'os, à l'état d'un être fictif.

Eh bien ! en attendant leur réveil, nous allons faire en sorte de le leur démontrer ; elles verront que ce sont les *œuvres du rare mérite* des *illustres* de 1830. Ces personnes honnêtes reconnaîtront que les vampires de cette époque ont travaillé de toutes leurs forces, ont employé tout leur prétendu *grand génie*, pour nous gratifier de la déplorable situation d'où nous sortons.

Si ce n'était la crainte de déplaire aux amis de la monarchie bâtarde des 219 et de la sociale, je dis de la sociale, parce que ceux-ci ne valent pas mieux, ils ne veulent aussi que de l'argent et des honneurs , — il ne faudrait que quelques lignes pour faire toucher du doigt cette plaie qui est encore dégoutante de sang. Il suffirait de dire que ce fut le triomphe de l'escroquerie, du vol, de la trahison, de l'ingratitude , de l'assassinat , consacré par 22 années de mensonges, de corruptions, de pillages , d'actes arbitraires et d'infamies de tous genres. Le tout exécuté avec beaucoup d'aplomb, de sangfroid, plus un semblant d'équité et de dignité tellement bien imité, que la plupart des gens de bien finissaient par croire qu'il y avait légalité.

Quoique vraies , ces expressions pouvant être trouvées trop fortes par les puritains des factions, nous allons énumérer les faits , laissant au lecteur la faculté de leur donner les noms qu'il lui plaira.

Sous la Restauration, Messieurs de Juillet disaient :

« Nous, *libéraux*, nous voulons le bonheur, le bien-» être des classes laborieuses ; il faut que la peine de

» l'ouvrier soit mieux rétribuée, qu'il n'y ait pas autant
» d'abus dans le gouvernement. Il y a trop de gens
» pour manger l'impôt, c'est ce qui ruine la nation
» et fait la misère du peuple. Il faut que ces abus
» soient réprimés, afin que cet impôt homicide,
» qu'on prélève, soit diminué. Nous voulons que l'é-
» galité devant la loi ne soit plus un mensonge, que
» l'aristocratie nobiliaire ne se nourrisse plus de la
» sueur du peuple, de ce travailleur qui paie propor-
» tionnellement le plus d'impôts, etc., etc.»—Mais ils
ne disaient pas qu'ils voulaient le tout, et plus encore
pour eux *spécialement.* Leurs actes nous le diront; mieux
que cela, ces actes nous prouveront qu'ils voulaient
tant de choses, qu'ils ont tout pris aux travailleurs,
qu'ils ont triplé sa détresse, qu'ils ne lui ont rien
laissé que des mensonges imprimés pour se nourrir.

S'il est vrai que l'impôt de la Restauration était
meurtrier, quel nom faudra-t-il donner à celui que
prélevèrent les Orléanistes, ces *illustres marchands de
blagues ?*

Quoique le gouvernement de la Restauration ne
fût point parfait, malgré ses fautes, son milliard aux
émigrés et tout le ridicule que lui prêtaient les *chevaliers d'argent* de l'orléanisme, comme dignité au dedans et au dehors, probité, légalité et bonne justice,
il valait mille fois mieux que celui de juillet. Même y
compris le malencontreux milliard, son budget n'a
pas atteint 900 millions, en moyenne, pendant sa durée de quinze ans. — De ce milliard, *soit dit en passant,* milord Philippe, ce grand prince et chef du libéralisme, ne craignit pas de se faire donner 17 millions pour sa part, malgré que le roi Louis XVIII l'a-

vait remis en possession de la riche succession de son *très illustre* et *très honnête* père, sans lui faire tenir compte des trente et quelques millions de dettes que la nation avait payées pour ce dernier, après la confiscation de ses biens. Cet acte de Louis XVIII envers le fils de Philippe-Égalité, assassin de son frère, doit être regardé comme le plus impolitique, le plus anti-national de la Restauration, et des plus funestes, car non-seulement c'était faire une spoliation à l'État, mais encore c'était ouvrir toutes les portes de la France à cette hydre révolutionnaire, que Napoléon Ier avait eu tant de peine à étouffer. Louis XVIII, lui-même, ne semblait-il pas prévoir les conséquences de sa faute, en refusant formellement de faire sanctionner son ordonnance par une loi, malgré toutes les vives instances qu'on lui faisait à tout moment durant son règne? Pour son malheur, et pour celui de la France, Charles X, en arrivant au trône, mit une adresse même indigne d'un roi de France, pour faire sanctionner par une loi cette ordonnance de son prédécesseur. Hélas! il ne lui fallut que peu d'années pour porter la peine de sa faute ; malheureusement il ne la porta pas seul. Après lui vint le tour du peuple, de la nation, qui fut également contrainte de boire aussi ces fautes. Heureusement que Napoléon III a pensé à remédier un peu à ces actes illégaux de la légitimité, par ses décrets du 22 janvier ; sans cela, il est plus que probable que le sang aurait déjà coulé plusieurs fois depuis le 2 décembre ; on serait encore plus sous le coup des anarchistes. — Ce chiffre de 900 millions était beaucoup trop élevé, beuglaient de tous côtés les vampires de l'orléanisme ; ils assuraient qu'il pouvait être facilement diminué d'un quart. Pour cela, il n'y avait qu'à réprimer les abus révoltants qui existaient dans le gouvernement, *qu'eux, libéraux-orléanistes*, réprimeraient s'ils étaient au pouvoir.

Pour le malheur du peuple et de la nation, de la société et de la religion, de la famille et de la morale, à force de mensonges, de corruptions, de calomnies, de perfidies et d'infamies, ils parvinrent à s'emparer de ce pouvoir qu'ils convoitaient tant. Et, sitôt après leur triomphe, ils firent une invasion générale dans tous les emplois publics. Ce fut une *grêle* de *libéraux* qui tomba sur toute la France, avec autant d'intensité que la misère tombe sur l'indigence extrême. Les *quasi-illustres* de Février ne nous ayant pas encore montré leurs merveilles, il fallait remonter à 93, ou au temps où parurent dans les provinces ces ravageurs barbares qui pillaient tout, tuaient et brûlaient ce qu'ils ne pouvaient s'approprier, pour voir un accaparement semblable.

Le plieur de journaux qui ne pouvait obtenir l'emploi de ministre, d'ambassadeur ou de préfet, ne se rebutait point ; à force de parler de son patriotisme, des *barricades* qu'il avait *faites* ou *escaladées*,—souvent il aurait dû ajouter : *après le combat ;* car j'en connais qui furent décorés et dont le courage était resté inédit ; ils étaient arrivés seulement le 30 juillet à Paris, — de son ancien dévouement à l'orléanisme, de son antipathie pour le carlisme, les prêtres, les nobles, la religion et pour Dieu même ; en un mot, pour tout ce qui est conforme à l'équité, à la dignité de l'homme, finissait enfin par obtenir l'emploi de capitaine de mouchards, d'agent de police secrète ou indiscrète, de borne à la chambre soi-disant législative ou de caporal dans la garde *dite nationale,* afin de pouvoir conduire, *dans l'intérêt du peuple et de la patrie, bien entendu,* les honnêtes citadins, déguisés en soldats, à la porte de *certains parvenus de bas étage* qui avaient été plus heureux qu'eux dans la curée, et qui craignaient que leurs semblables prissent envie d'aller chez eux pour *sauver la caisse* qu'ils venaient de *sauver* à leur profit, de compte à demi avec les *très illustres* descendants civilisés des *augustes* Cartouche, Robert-Macaire et Mandrin.

Enfin, civilement et militairement, tous les emplois, salariés ou honorifiques, furent accaparés par les *honorables libéraux-orléanistes,* qui, comme nos *socialistes, assuraient-ils,* étaient également des *patriotes désintéressés, de vrais amis des travailleurs,* des *ennemis-nés* des *abus,* des *sinécures,* de *l'arbitraire* et des *gaspillages des deniers de l'État,* et tout ce qu'on pouvait voir de plus partisans de l'équité et du bien public. Ensuite, pour mieux cacher leur jeu et qu'on leur laissât bien faire leur patte, ils ajoutaient : *que s'ils avaient chassé Charles X, ce n'était que parce que son gouvernement coûtait trop cher au pays ;* que cette cherté, répétaient-ils à chaque instant, aurait conduit forcément les classes laborieuses à la misère, à la mendicité ! tandis que par le bon marché de leur *sublime* gouvernement, eux voulaient que, sous peu d'années, tous les Français fussent, sinon riches, du moins dans une grande aisance, etc., etc.

Mieux que cela encore, pour ne pas laisser le moindre doute sur leurs bonnes intentions et bien persuader toutes les populations, après leur trahison et leur usurpation des *droits de la veuve et de l'orphelin*, leur premier acte fut de réduire le traitement du faux roi, — que ces patriotes encore plus faux avaient imposé au pays, — de 6 millions par an : soit un tiers de moins que celui de Charles X. Puis, ils promirent solennellement que, *dorénavant*, les traitements des hommes salariés par l'État seraient réduits proportionnellement, comme venait de l'être la liste civile de *son auguste* Majesté le roi. Que par ce moyen et la suppression des monstrueux abus des *mauvais carlistes*, l'impôt arbitraire de ces derniers serait diminué de 500 millions au moins. Qu'avant peu d'années cette réduction ferait retrouver le *bien-être* à la classe ouvrière. Voilà ce que disaient les *libéraux-orléanistes*, avant d'arriver au pouvoir et au commencement qu'ils y étaient. Après eux, pour mieux faire croire qu'ils étaient sincères et bien tromper les masses comme il faut, avec l'air mielleux qu'ils savaient si bien prendre, quand besoin était, le roi bâtard ajoutait : « *Qu'il* » *était assez riche, qu'il n'avait pas besoin d'une liste ci-* » *vile.* » Et allez donc grosse caisse : *baou, baou, dzing, dzing, dzing, dzing, baoum, baoum, ba, ba, booum, booum, baou !* Et tous les journaux subventionnés, ainsi que les grands et les petits hommes cambrés, de répéter ces mensonges, surtout cette grande abnégation de milord Philippe. Mais, c'était si bien dit, qu'il paraît qu'il n'y avait pas besoin d'autre chose pour être bons gouvernants, pour s'illustrer.

En effet, malgré ces sollennelles promesses, et quoique très faciles à tenir, leurs actes prouvent que ce n'était que la ruse, que le charlatanisme, l'hypocrisie et la perfidie qui les faisaient parler ainsi. Ces actes sont là pour montrer aux moins clairvoyants que tous leurs grands mots ne sont que de la trahison, du brigandage, de l'infamie! et pourtant, ils n'en sont pas moins toujours et pire que *jamais, des illustres hommes d'État.* Ces actes ont beau leur crier, à haute et intelligible voix de tous les côtés : « *Hommes de l'orléa-* » *nisme, vous vous croyez illustres, augustes ; cependant,* » *vous n'êtes politiquement que l'espèce la plus vile, la* » *plus nuisible, la plus funeste au peuple, à la nation* » *qui ait jamais paru sur le sol de France. Les faits* » *sont patents ; ils disent plus que toute votre jac-* » *tance ; ils mettent en évidence que vous êtes la repré-* » *sentation symbolique de tous les crimes, mais non des* » *hommes illustres.* »

Cet adjectif ne doit effectivement se donner qu'au vrai mérite. Or, malgré toutes les nombreuses et solennelles promesses de Messieurs de Juillet, leur *budget, de honteuse mémoire,* s'étant élevé, en moyenne, à plus d'*un milliard quatre cents millions* par année, soit 500 millions de plus que le budget de la Restauration, *contre lequel ils se récriaient tant,* avant d'être les *maîtres absolus.* Ils ne sont donc pas plus *illustres* que le voleur de profession qui s'enrichit avec son industrie honteuse, et qui est assez adroit pour n'avoir aucun démêlé avec la justice ; qui sait se garantir de la prison, du bagne!...

Car, enfin, en supposant que ces 500 millions par an, dont a profité la coterie orléaniste, et qui sont perdus pour les masses comme s'ils eussent été jetés au milieu de l'Océan, eussent été économisés, comme ils devaient l'être, et capitalisés pendant vingt années seulement, par des gouvernants pratiques, sages et prévoyants, — chose qui aurait été faite avec l'Empire ou même la Restauration, — cela ferait aujourd'hui, une valeur réelle, de 15 milliards de francs que posséderait la population.

Ce n'est pas encore tout. A cette somme immense ne s'arrêta point la dilapidation des Orléanistes, *ces bons amis du bien public* ; non, après leur triomphe, ces *capacités rares,* ces *grands génies,* trouvèrent un moyen d'accélérer la misère de l'ouvrier. Ce fut celui de doubler l'effectif de l'armée. Ils exigèrent 250 mille hommes de plus sous les drapeaux. Ce n'était pas, comme aujourd'hui, pour mettre à la raison un despote barbare qui voudrait tout subjuguer ; c'était seulement pour maintenir le faux roi, qu'ils avaient glissé furtivement dans le lit sanglant de Louis XVI. Puis, pour protéger leurs tripots de bourse et autres, afin d'être en sûreté pour y dépouiller les naïfs rentiers d'abord, et faire mitrailler les travailleurs qui osaient demander du *travail* ou du *pain.* Voilà pourquoi ils leur fallait une armée formidable. Et ces hommes osent dirent qu'ils sont, ainsi que leurs princes, le *vrai progrès,* les *amis du bien public !* Ils *mentent,* ils sont la négation de tout principe de bien ; car, en supposant encore que ces 250 mille soldats, dans toute la force de l'âge, qui ont été forcés de sacrifier sept ans pour le roi de Prusse, puisqu'ils étaient plus nuisibles qu'utiles à la nation, n'eussent gagné qu'un franc par jour dans leurs foyers, en sus de leur nourriture, cela faisait encore une augmentation arbitraire de 91 millions 250 mille francs par année, dont les dix-neuf vingtièmes étaient également à la charge des classes laborieuses.

En capitalisant aussi ces 91 millions 250 mille francs, durant le même laps de temps que les 500 millions dont il est parlé plus haut, ils eussent fait la somme de 2 milliards 737 millions 500 mille francs : plus 3 milliards 500 millions dont la dette publique a été augmentée par la *sublime gestion* de ces *savants économistes*, le tout forme la *faible somme de* 21 *milliards et quelques cents millions de francs*, que les *grands*, les *très honorables, très illustres hommes d'État* de Juillet coûtèrent de plus aux Français que n'aurait coûté un gouvernement légitime. Voilà le prix de revient de la *sublime monarchie administrative* composée de son *prince citoyen*, de ses *administrateurs modèles*, de ses *financiers sans pareils* qui nous promettaient sous la Restauration d'être si bon marché, si on voulait les laisser gouverner; que ce prix réduit dont nous profiterions, nous forcerait d'arriver malgré nous à *l'âge d'or*. — Lisez *d'ordure*; car leur règne n'a été que cela pour les gouvernés. — 21 millards, excusez du peu, ce n'est pas cher.

Leur âge d'or! il a été ma foi fort beau pour eux, si les remords ne les empêchent de dormir; mais pour les masses, leur trop long règne sera nommé l'âge de souffrance, de détresse, de fer!...

Maintenant, si à la dilapidation de ces quelques douzaines d'ambitieux, on ajoutait l'augmentation des octrois, le chômage forcé de l'ouvrier et la diminution de son salaire, survenus par l'incurie de ces *sages gouvernants*, cela ferait peut-être plus de 100 milliards que la cupidité des vampires coûte aux travailleurs depuis 1830.

Qu'on apprécie cette richesse immense donnée en pâture aux quelques mille Orléanistes, on verra que si elle était partagée entre les millions de citoyens à qui on l'a extorquée, il y aurait autant de bien-être qu'il y a de misère.

Avec un tel désastre, une telle ruine publique, si le *fléau orléaniste* s'en fût tenu au matériel, passe encore; la France ayant de grandes ressources, il ne lui aurait suffi que de quelques années pour se relever; mais non, quoique épouvantable, il ne s'est point arrêté au mal physique, comme du temps du Régent et de Philippe-Egalité. Pour ne pas dégénérer de sa honteuse célébrité, il a aussi marché de front, physiquement et moralement. Dès leur arrivée au pouvoir, tout fut ravagé; la défection morale fut encore plus terrible que la défection matérielle. Partout la religion et ses ministres furent insultés, tournés en ridicule, livrés au sarcasme; partout la société, la famille furent baffouées, trahies dans leurs plus saintes lois.

Voulant à tout prix s'attirer de la popularité, *même de la lie du peuple*, partout le vice fut exalté et la vertu exposée à l'ironie, à la risée de leurs ridicules personnes.

On vit ceux qu'on nommait législateurs, puis des ministres du roi des 219, puis des magistrats, engager la populace à arracher les croix des églises, l'encourager, l'aider même à piller, à briser, à faire le sac des palais des princes de la religion. — L'Archevêché de Paris fut incendié, détruit de fond en comble, par ordre des Orléanistes, qui faisaient protéger les coupables par leur *illustre police*. Aussi, dès ce moment, le culte disparut, les traditions s'éteignirent, les points de dogme absolu même furent tournés en dérision. Pour se donner des airs importants, les *béats d'aujourd'hui* ne savaient alors que vomir des injures contre le *catholicisme*, le *clergé*, la *noblesse*, la *vertu*, la *loyauté*, la *dignité*, et des *blasphèmes* contre Dieu même.

Sous des dehors de savants et profonds philosophes, Messieurs de Juillet tenaient à effacer le dix-huitième siècle par les dévergondages et les horreurs du dix-neuvième. Ils atteignirent leur but. Les sarcasmes n'étaient montés sous celui-là que jusqu'au trône des rois, ils montèrent sous celui-ci jusqu'au ciel, le trône de Dieu !

L'athéisme devint le fond des idées et des mœurs ; on faisait croire aux masses que Dieu n'existait que dans *l'imagination des mauvais carlistes*, lesquels, leur disait-on, n'y croyaient pas eux-mêmes. Qu'il n'y avait que le *veau d'or seul* qui pouvait conduire au vrai bonheur. Qu'on avait trompé nos pères, en leur disant qu'il y avait un autre monde où l'on allait en passant de vie à trépas. Que, comme la bête brute, une fois mort tout était fini; de là dérivent tous nos maux. A partir de cette époque funeste, jusqu'au 2 décembre, on ne vit plus ni foi politique, ni foi religieuse. L'action des lois était paralysée, l'autorité anéantie ! Pouvait - il en être autrement avec les maximes démoralisatrices qu'ils mettaient si bien en pratique, leurs mensonges, leurs calomnies et leurs belles phrases? Je ne le pense pas.

CHAPITRE II.

De la bonne Justice des Amis de Juillet et de Février.

DE LA MANIÈRE DONT LES BONS ORLÉANISTES ENTENDAIENT L'ÉGALITÉ DEVANT LA LOI, OU DE LA RÉCOMPENSE DES GRANDS CRIMES ET DE LA PUNITION DES DÉLITS ABSENTS MIS A L'ORDRE DU JOUR.

La justice, ce premier des biens sociaux, la faction de l'orléanisme ne l'avait-elle pas aussi dénaturée, corrompue, dès son arrivée au pouvoir? N'était-elle pas devenue souvent, dans les mains de quelques-unes de ses créatures, non-seulement un instrument politique pour étouffer le cri de la conscience indignée chez les adversaires des vampires de Juillet, mais encore la protectrice de la honte, de l'infamie, du crime?... La plupart du temps, le citoyen pauvre y avait-il droit?

Chose monstrueuse! Le riche pouvait violer le domicile de l'ouvrier, lui enlever sa femme, sa fille, le maltraiter, le calomnier, le torturer en toute manière, le voler, l'assassiner moralement, attenter même à sa vie, sans craindre la moindre peine, s'il était reconnu pour être *dévoué* à l'*orléanisme*.

Quand la justice se trouvait parfois forcée d'agir contre ces derniers, et qu'elle ne pouvait au moins faire semblant de sévir, si les faits étaient trop prouvés, elle avait deux poids et deux mesures. Les mêmes délits ou crimes étaient condamnés selon le rang, la position sociale dans lesquels se trouvaient les accusés et leurs victimes. Si celles-ci étaient sans fortune et ceux-là riches, ces victimes n'avaient que déceptions, que déboires en partage !... Le magistrat chargé d'appliquer la loi, dont il était pourtant l'organe aussi bien qu'aujourd'hui, savait trouver un moyen mécanique pour substituer un article de cette loi à un autre, afin de ne rendre qu'un jugement illusoire, qui n'avait rien d'équitable que la forme. Mais si le contraire se présentait, si une riche créature des vampires demandait réparation de la moindre injure à leurs tribunaux, et que le prévenu n'eût pas d'autre fortune que celle d'être un parfait *honnête homme*, oh ! alors, c'était bien différent ; on lui assaisonnait un jugement des mieux conditionnés : amende, dommages-intérêts, emprisonnement, rien n'y manquait. Offrait-il de prouver qu'il était innocent, on lui répondait qu'on ne voulait pas de ses preuves, de se taire, s'il ne voulait pas aggraver sa peine. Ensuite, son défenseur, qui dans ces sortes d'affaires remplissait presque toujours les *fonctions honteuses de mouchard* entre son client et les magistrats, demandait l'indulgence des juges en première instance. — Ce qui voulait dire que son client était coupable à ses yeux.

—Si c'était devant la Cour qui se disait *royale*, l'avocat, qui avait quelque prétention aussi à devenir *illustre*, ou qui avait été corrompu par la partie adverse de son malheureux client, si on aime mieux, commençait son plaidoyer ainsi :

« Messieurs de la Cour, mon client exige que je vous demande son acquittement ; mais *subsidiairement*, » *en mon nom personnel*, je viens vous demander la » *confirmation de l'arrêt des premiers juges.* » — (Textuel).

Le malheureux, qui se voyait ainsi vendu à l'iniquité, se levait pour plaider sa cause lui-même et remercier son défenseur, mais le président, qui était tout ce qu'on avait pu trouver de plus *illustre*, tel par exemple, qu'un homme qui avait poussé les maximes de la moralité et des bonnes mœurs jusqu'à prendre sa femme à l'essai avant de l'épouser, lui ordonnait impérieusement d'aller s'asseoir, qu'on entendrait son défenseur. Celui-ci faisait des phrases à perte de vue, disait quelques mots en faveur de son client, mais beaucoup plus en faveur de son adversaire, répétait à la Cour, pour *atténuer* un *délit absent*, les choses que le procureur du soi-disant roi avait dites et fortement appuyées, en première instance, comme devant être excessivement aggravantes, faisait l'apologie la plus élogieuse du *plaignant ;* le déifiait ou le comparait au moins à un héros grec ou romain, lors même que ce fût un méchant homme. Il était riche ou fonctionnaire public, n'était-ce pas assez *honorable* pour mériter tous les éloges du défenseur de son adversaire, de sa *victime ?*

En voyant ce qui se passait, l'accusé était parfois

sur le point de succomber, étouffé qu'il était par l'indignation ; mais les larmes lui venaient aux yeux, il était sauvé d'une mort subite. Ces pleurs étaient considérés par ses juges, comme un repentir d'un délit *qu'ils savaient parfaitement* ne *pas exister ;* ça ne faisait rien ; ces larmes, aux yeux du public qui ne savait pas de quoi il s'agissait, étaient une preuve que le prévenu se reconnaissait coupable lui-même, donc qu'il fallait non-seulement confirmer l'arrêt des premiers juges, ainsi que son *quasi-illustre* avocat l'avait demandé, mais encore il convenait de beaucoup augmenter la peine, puisque les apparences de l'iniquité se trouvaient sauvées par les pleurs de l'accusé.

Quant aux réquisitoires du ministère public, — lequel était souvent composé de Messieurs de... ruinés, qui s'étaient alliés à quelques familles de roturiers, dont la grande fortune était des plus problématiques sous le rapport de l'honneur, et d'autres hommes non moins *honorables* qui, par respect pour les *bonnes mœurs* et la *dignité magistrale,* se faisaient les ardents *protecteurs* des maisons de débauches, — il est inutile de tout rapporter ce qu'étaient ces réquisitoires : il est facile de deviner ce qu'ils devaient être. Quand ils avaient bien traînés dans la boue la victime innocente, —dont le *délit réel* était parfois de s'être *opposée* à ne pas laisser *déshonorer* sa *jeune fille* par un magistrat, — et dit beaucoup de belles choses sur la dignité de la magistrature en général, la magistrature assise en particulier, ces *très honorables* de la magistrature debout, demandaient toute la rigueur de la loi ou telle somme d'emprisonnement. Alors, MM. de la Cour passaient dans leur salle de délibération pour la forme, en revenaient au bout de six minutes, avec un arrêt bien motivé, qu'il eût fallu au moins vingt minutes pour écrire seulement sans perdre un instant à la délibération. Mais, comme le malheureux était condamné, dans ces circonstances, avant d'arriver à l'audience, les bons *magistrats* de l'orléanisme avaient soin de rédiger leur arrêt d'avance, afin de se procurer plus vite le plaisir d'apprendre à l'homme d'honneur qu'il avait tant de mois ou tant d'années à aller réfléchir en prison, *avec les voleurs.* Espérant sans doute que ces derniers sauraient lui faire comprendre qu'il avait eu tort de ne pas laisser prostituer..... sa femme ou ses filles. Et le préfet du lieu de s'empresser à féliciter magistrats et défenseur, après cette condamnation, et de leur promettre de tout faire pour eux!...

D'autrefois, pour qu'il ne manquât rien à la *perfection* de ce *superlatif* gouvernement de l'orléanisme que des honnêtes gens regrettent tant, parce qu'on leur dit qu'il était bon, les choses se passaient autrement, mais d'une manière non moins *morale, édifiante* et *équitable* ; c'est quand on absolvait le crime et qu'on le félicitait, ou à défaut de cela, qu'on le graciait et qu'on le récompensait. *L'intégrité* de quelques *magistrats zélés,* qui voulaient de l'avancement, leur faisait métamorphoser le *crime* le plus affreux qu'il y avait dans une affaire, en *l'innocence* blanche comme la neige, dans l'instruction ; et tout était terminé par une ordonnance de non-lieu. Le trop paternel gouvernement de Juillet le voulait ainsi. D'ailleurs, spécifions quelques faits sur le très grand nombre qu'on pourrait citer, et dont les honnêtes gens ne se rappellent pas assez. Cela vaudra mieux que tout ce que nous pourrions dire.

Tout le monde connaît la mort du prince de Condé, dont le cadavre fut trouvé, le 27 août 1830, suspendu par deux cravates de soies liées en double anneau, au bouton de l'espagnolette d'une croisée de sa chambre ; mais tout le monde n'est pas allé à Saint-Leu ou autre part, pour se renseigner sur la fin tragique de ce noble vieillard, qui fut victime d'un assassinat bien prémédité. Les auteurs de ce monstrueux crime se trouvant éminemment haut placés, répandirent le bruit que cet infortuné prince s'était suicidé. Mais l'opinion publique, quoique très crédule ordinairement, ne voulut rien en croire cette fois. On fut donc forcé de *faire semblant* d'avoir recours à la justice, pour informer sur ce grand crime, afin d'apaiser cette rumeur publique qui devenait aussi menaçante pour le pouvoir, que la grande tempête pour le navire sur mer.

Nous soulignons *faire semblant*, parce que ce n'était qu'une simulation d'instruction que voulaient les *honorables Orléanistes*, pour forcer au silence ceux qui n'avaient pas voulu voir la vérité dans la personne du hideux mensonge qu'on leur avait montré.

La justice, qui n'avait pu être encore corrompue, qui ne connaissait, comme aujourd'hui, que le devoir de son ministère sacré, voulait faire son devoir comme précédemment, c'est-à-dire pénétrer jusqu'à la vérité. Mais le *bon* gouvernement de Juillet avait trop d'intérêt à étouffer ce procès dès sa naissance, et était trop compatissant pour les criminels qui voulaient bien lui faire la part du lion dans le produit de leurs forfaits. Aussi, voyant que les magistrats chargés de l'instruction voulaient aller jusqu'à la vérité, il leur dit :

« *Messieurs, vous avez beaucoup trop de zèle, je vous*
» *en demandais bien moins. Comme des travaux conscien*
» *cieux, tels que vous les avez faits jusqu'à ce jour,*
» *pourraient vous fatiguer, laissez ce vilain procès où il*
» *est et prenez votre retraite que voici, vous devez avoir*
» *besoin de vous reposer.* » — Puis après, il fit passer le dossier en des mains moins sévères, en leur disant :

« *Très-illustres* magistrats, à l'avenir soyez les dis
» pensateurs de l'iniquité et profitez de l'occasion
» qui se présente. Voici le *crime plein de vie,* je vous
» le livre pour l'étouffer le plus tôt que vous pourrez.
» Il faut que vous me rendiez l'innocence à sa place.
» Si vous n'exécutez pas ponctuellement mes ordres,
» je vous ferai comme à MM. de La Huproie et con
» sorts, je vous renverrai, vous perdrez vos em
» plois!... Acceptez donc mes faveurs et ne craignez
» pas de transiger avec l'honneur : vous aurez de
» l'*or.* »

Amenée par ces soupçons à scruter les antécédents de Sophie Dawes, baronne de Feuchères, la malignité publique y découvrit les déplorables obsessions auxquelles cette femme s'était livrée, quelques mois avant ce crime, pour décider le prince de Condé à tester en faveur d'elle et du jeune duc d'Aumale. Les intrigues de cette dame remontèrent jusqu'au père du principal héritier. On dévoila même une correspondance secrète entre elle et milord Philippe à ce sujet.

Généralement peu sympathique à la famille d'Orléans, le dernier des Condé avait eu le tort de se montrer on ne peut plus affecté de la chûte de Charles X. Pour son malheur, il avait ouvertement annoncé l'intention de quitter la France le 31 août.

S'il faut en croire la rumeur publique d'alors, une lettre, par laquelle le roi exilé le pressait de le rejoindre, avait été interceptée par les ordres de milord Philippe ; démarche qui s'explique, du reste, par la crainte que sa cupidité pouvait avoir que les dispositions testamentaires du prince de Condé, qu'il savait en faveur d'un de ses fils, ne fussent révoquées sur une terre étrangère; d'autant plus que ces dispositions n'avaient été faites ainsi par le testateur qu'avec la condition expresse que préalablement Charles X, alors régnant, donnerait son consentement formel, parce que le duc de Bourbon voulait faire son héritier le jeune Henri, monseigneur comte de Chambord. Mais Charles X s'opposa à cela, donnant pour raison que le duc de Bordeaux n'en avait pas besoin, puisqu'il était l'héritier présomptif du trône de France. Le roi ne sachant pas encore que lorsque milord Philippe aurait obtenu, par l'hypocrisie et par la ruse, cet immense héritage pour un des siens, il lui prendrait ensuite la couronne par la trahison, donna ce consentement avec le plus gracieux empressement, ainsi qu'il avait habitude de le faire, quand il s'agissait d'une générosité quelconque envers la maison d'Orléans.

« Je sais, dit à cette occasion l'éternel bienfaiteur
» de cette maison ingrate, je sais que plusieurs per-
» sonnes me blâmeront. Cependant il n'en serait pas
» ainsi si elles pouvaient être témoins des manifesta-

» tions d'attachement et de reconnaissance que je
» reçois tous les jours de la *famille d'Orléans.*» — Il
paraît que milord Philippe et les siens savaient aussi
bien feindre, employer l'hypocrisie avec les rois qu'a-
vec les peuples. — « J'ai voulu faire au duc de Bor-
» deaux des *amis* qui l'aideront de leurs conseils et
» de leurs services (1). »

Infortuné prince! il ne se doutait guère alors, que
ces conseils et ces services seraient ce qu'ils ont été
envers lui et les siens. Ils ont été si *beaux* et si *grands*,
qu'il faut *remonter* jusqu'à Néron, même à *Judas* pour
en voir de semblables, pour trouver la même *reconnaissance.*

Or, en approfondissant cette ingratitude, cette
monstrueuse trahison envers son parent, son roi et
son bienfaiteur; l'empressement opiniâtre que le roi
bâtard mit à couvrir la principale inculpée de sa puissante protection; ses connivences avec elle; l'espèce
d'ostentation avec laquelle on la recevait à la cour,
au mépris de la réprobation générale dont elle était
accablée; la disgrâce infligée aux magistrats qui
avaient refusé de voir un suicide dans l'assassinat;
il ne reste point de doute sur ce grand crime.

D'ailleurs, il suffirait d'entendre les habitants de
Saint-Leu pour en être convaincu. Mais quand on se
rappelle l'âge et les infirmités de la noble victime,
qui ne pouvait nouer sa cravate depuis plusieurs
années, son caractère chevaleresque et ses sentiments
religieux, on l'est bien davantage. La supposition
d'un suicide se trouve formellement démentie sur tous

---

(1) *Études historiques*, etc., par le prince de Polignac, p. 427.

les points. Parce que d'un autre côté, il y a encore
ses préparatifs de voyage, son horreur bien connue
de la mort, son lit qu'on avait poussé la veille,
comme d'habitude, au fond de l'alcôve, et qu'on
trouva au milieu de la chambre ses pantoufles, sy-
métriquement rangées au pied de ce lit; les deux
bougies non *consumées*, mais *éteintes*, qu'on trouva
sur sa cheminée ; les nœuds des deux mouchoirs qui
le retenaient si artistement faits et si fort serrés,
qu'un valet vigoureux ne put les dénouer qu'avec la
plus grande peine ; son cadavre *accroché* et non *pendu*
à l'espagnolette de la fenêtre, puisque ses pieds re-
posaient encore sur le tapis, quoique ses genoux
fussent repliés sur sa poitrine, — *circonstance qui
combat d'une manière victorieuse l'hypothèse d'un suicide;*
— les *médecins* de milord Philippe *désignés* pour faire
l'*autopsie* du *cadavre ;* M. *****, secrétaire de ce
même *milord Philippe*, feignant de trouver des papiers à demi consumés dans la chambre mortuaire,
deux jours après de minutieuses recherches ; M. Pel-
lier de la Croix, aumônier de la victime, qui se char-
gea de prononcer les adieux suprêmes sur le cadavre
du dernier Condé, laissant tomber ces paroles solennelles du haut de la chaire sacrée : « *Le prince est innocent de sa mort devant Dieu !* » Puis mille autres choses encore, démontrent, prouvent qu'il y eut assassinat et non suicide. Quel doute, en effet, pourrait-il y
avoir quand on a vu le brave général Feuchères refuser sa part de cette succession ? que veut dire ce
refus ? que dut en penser la famille d'Orléans ?

La justice recevant l'ordre de conclure au suicide,
il se trouva dans son sein des magistrats *assez illustres*

pour y obtempérer, pour obéir à l'*auguste* famille d'Orléans. Mais l'incorruptible rumeur publique prit des conclusions différentes, elle conclut à l'assassinat, et prononça les noms de Mme de *Feuchères*, de l'abbé **** et de *milord Philippe*, comme devant avoir un poids énorme sur le cœur, de cet horrible forfait. Puis elle livra ces *trois noms* aux arrêts les plus sévères de la postérité !!!

Avec cette impunité, cette protection scandaleuse du *crime*, on voit également, dès le début des *illustres* de Juillet, un autre fait qui n'est ni moins *édifiant* ni surtout moins *instructif* : c'est la grâce accordée à trois condamnés à mort et à trois galériens.

On se rappelle que, vers la fin du règne de Charles X, la France était presque couverte d'incendiaires et que les *illustres de l'orléanisme* disaient tous les matins, dans leurs journaux, que c'était les ministres qui faisaient mettre le feu, pour terroriser la France, etc., etc.; mais ce qu'on ne se rappelle pas assez, pour le malheur du pays, c'est ce que firent les *orléanistes*, sitôt après leur triomphe ; c'est pourtant bien instructif pour les honnêtes gens.

Et, en effet, après cette folle et sanglante orgie révolutionnaire des trois journées, surnommées les *glorieuses* de 1830, les ministres *illustres* d'alors et leur prince *auguste*, qui singeait le roi, firent venir de *Caen*, à *Paris*, trois incendiaires qui venaient d'être condamnés à mort pour avoir mis le feux dans les campagnes du Calvados et les grâcièrent clandestinement, sans bruit, pour ne pas donner l'éveil à l'opinion publique, puis les comblèrent de faveurs en leur accordant des emplois publics, des bureaux de tabac, de poste aux lettres, etc. Un de ces misérables avait trois parents aux galères, ils furent de suite mis en liberté (1)!...

Ne doit-on pas conclure, par la conduite de ces *illustres* Orléanistes dans cette circonstance, qu'ils étaient les complices des incendiaires de 1830, comme leurs pères le furent des sans-culottes de 93 ? Seulement, ils étaient plus polis et plus adroits ; ils ne fonctionnaient pas au grand jour comme eux ; comme aujourd'hui encore, ils préféraient les voies souterraines et ténébreuses, parce que leur *grand génie* leur fait comprendre que cette manière de procéder a le grand mérite de pouvoir prêter leurs mauvaises actions, leurs actions honteuses et criminelles, à une autre faction ou à un parti quelconque. Et, par cela même, force le bon public à croire que des vessies sont des lanternes.

Quelques années après ces grands crimes, dont l'un avait apporté la plus riche succession de France à la famille d'Orléans, et les autres, probablement la couronne au chef de cette *auguste famille*, un procureur-général, un de ces magistrats, qui ne reculaient devant aucun moyen d'intimidation, comme il y en avait tant, pour satisfaire ce gouvernement bâtard et usurpateur, *dans un procès politique dont la Cour des pairs était chargée*, un procureur-général fit la découverte de la complicité morale, œuvre inconnue dans les pays les moins civilisés. Même, en ne laissant aucune limite à l'absurde et à l'odieux, on a peine à

____

(1) *Histoire de 60 ans de folies*, etc., par L. Desloges, pages 6 et 7.

concevoir un pareil délit! Le nom de son inventeur, qui subit déjà une espèce de flétrissure dans l'oubli où il se trouve, sera retrouvé en temps et lieu pour être livré également à la réprobation générale.

Maintenant, en 184., — ne disons pas l'année, on pourrait nous chercher noise; il y a encore trop d'Or-léanistes qui n'ont pu être poursuivis ou remerciés, tant leur *belle* hypocrisie a fait croire à un dévoûment sincère, — en 184., nous avons été témoin, nous qui traçons ces lignes, de deux arrêts rendus, par le même tribunal, à quinze jours d'intervalle seulement, et dont les délits étaient absolument identiques; avec cette différence, que ceux qui s'en étaient rendus coupables avaient, l'un, une grande fortune, l'autre, rien du tout; et que, dans les victimes, l'une se trouvait plus pauvre que le pauvre homme Job sur son fumier, l'autre puissamment riche.

Aussi, celui qui avait une grande fortune, et qui avait assassiné moralement deux fois l'indigent, fut condamné à *cinq* francs d'amende pour sa *punition;* et l'homme qui avait eu l'audace de commettre le même délit contre un riche, fut condamné à 1,500 francs d'amende et de dommages-intérêts, plus à un mois d'emprisonnement. — *C'était très bien fait;* il méritait encore mieux que cela. *Qu'avait-il besoin d'être pauvre?*

Une autre fois, un officier des plus *illustres* entre chez un marchand de jouets d'enfants, c'était en mil huit cent..., — encore cette malheureuse date qui me vient à l'idée, mais je ne la mettrai pas, — entre dans un bazar pour acheter un ballon pour son enfant. Après avoir fait son choix, il en demande le prix ; le marchand lui répond que c'est 19 sous.

— Comment, 19 sous? je viens d'en marchander de semblables rue...., on ne me les a fait que 14 sous.

— C'est de ceux-là, monsieur, dont vous voulez parler, — et il lui en montre de meilleur marché, — mais ce ne peut être comme celui que vous marchandez, puisqu'il nous coûte davantage.

— Non, ce n'est point de ces petits, c'est de ceux-là qu'on m'a fait 70 centimes.

— Eh bien ! allez les prendre à ce prix chez mon collègue ; s'il veut vous les donner je ne m'y oppose pas. Quant à moi, je vends les miens 19 sous et rien de moins.

— Comment, maraud, tu ne sais donc pas à qui tu parles, pour me répondre d'une manière si imperti-nente ? — *il était en civil, mais il avait le ruban de la Légion-d'Honneur à sa boutonnière* ; on sait du reste, qu'à cette époque, on décorait aussi bien le premier malotru venu, que le vrai mérite, de cet insigne hono-rable, — hé bien, je vais te l'apprendre, — et en disant cela il lui donne un soufflet qui le couche à moitié sur ses marchandises. Celui-ci ne dit rien, il se relève au plus vite et rend le soufflet à son agresseur ; seule-ment au lieu de le coucher à demi, il le coucha entiè-rement d'un seul coup et ne lui en donna pas deux non plus.

Quand la dame, qui était avec son mari, le vit ainsi traité, quoiqu'il n'avait que juste ce qu'il avait cher-ché et bien mérité, elle se mit à crier au secours, à l'assassin. Un poste se trouvait près de là, il arrive, ainsi que beaucoup de voisins, d'officiers, de passants,

et le frère du marchand accourt de suite pour mettre
le haut-là. Le négociant raconte l'affaire telle qu'elle
s'était passée, sans oublier même de dire qu'il était
fort possible que, dans le trajet que sa main avait fait
pour arriver à la figure de son adversaire , elle se
fût fermée. *L'illustre orléaniste,* qui se voyait devenir
la risée de ses camarades mêmes, n'employa que le
mensonge pour se tirer du ridicule où son acte brutal
l'avait mis. Il ordonna aux soldats d'arrêter cet honorable négociant ainsi que le frère, dont le crime était
de n'avoir pas voulu se laisser soufleter chez lui, sans
dire mot.

Le frère n'était arrivé qu'après les coups échangés ;
ayant prouvé son alibi il obtint sa liberté après quelque temps de détention. Quant à l'autre, il ne put
avoir son élargissement qu'en fournissant un cautionnement ; car *l'illustre* officier, pour ne pas rester sous
le coup du ridicule qu'il s'était attiré , en se faisant
corriger par un pékin, et pour pousser son action
honteuse jusqu'au bout, avait adressé une plainte au
parquet, afin de faire poursuivre en police correction-
nelle celui qui n'avait pas voulu se laisser assassiner
dans sa maison sans se défendre.

Les personnes qui connaissaient cette affaire disaient
au négociant de ne rien craindre, qu'ayant pour lui le
droit et la loi, le moins qui pouvait arriver à l'agresseur, quoique plaignant, c'était d'être condamné aux
frais et dépens de l'instance et de recevoir une bonne
mercuriale du président. — Vous n'avez pas même
besoin, lui disait-on, de vous faire assister d'un avocat, se serait de l'argent dépensé inutilement, il vous
suffira de raconter ce qui s'est passé et de le prouver

si votre adversaire le nie. Un seul homme n'était pas de cet avis, il disait :

— « Moi je crois qu'il ne convient pas à M. E. de suivre vos conseils et de s'endormir ainsi sur le rôti. Vous parlez de *droit*, vous parlez de *loi*, messieurs, tout cela est très bien ; mais malheureusement ce n'est pas toujours suffisant depuis bien des années. Sachez donc que les loups ne se mangent pas entre eux. Si M. E. avait affaire à un de nous ou à un pauvre diable qui n'eut ni sou ni maille, je vous comprendrais ; mais ayant à faire à ce beau Monsieur qui est venu le frapper chez lui, je ne vous comprends pas. Vous ne vous rappelez donc pas le résultat du procès du malheureux tapissier qui était au coin de la rue ? Vous ne savez donc pas ce que son avoué lui dit, lorsqu'il lui porta ses titres et alla le prier de se charger de son affaire ?

— « Non, nous ne savons rien, » répondirent plusieurs personnes à la fois.

— « Eh bien ! je vais vous le dire. Quand M. B. eut montré ses titres qui étaient parfaitement authentiques et qui lui assuraient gain de cause, s'il n'eût pas été un pauvre diable, M*** lui dit : — « Mon cher Monsieur B., je ne puis pas me charger de votre affaire, parce que M**** est aussi mon client, et sa dame vient elle-même de m'apporter leur dossier et de me donner les instructions nécessaires à cet effet ; vous comprenez que je ne puis occuper pour les deux ? Je vais vous donner l'adresse d'un ami et vous irez chez lui de ma part ; mais avant de vous donner cette adresse, permettez-moi de vous donner un conseil ; vous savez que je n'ai jamais cherché

à vous faire dépenser de l'argent inutilement? » —
Depuis bien des années M***, avoué, était l'homme
d'affaires de M. B., tapissier.

— « Je le sais, Monsieur, lui répondit ce dernier, je
vous en suis très reconnaissant et toujours disposé à
faire ce que vous me direz.

— « Eh bien ! ne commencez pas ce procès, laissez
M**** tranquille, si vous ne voulez pas vous en repentir plus tard.

— « Oh! mais, Monsieur, je ne le puis pas ; vous
savez bien qu'il me revient tant de mille francs, d'a-
près mon titre signé par lui. J'ai pour moi le *droit* et
la *loi*, il est impossible à moi de perdre ce procès ;
malgré ma bonne volonté, je ne puis cette fois suivre
votre conseil.

— « Vous avez tort, M. B., vous avez tort ; ce que
vous croyez impossible, moi je le vois presque certain.
Je désire me tromper, mais je crains bien, qu'au lieu
de retirer les quelques mille francs qui vous reviennent
réellement, d'après la *loi* et l'*équité*, vous soyez obligé
de débourser quelques cents francs pour ne rien retirer du tout ; parce que voyez-vous...

— « Parce que, quoi? M. ***, je ne vous comprends
pas, achevez votre phrase ; vous reconnaissez vous-
même qu'il m'est réellement dû telle somme, et vous
me dites de ne pas commencer ce procès. Qu'est-ce
que cela veut dire ? Je vous en prie, dites-moi pourquoi !...

— « En me voyant vous donner un conseil contraire à mes intérêts, cela doit vous suffire, M. B.; ne
m'en demandez pas davantage. Vous devez compren-

dre qu'il faut que j'aie des raisons majeures, que je vous porte beaucoup d'intérêt pour en agir ainsi.

— » Oui, M. ***, j'ai tellement compris cela, que si vous n'eussiez reconnu vous-même mon droit à ce qui m'est dû, j'aurais encore pu hésiter à entreprendre ce procès ; mais, dès que vous convenez que j'ai pour moi le *droit* et la *loi,* je ne dois pas abandonner ainsi ce qui m'appartient.

— » Mais, pauvre malheureux, je ne suis pas le président moi, ni les juges, ni le procureur du roi.

— » Ça ne fait rien ; en voyant mon titre, ces Messieurs ne se tromperont pas plus que vous, monsieur.

— » Votre titre, votre titre, vous ne comprenez donc pas qu'avant de voir votre titre, il est plus que probable qu'ils auront tous vu Mme ***, elle ne manquera pas de leur rendre visite, soyez-en certain. Elle est encore jeune, très gracieuse. Son mari est un riche négociant, un propriétaire, qui laisse faire sa femme comme elle veut, et qui vote toujours comme ces Messieurs lui disent de faire ; et, ma foi ! un peu en faisant valoir ça, un peu en faisant valoir autre chose, vous comprenez que votre procès est jugé et perdu d'avance. Puisque vous voulez connaître les motifs qui me faisaient vous dire de ne pas le commencer, les voilà. Que ce soit entre nous, n'en parlez à personne ; mais, croyez-moi, laissez votre procès où il est, et faites l'abandon de ce qui vous est dû.

— » Non, je ne peux pas le laisser ; dussé-je le perdre, chose que je ne crois pas, malgré ce que vous me dites ; j'ai meilleure opinion que vous des magistrats de la France, de la nation la plus civilisée

du monde. Car, s'il y en avait qui fussent descendus
à un tel état de dégradation, il me semble que le gouvernement saurait les trouver et les châtier comme ils
le méritent, ou il serait perdu lui-même.» —Cet entretien avait lieu peu de temps avant le 24 février 1848.
—« Donnez-moi donc l'adresse de votre ami, il faut que
je voie par expérience si ce que vous venez de me dire
est possible. Quoique je ne sois pas très Thomas de
mon naturel, la chose me paraît si infâme que je ne
peux y croire ; c'est une étude à faire.

— » Vous le voulez absolument ? je vous répète
que vous avez tort : vous verrez que votre obstination
vous coûtera cher.

— » C'est égal, je veux le voir.

— » Eh bien ! allez à cette adresse ; racontez-lui
votre affaire, montrez-lui vos titres ; mais ne lui parlez
pas de notre entretien ; car vous comprenez que je le
nierai formellement et qu'alors cela ne pourrait que
vous être nuisible.

— » Soyez tranquille, M. ***, je ne suis pas un
enfant. »

Quelques mois après cette entrevue, M. B... retournait chez M. ***, pour le remercier d'abord, et ensuite
pour lui porter je ne me rappelle plus combien de cents
francs, pour solder les frais et dépens de son procès
qui venait de se terminer ; tout s'était passé comme il
lui avait prédit, il n'avait rien à retirer, il n'avait
qu'à payer, son procès était perdu.

— Ah ! si cela se pratique ainsi, dirent les amis et
connaissances de M. E..., il faut vous faire assister plutôt
de deux bons avocats, que d'un mauvais qui n'aurait
pas l'oreille du tribunal ; parce que si on allait vous

condamner à une huitaine de jours de prison, parce que vous n'avez pas voulu vous laisser assassiner chez vous, par un butor, ce ne serait pas amusant, dit l'un d'eux.

— Il n'est pas nécessaire d'en prendre plusieurs, dit le premier narrateur, mais qu'il en prenne un bon. Il ne faut pas regarder à quelques pièces de cent sous; parce que vous comprenez que cet officier n'a pas manqué de raconter son équipée de manière à ne pas avoir tort. Cela a fait assez de bruit pour aller aux oreilles de ses supérieurs; si le commandant, le colonel, le général peut-être, sont trompés par cet homme et s'intéressent à lui, ils pourront des fois aller voir les magistrats, et vous comprenez bien encore que pour être agréable à ces Messieurs, les juges pourraient bien vous jouer le même tour qu'au tapissier. Prenez donc un bon avocat, coûte que coûte, vous le pouvez, ne regardez pas au prix.

— « On m'a conseillé de prendre M.***; on m'a dit qu'il était un peu cher, mais qu'il était très bon. Je dois y aller demain avec quelqu'un qui le connaît beaucoup.

— « Oh! si vous prenez celui-ci, lui dit l'ami du tapissier, vous n'avez plus à vous inquiéter de rien. On dit qu'il gagne souvent de mauvais procès. Comme il n'y en a pas de meilleurs que le vôtre, il vous sortira bien vite d'affaire. Entendez-vous avec lui; s'il veut se charger de votre besogne, vous pouvez dormir sur vos deux oreilles. »

Le lendemain on fut chez M.***, et on lui dit toute la vérité.

— « C'est bien arrivé comme vous venez de me le dire ; ne me cachez rien, dit l'avocat à M. E.

— « Il n'y a rien de plus ni de moins, répondit ce dernier, je peux le prouver ; plusieurs personnes honorables l'attesteront au besoin.

— « Eh bien ! cet officier est fou ; il recevra une bonne morale du Tribunal et il en sera pour les frais ; il ne peut pas en être autrement, etc., etc.»

Cette fois, cet homme de loi ne devina pas aussi juste que celui du tapissier, car, quelques jours après cette entrevue, le Tribunal de....., malgré la chaleureuse défense de M***, contre le *droit*, la *loi* et l'*équité*, rendait un jugement qui condamnait M. E. à un mois d'emprisonnement et aux frais et dépens; puis je ne me rappelle plus à combien d'amende.

En entendant prononcer cet arrêt, M***, avocat, resta pétrifié d'étonnement, il croyait dormir et rêver ce qu'il voyait et entendait réellement. Enfin, après s'être assuré qu'il ne dormait pas, il ne put s'empêcher de hausser les épaules et de murmurer quelque chose tout bas. Il se pencha vers son client, qui le regardait et qui semblait lui dire des yeux : « Eh bien ! que » me disiez-vous donc d'être sans crainte? » et lui dit : « Ne vous effrayez pas de ce jugement, il est in- » compréhensible pour moi ; nous en rappellerons, et » il ne peut manquer d'être infirmé par la Cour, mais » avant, je veux voir le président. Venez chez moi ce » soir à telle heure, je saurai peut-être alors ce qui a » pu vous faire condamner, car il y a quelque chose » là-dessous dont je veux avoir le cœur net. Ne man- » quez pas de venir ce soir, nous ne pouvons pas nous » en tenir là.»

L'audience terminée, M*** se rendit de suite auprès de M. le président, où le dialogue suivant eut lieu :

— M. le Président, je crois que vous avez été induit en erreur vis-à-vis de mon client E. Cet homme n'est réellement pas coupable.

— « Mais nous savons bien, qu'il n'est pas coupa...

— « Comment, M. le Président ! vous le savez innocent !

— « Certainement.

— « Alors pourquoi l'avez-vous donc condamné ?

— « Parce que M. le général un tel l'a exigé.

— « Ah ! je ne savais pas cela.»

Puis, contenant son indignation du mieux qu'il put, il ajouta :

— « M. E. m'a dit qu'il voulait aller en appel, et ma foi, s'il veut absolument y aller, votre arrêt sera, je crois, infirmé, car enfin, puisqu'il n'est pas coupable !

— « Cela ne fait rien, la Cour confirmera le jugement si elle ne l'augmente pas. Si vous vous intéressez à cet homme, empêchez le d'interjeter appel.

— « Vous croyez, M. le Président, que la Cour...

« — Je ne crois pas, Monsieur, je suis certain que la Cour ne voudra pas non plus désobliger M. le général******.

— « Je vous remercie, M. le Président ; alors je vais faire en sorte que mon client n'y aille pas.» Tout se termina effectivement là.

Le défenseur fit entrevoir à M. E. que la Cour doublerait et triplerait peut-être sa peine ; — ce qui aurait fort bien pu arriver. — Il fut quitte pour aller passer un mois avec les voleurs. Dès que ce *tout petit châti-*

ment était pour faire plaisir à un général, c'était peu de chose. Nous en connaissons qui ont passé beaucoup plus de temps avec cette *aimable* compagnie dans les prisons, et qui n'avaient commis aucun délit, pour le seul plaisir d'être agréable à des *illustres* de l'orléanisme, qui ne valaient certainement pas le plus méchant caporal.

Si nous ne craignions de devenir trop long, nous citerions encore beaucoup d'autres faits qui ne sont ni moins moraux, ni moins édifiants que les précédents. Nous pourrions, entre autres, donner des détails précis concernant des procureurs du roi, qui *procuraient*, en livres et gravures, tout ce que l'on peut voir de plus obscène, à des jeunes filles de 14 ans, tels par exemple, que les œuvres du fameux marquis de Sade, qu'un père trouva un jour entre les mains de sa fille, et qui n'osa pas les faire rendre de suite, dans la crainte que le *très honorable* magistrat ne lui fît perdre son emploi, car il se trouvait fonctionnaire public aussi, mais un peu sous la dépendance du trop bon procureur-procurant.

Il n'y aurait pas mal encore à dire, s'il fallait aussi énumérer comment certains procureurs-généraux, substituts, présidents de tribunal civil et conseillers de la Cour royale, s'y prenaient pour faire lever les contraventions faites à de *très honorables* dames qui tenaient des maisons de *bonne éducation* pour les deux sexes. Mais il faudrait descendre si profond dans la boue, dans le bourbier fangeux !... que je craindrais que la plume ne se refusât à tracer toute la vérité sur ce sujet.

Nous résumant, nous dirons seulement avant de

terminer ce chapitre, que sous le *bon règne d'ordre, de prospérité toujours croissante et de grande liberté*, qu'on ose nous jeter à la face comme *modèle de bon gouvernement*, que pour les grands crimes, les *crimes illustres*, l'impunité. Mais pour les délits absents ou les crimes obscurs, toujours la prison, le bagne ou l'échafaud!...

Il a fallu le triomphe et la grande *sagesse* de l'orléanisme pour voir mettre en pratique de pareils moyens, qui, nous n'en doutons pas, échoueront désormais devant l'attitude honorable d'un corps auquel les *illustres* de 1830 avaient forcé une partie des membres de les adopter. Car, nous disons avec reconnaissance et bonheur que tous les magistrats ne voulurent pas transiger avec l'honneur et leur dignité. Beaucoup ne voulurent point se prêter au machiavélisme de ces gouvernants, *trop paternels*, pour parler comme leurs créatures.

Avec ceux qui préférèrent perdre plutôt leurs emplois que leur dignité, comme dans le fameux procès de Madame Feuchères, on ne doit pas oublier les auteurs du célèbre arrêt de la Cour de cassation, relativement à la juridiction militaire des conseils de guerre, que milord Philippe avait fait organiser. Pour ces hommes courageux, ainsi que pour tant d'autres qui comptaient aussi avec leurs devoirs, on doit avoir le plus profond respect ; parce que, par son origine immortelle, comme la religion, la justice est digne de toute la vénération des âmes élevées. Mais pour ceux qui la mettait au service des passions politiques, de la cupidité, de l'égoïsme, des intérêts privés qui la souillaient, on ne doit avoir que dédain, que mépris ! Car

même sous un gouvernement d'usurpation, les dis-
pensateurs de la justice ne doivent jamais déroger.
C'est une monstruosité de ne pas rendre des arrêts selon le droit, l'équité et conformément à la loi.

CHAPITRE III.

De la Spéculation sur les Gens pauvres

DE LA POLICE DES ORLÉANISTES OU LES ACTES BIENFAISANTS QU'ON APPELAIT LA PROTECTION SOCIALE SOUS LE *bon* RÈGNE.— LETTRE D'UN FRANÇAIS ANNONÇANT A MILORD PHILIPPE, EN 1846, LA CHUTE DU GOUVERNEMENT DE JUILLET, COMMÉ DEVANT AVOIR LIEU INFAILLIBLEMENT AVANT L'ANNÉE 1850.

Il est de plus en plus constaté que tout ce qu'ont fait les *illustres* de Juillet n'avait aucun rapport avec les traditions, les principes, les conditions, les besoins, l'esprit, les causes, les effets; en un mot, avec ce qui constitue une nation, un Etat, un gouvernement. Ce qui s'est passé pendant leur règne prouve d'une manière évidente que ces Messieurs ne pensaient qu'à eux, ne prenant nullement au sérieux le rôle de gouvernants, dont ils faisaient pourtant force parade, en ayant l'air de s'en occuper. Ils travaillaient beaucoup, mais pour eux seulement; les gouvernés de-

vaient se trouver très honorés d'avoir *le grand honneur*
d'être conduits et pillés *honnêtement,* ils devaient
attendre plus tard, toujours plus tard ; c'est là une
des principales causes de leur chûte. « Si l'on vient
» me demander pour affaire publique, Antoine, disait
» un illustre à son domestique, faites bien attention
» de dire que je n'y suis pas. Si c'est pour mes affaires
» à moi, c'est différent, j'y suis toujours. »

Il faut tout dire aussi, cet honorable fonctionnaire
ne recevait de l'État, que 50 ou 40 mille francs par
année, non compris, il est vrai, les pôts de vin, et il
consacrait presque toutes les semaines 5 ou 6 heures
aux affaires publiques : ce devait être assez. Aussi,
le timon de l'État fonctionnait *merveilleusement.*
Quoique tout ce qu'ils avaient organisé, pour ce qu'ils
appelaient le bien général de la société, fût *admirable,*
c'était leur police qui était encore la plus *sublime.*
Oh ! leur police ! comme abus, actes arbitraires, immoralité, improbité et tyrannie, on ne vit jamais
rien de plus dégradant, de plus criminel, de plus
infâme ; cela surpasse toute imagination ! ! !

Qu'on n'aille pas croire pour cela que nous ne vou-
drions point de police, parce qu'on se tromperait ;
nous pensons que rien n'est plus nécessaire à la ga-
rantie, à la sûreté générale qu'une police civile
et militaire. Nous avons tant fait de progrès en
France, depuis 1850, que si l'on supprimait seulement
les gendarmes, la police civile et le code pénal, on
verrait..... — je n'ose dire ce qu'on verrait, par respect pour mon pays. — Mais qu'une police soit
infâme dans ses moyens, basse, perfide dans sa ruse
et soutenue par la justice, même quand elle emploie

le mensonge et le crime comme elle le faisait alors, la *loi*, le *droit* et la *société* ne le veulent pas ainsi : c'est la destruction, c'est l'anéantissement de tout principe d'autorité et l'édification de l'anarchie, de l'infamie ! ! !

Or, une des plus grandes plaies de la société, c'était la police des *Mirabeau-épiciers*. Elle dégradait la nation, multipliait la race exécrable des paresseux, des ivrognes, des hommes immoraux et sans probité. Elle encourageait les délations fausses des lâches, de ces êtres sans considération, perdus de dettes, de débauches, qui se vendent à tous les partis et qui les trompent tous. En un mot, elle noyait dans la boue l'âme du peuple et était un véritable chancre politique. Une partie des hommes qu'elle employait étaient tellement corrompus et dominés par la pensée de nuire à la société, qu'on croirait qu'ils avaient renoncé à tous les liens qui unissent les hommes. Dans les bagnes même, on ne pourrait trouver plus mauvais.

Depuis le commissaire de police, qui pourtant aurait dû être, au moins lui, un homme probe et honorable, comme du temps du premier Empire, de la Restauration et du gouvernement actuel, jusqu'au vil mouchard du plus bas étage, plus de la moitié ne reculaient devant rien pour compromettre des victimes, quoiqu'elles fussent *innocentes comme l'enfant qui vient de naître.* Pourvu que cette conduite leur rendît quelques *francs*, ou attirât sur eux *l'attention* de leurs supérieurs, afin d'obtenir un avancement quelconque, ils s'inquiétaient peu de réduire de nombreuses familles à une étourdissante misère. Au contraire, ils spéculaient sur cette misère, pour se faire une position, pour assouvir leurs passions brutales. Ils faisaient ce qu'on peut nommer la *traite des blancs à l'intérieur*. Tant pis pour les gens honorables qui se trouvaient sur leur passage.

Chose inouïe? il était permis aux commissaires de police, — si judicieusement qualifiés de capitaines de mouchards par le grand Chateaubriand, — de faire endurer toutes les tortures morales et physiques qu'ils jugeaient convenables : injures, coups, blessures et toutes les infamies imaginables. Ils s'arrogeaient le droit de vie et de mort sur tous les citoyens honnêtes qui n'avaient pas de fortune, et en usaient avec un cynisme aussi révoltant que celui des cosaques dans un pays conquis.

Quelque misérable qu'il fût, un commissaire de police prenait sur lui de faire arrêter un honnête homme, sachant parfaitement que ce dernier n'était coupable d'aucun délit; mais seulement, parce que cette victime avait une jolie femme ou une jolie fille, et que sa présence dans son domicile gênait tel ou tel *illustre* magistrat ou le commissaire lui-même, qui avait pris envie d'avoir des relations coupables avec ces dames : donc il convenait d'arrêter le mari ou le père, qui pouvait devenir un obstacle dangereux, et de l'injurier, de le frapper en l'accusant, celui-là d'assassinat et celui-ci de chef d'un monstrueux complot ayant pour but de renverser le gouvernement. Puis ensuite, d'ensevelir ces malheureux dans un cachot humide, en compagnie des voleurs et des assassins. Que ce pauvre diable devînt fou, perdît la santé ou même la vie, qu'importait cela? Le brave commissaire n'avait pas la moindre peine à craindre pour toutes ces horreurs, si ce n'est un changement d'endroit, quand ses infamies étaient trop publiques.

Si la victime qu'on avait ainsi *très honorablement* enlevée à sa famille, qu'on avait plongée dans une effrayante misère et laquelle on avait fait subir toutes les tortures humaines, échappait à la mort et parvenait à recouvrer sa liberté, il ne fallait pas qu'elle espérât obtenir justice de ces infamies, c'était en vain.

« Tenez-vous tranquille maintenant, lui disaient quelques méchants mouchards, comme si elle eût
» cessé un instant de se conduire honorablement,
» ne parlez à personne de ce qui vous est arrivé;
» parce que voyez-vous.... il n'y a rien de bon à ga-
» gner avec ces Messieurs de la police. Ils se sont
» trompés sur votre compte, il est vrai ; mais croyez
» bien qu'ils ne voudront jamais en convenir. Et, si
» vous cherchiez à leur faire avoir du désagrément
» auprès de leurs supérieurs, vous seriez perdue ; car
» vous n'ignorez pas qu'ils emploient toute espèce
» de gens et qu'il s'en trouve dans le nombre qui sont
» capables de tout faire, hors le bien. D'ailleurs, en
» entreprenant quelque chose, vous n'obtiendrez pas
» la moindre réparation ni aucune satisfaction ; car le
» préfet, le procureur du roi, le procureur-général
» même, tel général, tel député, M. le maire, le pré-
» sident du tribunal et plusieurs conseillers à la cour
» de ***** protègent celui ou ceux qui se sont trompés,
» ces Messieurs ne leur donneront pas tort, soyez-en
» certain.

— » Mais si je prouve qu'ils se sont trompés sciem-
» ment, ces personnages dont vous venez de me parler

» sont des gens de cœur et d'honneur, je suppose
» alors qu'ils ne leur donneront pas raison.

— » La même chose ; vous comprenez qu'ils ne peu-
» vent pas faire autrement.

— » Comment ? ces Messieurs ne peuvent pas faire
» autrement, et pourquoi cela, s'il vous plaît?

— » Et bien, par ce qu'ils sont forcés de soutenir la
» police.

— » Même quand elle commet des infamies, des
» crimes!....

— » Également.

— » Alors il faut croire que dans la magistrature ju-
» diciaire il y a aussi de la franche canaille, ainsi que
» dans les préfets, s'il est vrai qu'ils s'y trouvent des
» hommes qui prennent fait et cause pour le criminel,
» pour l'infâme!

— » Croyez ce que vous voudrez ; mais, si vous ne
» voulez pas vous en repentir plus tard, suivez mon
» conseil, oubliez totalement ce qui vient de vous ar-
» river, vous vous en trouverez bien. »

L'homme pusillanime s'en tenait en effet à ce conseil intéressé de l'espion ; mais quand par malheur, il
s'en trouvait d'un peu courageux dans les victimes et
que l'indignation ou le désir de connaître à fond
leurs semblables, par expérience, empêchait de suivre ce conseil, oh! alors, les infortunés pouvaient
s'attendre d'avance, non seulement qu'ils ne subi-
raient partout que déboire et déception, mais encore
qu'on leur ferait, ainsi qu'à leur famille, endurer les
maux les plus cruels.

S'adressaient-ils aux supérieurs directs du mauvais commissaire, on leur répondait avec un cynisme

de cosaque à faire envie au bourreau des Polonais, que ce magistrat avait eu tort de se conduire de la sorte, mais, qu'on ne pouvait rien faire pour eux contre cet *honorable* fonctionnaire. Les victimes voulaient-elles insister, alors on les menaçait de les emprisonner de nouveau. Ne pouvant obtenir justice de l'autorité locale, s'adressaient-elles au conseil d'État pour obtenir l'autorisation de poursuivre un malotru, qui se couvrait du manteau de fonctionnaire public pour commettre ses iniquités, le conseil d'État refusait l'autorisation demandée ; parce qu'on n'avait pas préalablement rempli telle formalité que voulait la loi. Adressaient-elles une seconde requête, après s'être conformées à cet article de la loi, alors le conseil d'État ne répondait plus rien, ou l'autorité supérieure du lieu gardait la réponse. Puis, pour punir l'honnête homme qui avait osé dire une partie des iniquités d'un Cartouche-fonctionnaire, ce dernier organisait contre lui piége sur piége, guet-apens sur guet-apens, ensuite envoyait ses *honorables* créatures les mettre à exécution, quand il les avait bien préméditées. Mais il n'osait se montrer lui-même. On peut donc dire que ces magistrats de l'*illustre* gouvernement de Juillet valaient moins que le *brigand* qui vous demande la bourse ou la vie, ils n'avaient pas comme lui le courage de son œuvre. Pour commettre leurs forfaits, eux ne s'exposaient à aucun châtiment.

Maintenant, si, quand elle avait échoué partout, la victime s'avisait de vouloir donner de la publicité à ce qui lui était arrivé, elle en était quitte pour une forte amende et un emprisonnement, avec les voleurs, de quelques mois ou de deux ans. La *protection* du gouvernement du *beau juste-milieu* lui faisait cette gratifi-cation, avec sa grande liberté de la presse, dont on parle avec tant de regret encore parfois, quoiqu'elle ait été si fatale au pays.

En voyant un portrait si affreux d'une partie des magistrats de l'ordre judiciaire, surtout de l'ordre judiciaire et administratif, on pourrait des fois penser que ce portrait est le produit d'une imagination haineuse. Il n'en est rien, nous pourrions citer un grand nombre de noms propres, les dates et les lieux où les choses se sont passées ; mais, comme depuis que la France a fait choix de l'héritier du Grand-Homme pour présider à ses destinées, beaucoup de ces hommes sont devenus meilleurs, comme d'autres ont été châtiés ; que le gouvernement de Sa Majesté Napoléon III en a déjà envoyé plusieurs en prison, voire même à la réclusion ; par respect pour leur famille, nous raconterons seulement quelques actions prises au hasard, de ces *braves et très honorables magistrats.*

En 184., — encore une malheureuse date que ma plume veut tracer malgré moi, mais je résisterai, je crains trop les protecteurs de la canaille de l'orléanisme, et on dit qu'il n'y en a pas mal encore, je dirai donc : — Vers la fin du règne des *très illustres* de Juillet, un brave ouvrier se promenait un dimanche avec sa femme et sa fille, afin de respirer un peu le grand air, dont leurs travaux assidus les privaient toute la semaine. La fatalité fit qu'ils passèrent près d'un commissaire de police, dont les regards impudiques se fixèrent sur la jeune fille, ou plutôt la jeune enfant,— elle avait alors treize ou quatorze ans, — comme le tigre sur sa proie. Cet *homme-vautour* la suivit des yeux longtemps ; puis, la voyant disparaître, il s'adressa à un de ces agents et lui dit :

— Vous voyez ces trois personnes qui viennent de passer là, et qui marchent très doucement ?

— Cet homme qui est avec ces deux femmes là-bas, dont une se retourne ?

— C'est ça même.

— Oui, M'sieu, je les vois.

— Suivez-les, je veux savoir où ils demeurent, ce qu'ils font : ils me paraissent suspects.

— C'est bien, M'sieu, je vous dirai cela.

Il fallut trois jours pour avoir des renseignements bien précis et pour savoir de quoi on pourrait accuser l'homme qui gênait, afin de s'en débarrasser par l'emprisonnement. Quand on fut bien certain que c'étaient des gens sans fortune, le quatrième jour on envoya deux *beaux* agents chercher le chef de cette famille. Puis après l'avoir bien injurié, traité de grand scélérat, de canaille, de brigand et frappé plusieurs fois, quoi qu'il ne fît pas la moindre résistance, on le mit dans un profond cachot.

Qu'avait fait cet homme pour le traiter ainsi? Contrairement à tant d'autres, il avait eu le tort de faire son devoir; il avait bien soigné ses enfants, que la nature aussi n'avait pas mal traités : c'était là tout son crime.

La loi ne punissant pas le père qui ne veut point laisser déshonorer sa fille, quelque jolie qu'elle soit, quoique l'impudence et la *moralité* de beaucoup *d'illustres* l'eussent bien voulu, de quoi pouvait-on l'accuser, lui qui n'avait enfreint aucune loi ni réglement? Peut-être les gens de la police ne savaient-ils pas eux-mêmes alors, de quoi ils pourraient l'accuser, puisque ni les uns ni les autres ne purent le lui dire à son arrestation ni au moment de son incarcération. Aux questions qu'il leur faisait, pour savoir la raison qui le faisait emprisonner ainsi, ils répondaient invariablement qu'on lui dirait plus tard.

— Ce plus tard sera-t-il bientôt?

— Peut-être plus tôt que vous ne voudrez, lui fut-il répondu par un sbire.

Sûr de son innocence et étant avec cela homme indifférent comme on n'en voit peu, il se contenta de répondre :

— Diable, il paraît que l'affaire est grave! Il faut que je l'aie commise en dormant, car je suis certain de ne rien avoir fait de mal en veillant. Dans tous les cas, attendons, nous saurons bien une fois ce que c'est.

Quand il fut séparé des agents et qu'on l'eut bien vérouillé, une idée lui vint. Au lieu de se désespérer comme aurait pu le faire tant d'autres, dans ce profond cachot humide, dont le miasme puant exalait des fluides aériformes et suffoquants, lui se résigna de suite et dit : « Puisqu'elle m'y force elle-même, il » faut faire en sorte de savoir s'il est vrai, ainsi qu'on » le dit souvent, que la police a dans son sein des » êtres pour qui le mal est un besoin de nature ; des » êtres assez infâmes pour préparer des crimes af- » freux qui produisent ensuite la ruine et la dévasta- » tion de la société et des empires. Tout en me sou- » mettant à la volonté de Dieu, je puis voir de près » beaucoup de choses à nu ; observons bien tout , » cela peut être utile plus tard, comme on dit.»

Effectivement, quoique bon fils, bon mari et bon père, il oublia presque sa famille pour ne s'occuper que de ce qu'il appelait *ses études*.

Comme on l'avait arrêté sans mandat d'arrêt, le lendemain de son incarcération on le fit comparaître devant M. le Procureur du roi. Là, il sut pourquoi il était dans les cachots ; c'était soi-disant parce qu'il était chef d'un monstrueux complot, ayant pour but de renverser le gouvernement , et parce qu'aussi il avait proféré des cris séditieux contre Sa Majesté le grand roi Louis-Philippe. — Je présume que c'est parce que lord Philippe était long, que les descendants civilisés et bien vaccinés des Cartouche et des Mandrin l'appelaient grand roi. — « On était sur les traces « de ses complices, disait le commissaire de police, » et ils ne devaient pas tarder d'être tous au pouvoir » de la justice. Quant au prévenu, c'était un des » hommes les plus dangereux de France, d'après les » rapports qu'il avait reçus, etc., etc.»

— On se trompe, Monsieur le Procureur, je suis...

— Vous êtes un malheureux, un grand misérable, taisez-vous.

— Mais Monsieur le Procu...

— Je vous dis de vous taire, encore une fois.

— Je veux bien, mais cependant...

— Qu'on reconduise de suite cet homme.

C'est ce que l'on fit *subito*.

Quand le malheureux fut redescendu dans son bouge infect et meurtrier, il pensa que dans la justice aussi, il y avait des hommes qui ne valaient pas cher. « Al-» lons, allons, continua-t-il, pendant que j'y suis, une « étude sur ceux-ci ne peut rien gâter, faisons-la en

» même temps que l'autre. On me donne de l'eau à
» boire et du pain noir à discrétion, c'est juste assez
» pour ne pas mourir de faim. D'ailleurs, comme
» je n'ai rien fait, ma famille obtiendra bien de me
» voir. Tous les magistrats ne sont peut-être pas non
» plus de la franche canaille, et quand on pourra pé-
» nétrer jusqu'à moi, on m'apportera un peu d'argent
» ou quelque nourriture autre que ces boules de son
» (pain de prison). Au reste, malgré tout ce qu'ils m'ont
» dit, ils ne pourront me garder longtemps dans ce
» lieu lugubre.»

En effet, peu de jours après son incarcération, à
force de sollicitations auprès de l'autorité, sa famille
put communiquer avec lui, et aller voir les personnes
qu'elle jugea convenables, pour obtenir son élargissement.

Après un certain laps de temps, voyant qu'il n'obtenait aucune solution, il écrivit la lettre suivante à
un personnage important dont il était connu.

    « Monsieur,

» Depuis telle époque, je suis dans les cachots hu-
» mides de*** ; jusqu'à présent, je n'ai pu parvenir
» qu'à des ignares ou à de la canaille ; j'aime à croire
» qu'il n'y a pas que de ces gens là en France.

» Je ne demande pas que vous répondiez de moi,
» mais je vous prie d'user de tout votre puissant as-
» cendant pour me faire interroger, car jusqu'à ce
» jour on a refusé constamment de m'entendre.

» Si je suis coupable, je ne demande ni ne veux point
» de grâce ; mais si je suis victime d'une machination
» infâme, organisée par des ennemis inconnus, je vous

» supplie, Monsieur, de me faire rendre à ma famille.

» Je compte sur votre bonté ordinaire pour moi.

« Je vous prie d'agréer, etc. »

La personne à qui cette lettre fut adressée, était un homme qui faisait ou défaisait le député de son arrondissement à sa volonté. Aussitôt qu'elle eut pris connaissance de cette missive, elle s'empressa de se rendre chez le procureur du roi, le procureur-général, le préfet, ainsi que chez plusieurs autres membres de l'autorité, priant les uns, menaçant les autres ; elle parvint à faire entendre la victime et à la faire mettre en liberté après quelques jours de démarches.

Les commissaires de police, — ils s'étaient coalisés plusieurs pour faire cette bonne action et la mener à bonne fin, — les commissaires qui avaient dit à leur victime, ainsi qu'à sa famille, que jamais elle ne reverrait le soleil de la liberté, qu'elle pourrirait dans les cachots, prirent peur ; quand ils virent que cette victime était soutenue et protégée par un *fabricant* de magistrats et de législateurs, ces hommes-vautours couvrirent de suite leur peau de tigre avec celle de l'agneau. En apprenant cette nouvelle, leur féroce cruauté fit place à une hypocrite flagornerie, à une politesse et à des égards sans pareils. Celui qu'ils voulaient faire pourrir dans les cachots quelques jours auparavant, afin de ne pas être gênés par lui pour déshonorer sa fille, eût été alors un prince royal de la famille d'Orléans même, qu'il n'eût pas reçu plus de prévenances. Jamais plat valet ne fût plus humble et plus respectueux envers son maître ; sa famille, surtout, était toute confuse de tant de bienveillance, après avoir été d'abord si mal traitée. S'ils n'avaient pas eu affaire à un homme d'une aussi grande insensibilité et qui s'était promis de bien les étudier, cette comédie aurait pu parfaitement faire oublier leur conduite odieuse, mais avec un être d'un caractère de fer, comme celui à qui ils avaient affaire, leur lâche hypocrisie ne servit de rien, car, malgré la recommandation que lui fit un mouchard aussitôt après sa mise en liberté, sa première occupation fut d'aller trouver un avocat pour lui raconter ce qui lui était arrivé et le prier de lui indiquer la marche à suivre.

— Le meilleur conseil que je puisse vous donner dans cette affaire, lui dit l'homme de loi, c'est de rester tranquille.

— Je vous remercie de ce conseil; en sortant du lieu lugubre où on m'avait mis, on m'a déjà donné le même; mais je ne puis le suivre, je me suis promis à moi-même d'en agir autrement, et je me dois tenir parole.

— Si je ne vous connaissais je n'insisterais pas; mais comme je sais que vous êtes un honnête homme, je dois vous dire que non seulement vous n'avez rien à gagner en entreprenant ce procès, mais encore que vous avez tout à perdre.

— Oh! vous ne m'apprenez rien de nouveau, Monsieur, je sais cela. D'après ce que j'ai vu, j'ai la conviction que j'éprouverai de grands déboires, que je ne rencontrerai que des déceptions; mais ça m'est égal.

— Pourquoi voulez-vous alors entamer un procès dans lequel vous reconnaissez vous-même n'en retirer que chagrin et mortification?

— Parce que je crois qu'il convient de signaler à

la société les hommes de sac et de corde, n'importe
où ces hommes soient placés ; car s'il y a perte pour
moi, il peut y avoir, un jour venant, un bien grand
bénéfice pour elle.

— Ah ! si vous pensez être assez puissant pour redresser la société, c'est différent ; mais ne vous faites
pas illusion, la tâche ne me paraît pas facile. Si vous
saviez combien la société est ingrate et a la conscience gangrenée, vous reconnaîtriez que vous avez tort
de faire une telle entreprise.

— Je ne pense nullement redresser la société. La
connaissance que j'en ai démontre à ma faible intelligence que je n'ai pas l'aptitude voulue ni la puissance
nécessaire pour faire une telle œuvre. Mais sachant
que la corruption coule à plein bord dans l'administration en général, je tiens à être fixé sur chaque
chose en particulier. Je veux savoir ce qu'il y a de
vrai dans tout ce que l'on dit, surtout de la police et de
la justice.

— Vous connaissez donc beaucoup de choses sur
l'administration ?

— Beaucoup plus que je voudrais en connaître.

— Vous voulez donc absolument entamer ce procès ?

— Oui, Monsieur.

— Mon cher, vous ne savez pas que le Palais de la
justice est un vaste dédale, et ses avenues sont souvent
aujourd'hui de tortueux labyrinthes.

— Ça ne fait rien ; je saurais d'avance y dépenser
mon dernier sol et y laisser mon dernier souffle,
que je l'entreprendrais, parce que de quelle manière

il tourne, je suis sûr de rendre un service à la société.

Voyant que c'était un parti pris chez cet homme,
l'avocat finit par lui dire comment il fallait s'y prendre. Il fit une plainte qu'il porta lui-même à M. le
procureur du roi; puis il adressa une requête au Conseil
d'État pour obtenir l'autorisation de poursuivre les
magistrats coupables. Après plusieurs mois d'attente,
ne recevant de réponse de nulle part, il s'adressa
au ministre de l'intérieur et à celui de la justice.
Même résultat, personne ne donnait signe de vie.
Quand il vit que tout le monde gardait un silence absolu, il essaya d'arriver au préfet de l'endroit et au
procureur du roi. Vains efforts, ces Messieurs n'y
étaient jamais ou avaient à faire et ne recevaient
personne. Cet essai ne fut pas fait deux ou trois fois
seulement, mais quarante ou cinquante fois au moins,
et toujours inutilement. « Voyons quelque autre magistrat, se dit-il, je serai probablement plus heureux. »
Effectivement, après mille démarches et une petite
ruse qu'il employa, il parvint à la fin à obtenir une
audience d'un magistrat qu'on lui avait dit être un
parfait honnête homme. Croyant que ce qu'on lui avait
dit était vrai, quand il reçut la lettre du magistrat qui
lui accordait l'audience sollicitée, il s'écria : « Enfin,
j'obtiendrai donc justice cette fois ! » Il paraît qu'il ne
connaissait pas le proverbe ; car quand il eut raconté
au magistrat de quoi il s'agissait, et supplié d'avoir la
bonté de vouloir appuyer la demande qu'il avait faite
au Conseil d'État à telle époque, le magistrat soi-disant *parfait honnête homme*, lui répondit :

Monsieur, je suis bien fâché, mais je ne puis rien pour vous contre M***.

— Cela m'étonne, Monsieur, on m'avait dit que vous étiez un honnête homme, pourtant.

Le magistrat devint vert, en entendant ce compliment flatteur ; mais en homme bien né, probablement, il feignit de ne pas l'avoir compris. Il se leva de son fauteuil et accompagna son impoli solliciteur avec courtoisie.

(D'après la chronique, un des commissaires contre lesquels on demandait que justice fût faite, était le *procureur* de ce magistrat, ainsi que de plusieurs autres ; si cela était vrai, c'est peut-être ce qui les préserva tous du châtiment mérité. Ce fait n'est pas prouvé et peut ne pas être vrai : la chronique est une si mauvaise langue !...).

Rentrée chez elle, et durant plus de deux ans, la victime adressa de temps à autre des suppliques aux ministres et aux députés : tous continuèrent de *l'honorer* d'un silence absolu. De guerre lasse, elle prit le parti de donner de la publicité à une faible partie de ce qui s'était passé, en ayant soin de se renfermer dans la plus stricte vérité ; de là procès, condamnation à l'emprisonnement et aux travaux forcés. Il vit avec plaisir ces deux complices, l'imprimeur et l'éditeur, qui étaient aussi coupables que lui et qui ne se présentèrent même pas à l'audience, il vit acquitter ces Messieurs avec joie. En entendant prononcer leur acquittement un instant après sa condamnation, il dit seulement : « C'est peu édifiant, mais j'en suis bien aise. » Il fit son temps, sans jamais faire entendre une plainte, se soumettant avec déférence aux réglements de ces lieux de misère, et avec le plus grand respect aux actes arbitraires et infâmes que lui faisaient subir les gardiens qui le tyrannisaient beaucoup... plus que les voleurs et les assassins, ses compagnons d'infortune. Il avait vu plusieurs de ces derniers avoir une petite ration de vin ; comme le travail qu'on lui faisait faire était extraordinairement pénible, attendu qu'il mouillait à les tordre, trois et quatre chemises tous les jours, il fit demander une ration de vin en payant ; on lui répondit qu'il fallait une autorisation de la préfecture. S'étant adressé à celle-ci, elle répondit à sa famille qu'il n'obtiendrait aucune douceur ni faveur ; que voulant faire plier ceux qui étaient plus haut placés que lui, il ne méritait pas le moindre adoucissement et qu'on ne lui en ferait aucun.

« C'est très bien, mes enfants, » dit-il à sa famille, quand elle lui apprit en versant des larmes cette nouvelle, « je continuerai à me contenter de l'eau : au
» reste, elle est fort bonne. Pourvu qu'on ne m'as-
» sassine pas, c'est la seule grâce que je demande à
» Dieu : ce ne sont pas l'asservissement, les brutalités,
» les injures ni les infamies des *illustres* porte-clés et
» des autres envers moi, ni les privations qui me fe-
» ront regretter d'avoir fait mon devoir. J'ai fait im-
» primer la vérité sur la canaille et ses protecteurs ;
» c'est une bonne action. Comme ce n'est point la
» prison ni les mauvais traitements qui font la honte,
» que c'est le crime, vous savez que je n'en ai point
» commis, cela doit vous suffire ; prenez patience et
» ne vous faites plus d'ennui ; ayez confiance en Dieu !
» Sa providence est grande ! Je vous ai débarrassés de

» votre poursuivant, c'est déjà beaucoup, seulement
» je vous prie d'une chose : c'est de réclamer mon
» corps, si je venais à mourir en prison et de le faire
» examiner par les hommes de l'art. S'ils reconnais-
» sent que ce soit par une mort violente que je sois
» décédé, c'est qu'on m'aura assassiné ; d'après ce qui
» m'est déjà arrivé, on ne saurait trop prévoir ce
» qu'on pourra me faire. Dans tous les cas, vous sau-
» réz que, n'importe que soit la somme de leur tor-
» ture, je n'attenterai jamais à mes jours : c'est une
» chose que je considère comme trop lâche. Rappe-
« lez-vous bien cela et ne vous faites plus d'ennui,
» moi je ne m'en fais point. »

Là, comme avant, ce malheureux prenait ses pré-
cautions, pour le pire de ce qui pourrait lui arriver ;
ainsi qu'il les avait prises, avant sa condamnation,
pour que ses jugeurs ne puissent pas dire plus tard
qu'ils ne savaient pas alors ce qui avait motivé la publicité de son pamphlet, pour lequel on le torturait
tant.

Ainsi, quelque temps avant de comparaître à l'audience, il envoya, chez quelques hauts fonctionnaires et
chez les magistrats chargés de le juger, sa femme et sa
fille aînée, — seule cause de leurs maux, — sous prétexte d'implorer l'intervention puissante de ceux-là et
l'indulgence de ceux-ci, mais en réalité pour leur faire
expliquer les poursuites immorales du plaignant qui
ne leur avait pas laissé de répit, depuis plusieurs années, ainsi qu'elles offraient d'en faire la preuve, afin
que ces Messieurs pussent avoir des renseignements
précis avant de se prononcer.

En apprenant de quoi il s'agissait, il s'en trouva

qui leur promirent de faire leur possible pour faire acquitter l'accusé. D'autres leur dirent que le commissaire avait bien fait d'agir ainsi, et que ce qu'elles disaient le concernant, n'était pas vrai. Puis un autre leur dit qu'il ne pouvait rien pour le père, *mais qu'il protégerait la jeune fille si on voulait.* — Quel pudique Joseph! Il offrait sa protection devant la maman, espérant que celle-ci s'empresserait de lui livrer son enfant. Il se trompait d'adresse. Quelque temps après sa mise en liberté, c'est-à-dire vers la mi-août 1846, ce malheureux écrivit une lettre à milord Philippe. En voici la copie :

« *A Sa Majesté Louis-Philippe Ier, roi des Français.*

» SIRE,

» Je présume que Votre Majesté ignore ce qui se
» passe dans les corps et les ordres de son gouver-
» nement; car, si elle le savait, elle reconnaîtrait
» avec moi que la corruption, l'arbitraire, l'infamie
» et l'abomination sont presque partout à leur com-
» ble en général, et débordent dans la police en par-
» ticulier. »

« Un tel état de choses, Sire, ne peut enfanter que
» deux choses; mais elles sont infaillibles, c'est la
» guerre civile ou un changement de gouvernement ;
» rien ne peut empêcher l'une ou l'autre, si la gestion
» des affaires publiques reste ce qu'elle est.

» Il n'y a ni justice ni probité nulle part ; partout
» c'est l'intrigue et le mensonge qui président. Les
» gens de robe, de finance et de commerce prennent

» pour eux spécialement les trésors que 89 a octroyés
» à tous les Français.

» Il y a des lois et une justice pour l'*argent* ; mais
» pour l'*honneur* et la *probité* indigente il n'y a rien,
» Sire, sinon l'arbitraire et l'infamie !....

» Si vous ne vous sentez pas la force de pouvoir
» tout changer de fond en comble, Sire, rappelez-vous
» votre jeune parent innocent que vous avez proscrit,
» ou l'héritier du Grand-Homme que vous tenez captif
» à Ham, et abdiquez en faveur de l'un ou de l'autre.
» Le prestige du nom de celui-ci, les traditions de fa-
» mille de celui-là et la valeur personnelle de ces au-
» gustes princes, préserveraient la France de la grande
» catastrophe qui la menace. Dans l'intérêt de votre
» patrie comme dans le vôtre, Sire, voyez au plus tôt
» ce que Votre Majesté doit faire ; car dans peu d'an-
» nées, peu de mois peut-être, vous ne serez plus à
» temps. Tout sera perdu pour le roi des Français, s'il
» n'applique au plus vite un remède efficace, qui cica-
» trise la plaie béante qui ronge la société et sape son
» gouvernement par la base.

» Cette plaie que j'ai l'honneur de signaler à Votre
» Majesté a tellement pénétré dans les fondements
» de l'édifice de votre gouvernement, que sans
» que vous ne vous en doutiez, Sire, cet édifice est
» sur le point de s'écrouler, même sans l'aide du dé-
» molisseur, si Votre Majesté ne le fait pas étayer de
» suite.

» *Avant* 1850, elle et sa famille s'estimeront très heu-
» reuses, si toutes ont le temps de se sauver pour ne pas
» être victimes du terrible écroulement qui aura lieu

» avant cette époque, si toutes ont le temps de passer
» l'eau, pour échapper à la vengeance populaire?...

» Ne pensez pas, Sire, que je cherche à vous
» effrayer, soit par esprit de parti, soit pour des
» causes mal fondées, ce serait une erreur. D'opinion
» politique, je n'en ai pas ; je suis Français, j'aime mes
» semblables, mon pays par-dessus tout, mais je ne suis
» que cela. Je ne suis ni sorcier ni prophète ; mais
» des circonstances, qui seraient trop longues à énu-
» mérer à Votre Majesté, m'ont fait voir à nu ce que
» nul autre ne peut voir, et quand je vous dis que telle
» chose sera, si vous n'en faites pas telle autre, c'est
» que j'en suis certain et qu'il est de toute impossibi-
» lité qu'il en soit autrement.

» Maintenant, Sire, libre à vous de ne pas me
» croire et d'attendre l'époque fixée, pour savoir si je
» suis dans le vrai, vous n'attendrez pas longtemps ;
» vous serez aussi certain de la chose que moi, plus tôt
» que vous ne voudrez.

» Daignez agréer, etc.

> » Un Français qui ne met pas son nom ici, à cause des
> » méchantes gens qu'il y a dans la police, la justice
> » et l'administration. Ces Messieurs ont trop de zèle
> » pour Votre Majesté ; il ne veut rien avoir à démêler
> » avec eux. »

Paris, 13 août 1846.

Milord Philippe recevant cette lettre en 1846, —
époque à laquelle *lui, grand politique*, pensait, ainsi
que tous ses *illustres charlatans*, qu'il était dans la plus
grande sécurité, attendu que son gouvernement et son

sublime système étaient alors à l'apogée de la fortune et de la puissance, — cette lettre dut être jetée dans le panier aux chiffons, avec cet air de dédain insultant de ces grands seigneurs bêtes, d'avant 89, que les Mirabeau-épiciers savaient si bien imiter. Mais quand il emprunta la blouse du prolétaire et le *riflard* du paysan, pour se déguiser en chiffonnier ivre, afin de ne pas être reconnu et pouvoir *passer l'eau*, comme lui disait la fameuse lettre, avec la vie sauve, il était, je présume, moins dédaigneux et devait avoir un grand regret de ne pas avoir suivi cet avis officieux. Quel dommage que ce fut *trop tard !* Ces diables de Parisiens n'auraient pas dû lui dire cela, à lui fils de Philippe-Égalité. Passe pour l'avoir dit à Charles X, mais à milord Philippe, oh ! c'est une horreur !...

Vers cette même époque, un jeune homme s'unit à une femme d'une rare beauté ; un commissaire de police apercevant un jour cette seconde Vénus, se promit de suite d'en faire sa proie, et malheur à qui s'y opposerait ; il est magistrat bien connu pour son dévouement à l'orléanisme ; donc il a le droit de séduire, de prostituer la femme qui lui convient. Si elle est pauvre, le mari doit se trouver *honoré* que son épouse ait des relations intimes avec un si *haut* personnage, et ne doit pas être assidu auprès de sa femme, pour gêner l'*illustre* qui veut la faire tomber dans la fange, ou ce mari met son honneur et sa vie en danger ; on lui donnerait la prison d'abord, puis la perspective que sa tête tomberait sur l'échafaud. Voici d'ailleurs ce qui s'est passé vers les dernières années du *sublime* règne des *bons* Orléanistes :

Un jour, un *très honorable* commissaire de police

ayant aperçu un jeune couple heureux, employa sur le champ une habile entremetteuse. Après plusieurs jours de travail, cette *vénérable dame* fut le trouver toute joyeuse dans son cabinet de magistrat.

— Monsieur, lui dit-elle, j'espère que vous ne me gronderez plus maintenant, je suis certaine de réussir.

— Et quand cela ?

— Dam, je ne sais au juste ; le mari doit faire un petit voyage sous peu et elle m'a promis de venir chez moi aussitôt qu'il serait parti ; dam, une fois chez moi, vous comprenez bien que.....

— Oui, oui, c'est bon. Seulement tâchez que ce soit bientôt qu'elle aille chez vous.

— Mon Dieu, Monsieur, vous savez bien que je fais tout mon possible pour vous être agréable, et s'il ne tenait qu'à moi, ce ne serait pas demain, ce serait de suite. Mais avec son butor qui ne la quitte presque pas, qui ne veut pas lui laisser mettre les pieds dans la rue sans lui, ce n'est pas si facile que vous le croyez-bien, allez.

— Il se doute donc de quelque chose ?

— Je ne sais ; mais je ne crois pas ; car il ne m'a vu qu'une fois chez lui, et, avec ce que je lui ai demandé, il ne peut se douter de rien. Vous savez que je sais assez bien m'y prendre pour qu'on n'ait pas le moindre soupçon ?

— Ah ! j'oubliais que j'ai quelque chose de pressé à faire. Tenez, voilà encore cinq francs, tenez-y la main, vous serez contente. Tâchez de la revoir et vous reviendrez demain. Si ce qu'on m'a dit est vrai, tout ira bien. Adieu, à demain, madame, ne manquez pas de la revoir.

Que lui avait-on dit? rien. Mais comme c'était un esprit lumineux, ainsi que tous les *llustres*, il lui était venu une idée qui lui faisait voir son triomphe assuré. Le lecteur pense peut-être que cette idée était quelques pensées infernales, quelques desseins criminels, qu'il se rassure, la pensée était toute *divine* : est-ce que les *bons Orléanistes* en ont jamais eu d'autres? Au reste, la voici.

Depuis peu de temps, on avait découvert, à quelques lieues de la ville de ***, dans laquelle habitait ce *brave* et *honnête* magistrat, ainsi que ses victimes, on avait découvert le cadavre d'un malheureux qui s'était suicidé ou qui avait été assassiné. Les hommes de l'art n'avaient pu le dire. Mais quelle est la science qui fournit des hommes qui aient autant de perspicacité en tout, qu'un Orléaniste bien dévoué? Il n'y en a pas.

Aussi, ce que les médecins n'avaient pas su connaître, non seulement cet *honorabe* magistrat le connut, sans voir ni examiner le cadavre, mais encore il devina le méchant individu qui avait sûrement assassiné cet homme. C'était le butor de mari dont avait parlé la *procureuse*. Pourquoi aussi ce mari s'avisait-il de gêner un *illustre* dans ses tendresses? C'était donc bien fait qu'on l'accusât d'avoir tué un homme, pour s'en débarrasser et lui apprendre à vivre.

Un rapport fut donc vite fait à ce sujet, après le départ de Mme la *procureuse*, — dans lequel rapport il insinuait qu'on avait des données qui paraissaient tellement accablantes, qu'il ne doutait pas qu'avec quel-

quelques jours de secret et les nouveaux renseignements que l'on prendrait, l'accusé ne se décidât à
faire quelque aveu de son crime, etc., etc., — puis, le
mandat d'arrêt demandé au bout ; c'était l'essentiel
pour lui. Il fut, en effet, donné de suite, et le lendemain, avant le jour, quatre magnifiques agents se
présentaient à la porte du mari butor, le *priant* d'ouvrir au nom de la loi. Une fois entré, ils lui font part
de leur mission, lui mettent de fortes menottes et
l'emmènent. La jolie femme jette les hauts-cris, se la-
mente et finit par s'évanouir, en voyant brutaliser son
mari de la sorte, surtout en l'entendant traiter d'assassin. Mais, comme ces *quasi-illustres* n'ont pas reçu
l'ordre de lui porter secours, ils la laissent sur le car-
reau. Pauvre femme ! il valait peut-être mieux pour
elle, qu'elle ne revînt pas à la vie.

On tint cette victime plusieurs semaines au secret,
sans qu'elle pût communiquer ni avec parents ni avec
amis ; puis enfin, on finit par la laisser avec les autres
prévenus ; mais elle n'en était pas moins toujours l'assassin supposé du cadavre qui avait été trouvé.

La jeune femme lutta longtemps, mais ensuite, par
un moyen ou par un autre, elle finit par succomber.
Son commerce illicite durait depuis plusieurs mois
sans que son infortuné mari connût ce second malheur; cependant il finit par l'apprendre. Après s'en
être bien chagriné d'abord, il en prit son parti, et ne
parut plus du tout courroucé contre l'épouse infidèle,
car à lui aussi, était venu une idée, et il pensait
qu'elle lui ferait peut-être recouvrer sa liberté, parce
que, depuis près d'une année qu'il était en prison,
ses parents et ses nombreux amis avaient fait jouer

tous les ressorts imaginables sans obtenir seulement un petit espoir.

Son vieux père, homme des plus honorables, qui vivait avec peine dans un petit domaine, avait grevé sa propriété d'hypothèques, s'était ruiné pour sauver son fils de l'échafaud, tant il était convaincu de son innocence. Rien n'y avait fait, on était certain que c'était ce fils qui avait commis l'assassinat. Les preuves manquaient, il est vrai, mais on était à la recherche d'un témoin qui avait entendu quelque chose, d'un autre qui avait un peu vu, etc. Ces hommes avaient soi-disant quitté le pays, mais on ne pouvait tarder à découvrir leur retraite. Quant au prévenu , c'était lui qui avait commis ce crime, il n'y avait rien de plus vrai ; de semaine en semaine, de mois en mois, voilà comment on retint ce malheureux dix ou onze mois, et on l'aurait bien gardé davantage si son idée ne l'avait pas tiré d'affaire. La voici :

Après avoir interrogé sa femme lui-même, puis fait questionner par des amis, il fut convaincu qu'on ne l'avait accusé d'un meurtre que pour se débarrasser de lui : « Donc, si je fais disparaître ma femme, je » ne serai plus coupable,» se dit-il. C'est ce qui arriva effectivement.

Sa femme n'était pas de France ; il confia son projet à un ami dévoué qui voulut bien se charger de le mettre à exécution, et qui s'en acquitta à merveille.

Sous prétexte d'une affaire urgente, la belle fut enlevée sans bruit et conduite dans sa patrie. Là, seulement, on lui dit de quoi il s'agissait. Elle se récria beaucoup du manque de confiance qu'on avait eu ; protestant que, malgré tout le mal que lui avait dit de son mari l'*illustre* magistrat, elle l'avait toujours beaucoup aimé. Que, si elle avait succombé, ce n'était que d'après la certitude qu'on lui avait donnée qu'il était bien réellement l'auteur de l'assassinat dont on l'accusait. Qu'on lui avait assuré qu'on en avait la preuve matérielle, et, que ce qui pouvait lui arriver de moins mauvais, lui avait-on certifié, c'était d'être condamné aux travaux forcés à perpétuité. Qu'il fallait lui dire adieu, qu'il était mort pour elle et que jamais elle ne pourrait le revoir qu'à travers les grilles ou chargé de chaînes, s'il ne périssait pas sur l'échafaud.

Comme on avait trompé cette malheureuse de la manière la plus infâme, il fut très facile d'obtenir d'elle ce dont l'ami de son mari en voulait. C'était d'ailleurs fort peu de chose. Une simple lettre seulement à son *très honorable* séducteur, par laquelle elle lui disait : qu'ayant appris que son mari l'avait maudite, elle avait pris subitement le parti de se sauver chez ses parents, d'où elle allait se rendre dans un couvent le jour même. De ne plus penser à elle, que jamais il ne la reverrait.

Dix jours après la réception de cette lettre, les hommes qui avaient vu et entendu tant de choses, avaient été trouvés et questionnés par le *bon* et *honnête* commissaire lui-même ; mais, ni les uns ni les autres ne savaient rien ; il avait été *induit en erreur par ses agents*. Le *mari butor* ne fut plus l'assassin et on le rendit à la liberté, avec la recommandation de se tenir bien tranquille, à cette fin sans doute que son *respectable* bourreau pût continuer longtemps encore à s'illustrer dans la magistrature judiciaire et administrative. Le gouvernement de Sa Majesté l'Empereur n'en a plus voulu; il a même poussé l'inhumanité jusqu'à le faire mettre sous les verrous. Comme cet *honorable citoyen* a de nombreux amis dans les *Cosaques de l'intérieur*, il ne faut pas désespérer de le revoir bientôt rendu à la société; car c'est une de leurs plus *honnêtes* et plus *dévouées* créatures, qui peut leur être très utile dans quelque temps, et rendre encore de grands services à cette société qui était si bien protégée sous leur bon règne.

Nous pourrions citer encore considérablement d'actes des magistrats et des agents provocateurs des *illustres* de Juillet, qui ne sont pas moins *honorables* que ceux-ci. Mais cela deviendrait trop long; ces deux sont suffisants pour instruire et *édifier* les gens de bien.

Plusieurs des amis de cette dernière victime voulaient qu'elle déposât une plainte et poursuivît rigoureusement ce magistrat en justice; il n'en voulut rien faire. D'après ce qui advint au père, qui n'avait pas voulu se prêter pour que sa fille fût livrée à la prostitution, nous pensons que le *mari butor* dont parlait madame la *procureuse*, fit très bien de laisser cet *honorable* magistrat tranquille.

Monstrueux abus! infâme barbarie!... Vit-on jamais chez les hommes de couleur qui vivent dans les bois, sans foi ni loi, plus d'injustice, plus d'iniquité et plus de perfidie en présentant le lacet aux blancs, leurs victimes? Au contraire, il y en a bien moins chez les sauvages; chez eux le supplice n'est ni aussi raffiné, ni aussi cuisant, ni aussi long.

Quoique le gouvernement de Sa Majesté Napoléon III ait déjà beaucoup remercié ou fait emprisonné de ces parodistes de Cartouche et de Judas, l'épuration ne se trouve pas encore parfaite ; mais du moins à présent, quand la justice est obligée de se servir, à tort ou à raison, des mauvais magistrats qui lui ont été légués par le *bon* gouvernement de Juillet; quand elle est forcée d'avoir recours à leurs témoignages, elle a maintenant pris dans sa sagesse l'habitude de peser ces témoignages et non de les compter ; chose qui n'arrivait pas sous le bon règne de milord Philippe ; leurs témoignages étaient considérés alors comme ceux des honnêtes gens ; mais la justice a enfin reconnu son erreur. Il convient en effet, beaucoup mieux, de voiler leur face dans le sanctuaire où la justice rend ses arrêts au nom de la loi et de Dieu qui l'inspire, tant que l'épuration ne sera pas complète ou que ces hommes pervers ne seront pas devenus meilleurs.

CHAPITRE IV.

De l'Administration qu'on a la facétie de nommer savante et prospère.

DES MOYENS QU'ON EMPLOYAIT SOUS LE *bon Règne* POUR DEVENIR RICHE. — DE LA MULTIPLICATION DES PETITES BÊTES ENTRE LES MAINS DES DIGNES AMIS. — D'UN *épicier*, BIEN DIGNE HOMME, QUI VOTAIT TRÈS BIEN. — DE CE QU'IL FALLAIT POSSÉDER POUR OBTENIR UN BON EMPLOI JADIS.—DES CHAMBRES DES PAIRS ET DES DÉPUTÉS.—DU GRAND PRINCE QUI DOUBLAIT LE BEUGLEUR DE SAINT-HURUGE. — DES CANDIDATS QUI SAVAIENT PARLER ET DE CEUX QUI NE SAVAIENT QUE GAZOUILLER. — DE LA LOYAUTÉ QU'ON EMPLOYAIT POUR FAIRE DE BONNES ÉLECTIONS.— DE CE QU'ON APPELLE DE LA PROSPÉRITÉ TOUJOURS CROISSANTE.

Quand elle n'était point vue de près, l'administration civile et militaire semblait un peu plus conforme à l'équité; mais, quand on avait pénétré dedans, on n'y voyait plus que l'organisation en grand du vol des deniers publics : pots - de - vin, intérêts privilégiés, corruption, hommes du monopole qui étaient en même temps les hommes de la politique, rien n'y manquait, hors l'honneur, la dignité et la probité. Et quoique le peuple ait presque toutes les charges de la société, les *illustres,* — *dans l'intérêt de cette société bien entendu,* — avaient le soin de s'en approprier tous les bénéfices absolument ; puis de laisser gaspiller, voler à l'aise leurs créatures.

Même dans les employés subalternes, il n'y en avait pas mal qui menaient un train princier, quoique ne possédant aucun patrimoine. On en voyait beaucoup qui dépensaient bien plus par année que ne s'élevaient leurs traitements ; malgré cela, ils devenaient riches à quelques *cent mille francs :* huit ou dix ans, le plus douze ou quinze, — pour ceux qui n'avaient pas une grande habileté, — suffisaient pour *gagner* une *petite fortune* de dix à trente mille livres de *rente.* Quant aux hauts fonctionnaires, ils comptaient, *ce qu'ils appelaient gagner,* par millions. — Dans mon pays, comme on n'est pas fort sur la néologie, pas même sur la grammaire, on appelle cela *dérober, escroquer, voler.* Faut-il qu'ils soient bêtes et stupides, pour ne pas savoir encore, — au milieu du xixe siècle, — nommer les personnes et les choses autrement que par leur nom!... Quand j'y pense bien, j'aimerais presque autant être d'un autre pays.

« Tout ceux qui ont voulu *travailler,* sous le bon
» règne de Louis-Philippe ont fait fortune, disent par-
» fois les factieux de l'orléanisme. Il n'y a que les
» paresseux et les imbéciles qui ont pu rester pau-
» vres ; il était trop facile de s'enrichir ; il n'y avait
» qu'à le vouloir pour le pouvoir ; de longtemps on
» ne reverra un gouvernement, — à moins que la na-
» tion, revenue de son erreur, ne rappelle les princes

» d'Orléans, — qui donne tant de liberté et de facilité
» pour gagner de l'argent, etc., etc. »

Dans l'intérêt de la France, des classes laborieuses
surtout, faisons des vœux pour que jamais on n'en
revoie un semblable; c'était déjà si facile à *gagner*
des fortunes, que ça ne vaut rien pour les Français;
car nous sommes parfaitement de l'avis des *honora-*
bles Orléanistes. Pour tout homme sans probité, il était
très facile, même trop facile de faire fortune, sous le
bon règne de milord Philippe. Les *honnêtes* pots-de-
vin,— ainsi que les nommaient un employé public, qui
a prêté serment de fidélité à Sa Majesté l'Empereur,
pour ne pas perdre son traitement, afin d'avoir plus
d'argent et de temps à dépenser dans l'active propa-
gande qu'il fait en faveur de l'*auguste* famille d'Orléans d'abord; soit en mettant en évidence un petit
portrait en miniature du prince de Joinville, avec son
costume d'amiral, soit en faisant remarquer sa grâce,
son air bon et martial tout à la fois; puis ensuite en
énumérant tout le bien que la fusion des deux familles
de Bourbon est appelée à faire dans le pays, avant peu;
— les *honnêtes* pots-de-vin et les concussions faisaient
de suite un chiffre assez ronflant. D'ailleurs, la manière de s'en servir était fort simple. La voici:

Le gouvernement donne ordinairement par adjudication, quand il ne veut pas être trop volé, les cons-
tructions, les réparations et les fournitures alimen-
taires et autres, dont les établissements publics ont
besoin. Sous le *bon* gouvernement de Juillet, ces ad-
judications avaient lieu pour que l'État fût volé davantage: il était assez riche pour laisser faire cela,
disait-on. Pourvu qu'il n'y eût que lui, gouvernement,

et les parties intéressées qui eussent connaissance, tout allait pour le mieux dans le meilleur des gouvernements. Mais il ne voulait pas que le méchant public en eût vent ; différemment eût-on été baron, comte, marquis, pair de France et ex-ministre, on était puni : rien ne pouvait vous sauver.

On poussait le *rigorisme* jusqu'à faire *l'application* de la *loi*. Les coupables avaient beau dire que c'était une habitude reçue par la *bonne société* et mise en pratique par tout le monde,— ainsique le dît en pleine audience à ses juges, un de ces Messieurs qui avaient reçu *seulement cent mille francs* chacun pour faciliter un seul de ces *honorables* marchés, — cela n'y faisait rien, on les condamnait tout de même, si la chose était au vu et au su de tous les Français. On vit cette sévérité mise en vigueur une fois, durant les dix-sept ans et demi du bon règne de l'orléanisme, de tant *regrettable et glorieuse mémoire*. Mais quand on avait le soin de mettre un tout petit rideau, pour empêcher le trop curieux public de voir ce qui se passait, quelque clair qu'il fût, ce rideau suffisait. Le fournisseur s'entendait avec l'employé, et tout marchait admirablement. On livrait une qualité inférieure ou on ne mettait que telle quantité, puis on s'arrangeait amiablement pour ce qu'on faisait payer de marchandise non reçue. « Cela nous fait un petit pour-boire, disaient » ces *très honnêtes* gens, le gouvernement est assez riche, il n'y connaîtra rien. » Comme on pourrait douter de notre sincérité sur ces *nobles marchés*, il convient de spécifier aussi les faits.

Nous avons beaucoup connu sous ce *bon* règne, un bien *digne homme,* — car il était *électeur du grand collège* et votait fort bien, — un bien digne homme qui était fournisseur d'une importante administration militaire ; ce qu'il n'avait pas dans ses vastes magasins, il le prenait chez le voisin et se contentait d'un si petit *bénéf...*, qu'il avait obtenu de presque tout fournir, — soit à cause de ce petit bénéfice, soit à force de faire porter des pains de sucre sans facture, les jours qui précédaient celui de l'adjudication. Depuis le caporal jusqu'au général, c'était quelque chose comme quatre à cinq cents kilogrammes tous les ans, qu'il débitait ainsi gratuitement : il était *si bon !* Aussi, pour ne pas se ruiner en donnant tant de *bon sucre,* et sans doute pour pouvoir en donner longtemps , voici comment il faisait, — probablement parce qu'il n'était peut-être pas encore bien au courant de l'application du système métrique sur les poids : — pour les marchandises avec lesquelles il ne pouvait faire mieux, il livrait cent livres pour cent kilos et on lui payait ce dernier poids. Après tout, ça ne faisait que la moitié de *gagné,* sans le bénéfice ordinaire : c'était peu de chose.

Avec l'huile d'olive et les sangsues il *gagnait* un peu plus pour se dédommager du *bénéf... trop minime* des autres marchandises.

Toutes les semaines, il fallait un ou deux pots de cinq cents sangsues. C'était très lucratif, ainsi qu'on va le voir. N'ayant pas de dépôt de ces petites bêtes chez lui, un employé allait les chercher chez le voisin ; mais soit que le dépositaire se trompât toujours ou que les sangsues fussent de première qualité, elles se multipliaient comme par enchantement ; la magie noire ne fit jamais rien de plus merveilleux. Le voisin les comptait en présence du jeune homme chargé de les porter, lui en donnait facture, il n'y en avait bien que cinq cents. Quand il arrivait à l'administration, il remettait son petit pot à un superbe Monsieur qui lui disait d'attendre un instant, qu'il voulait reconnaître si le compte y était bien, avant de remettre un reçu. Non seulement alors ils s'en trouvait cinq cents, ainsi que le stipulait la facture du dépositaire, mais toujours le double et souvent le triple; du moins le récépissé de l'administration le disait. Il était de *mille* ou de *quinze cents* sangsues. Et le beau Monsieur qui avait fait ce reçu, ne manquait jamais de recommander au commis auquel il le remettait, de bien présenter ses hommages à ce *respectable* M. ***, de dire bien des choses *honnêtes* à ce *brave et digne ami*.

Proportion gardée, l'huile d'olive gagnait encore bien davantage que les sangsues; mais ce n'était pas répété si souvent. L'*honorable* électeur du grand collége avait fait *comprendre* à l'administration que, pour avoir toujours de la bonne huile, il ne fallait pas la prendre par fût; mais par cruche, et approprier souvent le vase dans lequel on la mettait.

— Brave *espicier!* Combien il avait de bonté!..

Comme une administration quelconque, alors, se laissait assez facilement persuader, même par un épicier, celle-ci le remercia de son bon conseil et lui dit qu'elle en ferait son profit. L'*espicier* se promit d'en faire aussi un peu le sien à ce qu'il paraît.

A cet effet, il fit faire deux grandes crûches en fer-blanc, et, quand il fallait de la *bonne huile bien limpide*, il mettait d'abord au moins 40 kilogrammes d'eau dans ces deux vases,—qui ne pouvaient en contenir plus de 50, au pis aller, — puis il faisait mettre sur cette eau — *qui était du reste de première qualité,*—l'huile d'olive voulue pour remplir les cruches, et ensuite on les portait ainsi à l'hôpital militaire. Le sergent, — qui n'était sans doute pas reconnu assez *illustre* pour être initié dans ce secret du bon électeur, — trouvait toujours le poids stipulé sur la facture, et tout se terminait là pour lui. Le très honorable ami de *l'espicier* transvasait ces deux gouttes d'huile lui-même, puis remettant les cruches vides au jeune homme, il n'oubliait jamais de lui dire :

— Veuillez me rappeler aux souvenirs de M***, présentez-lui bien mes très humbles respects et ne manquez pas de lui dire bien des choses honnêtes de ma part, à ce digne ami !

Ce *respectable espicier* ne se cachait presque pas de ses employés pour en agir ainsi. Seulement il ne fallait pas que ces derniers eussent l'air d'y faire attention ; il leur était permis de regarder, mais non de voir. L'un d'eux, jeune blanc-bec sortant de son village, croyant faire de l'esprit, s'avisa un jour de lui dire que si on avait trois ou quatre clients comme l'hôpital militaire, cela suffirait pour vite faire une grande fortune.

—Vous croyez cela? lui répondit *l'honorable* électeur, rougissant jusqu'au blanc des yeux.

—Dam! il me semble, repartit le jeune homme timidement, pensant alors qu'il avait fait une bêtise.

—Il vous semble mal à propos ; je ne *gagne* que fort peu de chose avec cette administration ; donc vous vous trompez.

Honteux d'avoir dit la vérité à son patron, puisqu'elle lui déplaisait, il s'en tint là de sa conversation brûlante. C'était déjà avoir été trop loin. Le lendemain on lui dit de chercher une autre place ; qu'on était bien fâché, mais que les affaires allant de plus en plus mal, on était forcé de le renvoyer.

C'était bien fait, qu'avait-il besoin de parler ? Il était payé, il devait *continuer à aider le vol* pour le compte de son patron et ne rien dire. Sa prospérité et son bien-être, comme à tant d'autres, n'étaient qu'à ce prix. Et ce n'était pas *cher,* une fois bien *orléanisé* il aurait pu peut-être aussi devenir riche un jour.

Quelques années plus tard, il y avait un autre employé, dans une administration civile, qui ne se faisait pas moins de quinze mille francs de pots-de-vin par année, d'après la chronique. Mais cette dernière est si *mauvaise langue,* qu'elle avait bien pu grossir le chiffre de deux ou trois mille francs.

Convaincu de ce fait, et pensant que l'administration l'ignorait, un citoyen, qui croyait alors à la probité des *illustres* vampires de Juillet et de Février, crut faire une très bonne œuvre en allant signaler ces abus à M. le préfet de l'endroit. Il fut reçu comme un vrai chien dans un jeu de quilles. Bien d'autres s'en fussent tenus là, après une telle réception, lui n'en fit rien.

Connaissant particulièrement deux ou trois membres du conseil général, il leur parla, et des abus, et de la manière dont il avait été reçu par le premier magistrat du département. Ces Messieurs lui ayant fait d'abord un assez bon accueil, il adressa la lettre suivante à l'un d'eux, au moment de leur session :

« *A Monsieur le Conseiller, etc.*

» Monsieur,

» Comme j'ai eu l'honneur de vous le dire, ainsi qu'à M. ***, il existe de nombreux et révoltants abus dans les prisons de....

» La chronique veut qu'un employé, entre autres, se fasse à lui seul 15,000 francs de pots-de-vin par année. Je pense qu'il ne s'en fait peut être que 10,000. Mais je suis tellement convaincu de ce chiffre, que je vous prie de faire la proposition suivante à M. le préfet :

» Si l'on veut m'accorder l'emploi de M. ***, je prends l'engagement de donner 3,000 francs par an à l'administration, et de fournir les denrées à 2 p. 0/0 au-dessous du prix de celles livrées dans la dernière année, le pain excepté, et à tout livrer en qualité supérieure. De plus, j'offre un cautionnement.

» Comme on ne donne pas moins de 2 ou 3,000 francs d'appointements à M. ***, cela ferait déjà une économie de 5 ou 6,000 francs chaque année, non compris le rabais des 2 p. 0/0 qui s'éleverait à une somme assez ronde.

» Je vous prie donc, Monsieur, d'avoir la bonté de faire remarquer à M. le préfet que, tout en faisant faire une économie de *dix* ou *douze mille francs* au moins à l'administration, je serai en même temps d'un grand soulagement aux malheureux prisonniers, en leur fournissant une alimentation plus hygiénique. Car avec celle qu'on leur donne, il y a juste de quoi ne pas mourir de faim et rien de plus. Vous ne sauriez croire, Monsieur, combien c'est compromettant pour leur santé.

» Dans l'espoir que vous voudrez avoir la bonté de faire part de ma proposition à M. le préfet et que vous daignerez m'honorer d'une réponse après la lui avoir soumise,

» Agréez, Monsieur, etc. »

Ayant vainement attendu une réponse à cette lettre, son auteur se décida à aller demander ce que que le préfet avait répondu. Voici ce que M. le Conseiller lui répondit :

— Vous comprenez, Monsieur, que je ne veux point faire le métier honteux de délateur. Je n'ai donc nullement parlé à M. le préfet de votre proposition.

Ces quelques mots furent dits avec un dédain si révoltant et si impérieux tout à la fois, qu'il vit qu'il n'y avait rien à attendre de bien.

— On ne veut pas faire le délateur, me dit-on, se disait tout bas l'auteur de la lettre, on préfère donc être le complice du vol ? Diable, il paraît qu'il y a quelque chose là-dessous qui est fort trouble. C'est égal, je dois abandonner les prisonniers à leur malheureux sort et attendre qu'on ait un gouvernement plus conforme à l'équité, pour faire réprimer ces abus. Dieu est juste, donc l'attente ne peut être bien longue ; laissons faire les pots-de-vin.

Ce ne fut en effet pas long ; car quelques mois plus tard, le gouvernement mourait subitement d'une indigestion de son système corrupteur, trop arrosé de pots-de-vin. Que la terre lui soit légère !

Quand on a bien étudié les procédés et la réponse

de ces messieurs, on n'est plus étonné ni de cette mort subite, ni que les *sages gouvernants* de Juillet aient coûté 21 milliards et quelques cents millions de plus que n'eût coûté un gouvernement légalement constitué.

Comment aurait - il pu se faire qu'il n'en fût pas ainsi, avec ce système si *sublime* qu'avaient adopté les *illustres* de l'Orléanisme ? Le gouvernement d'un état n'est-il pas comme la direction d'une maison de commerce ? Quand un négociant laisse sa caisse ouverte à plusieurs employés, les laisse vendre, acheter et payer sans se faire rendre aucun compte, il se voit contraint, au bout de quelques années, d'aller finir ses jours à Clichy, parce que dans ce nombre d'employés, qu'il croyait tous honnêtes et probes, — il s'en est trouvé beaucoup qui ne l'étaient point ; qui prenaient, tous les jours peu ou beaucoup à la caisse. Aussi, à force de prendre, il advient qu'il n'y a plus de quoi faire les achats ; l'assortiment n'est plus complet, la clientèle ne vient pas ou s'en retourne sans acheter. Les employés qui se sont enrichis en puisant illégalement dans la caisse, quittent leur patron, voyant qu'il n'y a plus rien à prendre, et créent une maison pour faire concurrence à leur victime. Celle-ci a beau prendre de nouveaux employés et mieux soigner sa besogne, le sort en est jeté, elle se voit forcée de fermer au bout de quelque temps. N'ayant pu effectuer tel paiement, son créancier, poussé par un de ceux qui ont aidé à la dépouiller, et qui craint qu'elle devine que ses *très respectables* ex-employés l'ont volé, vient de la faire déclarer en état de faillite. Les garçons de peine de cet homme n'ont pas cessé de conserver pour lui

un certain attachement ; ils vont le voir en prison,
quoique ce soit son incurie qui soit la cause qu'ils sont
presque sans moyens d'existence, car, n'étant pas ini-
tiés dans ses affaires, ils se sont trouvés sans emploi.
C'est égal, comme ils ne l'ont pas volé, ils ont toujours
de la considération pour leur ex-patron. Quant à ceux
qui sont les auteurs de sa ruine, fi donc! ils le mé-
prisent !...

Quand le chef d'un gouvernement ne soigne pas
non plus assez ses employés, les laisse trop puiser
à volonté dans le trésor public, — qui est une propriété appartenant aussi bien au peuple de la blouse,
de par le droit et la loi, qu'au peuple de l'habit noir,
fût-il ventru, borne, Pritchardiste et même bien mus-
qué, — le *peuple*-blouse, qui est le garçon de peine auquel on n'a donné que de faibles à-comptes, auquel
on a repris ou voulu reprendre par la violence une
partie de ces à-comptes, finit par devenir créancier
d'une somme si considérable, que le chef de l'État ne
peut plus la payer au bout de quelques années. Quand
les garçons de peine voient que c'est toujours des à-
comptes pour eux et qu'on paie chaque année inté-
gralement les premiers commis, ils finissent, à la fin,
par vouloir aussi être soldés. Le chef de l'État leur répond qu'il ne peut le faire.

— Comment! s'écrient alors ceux-ci, malgré que
nous vous ayons servi fidèlement et accordé un délai
de 15 ans, sans intérêt, vous ne pouvez pas nous payer!
Vous êtes un homme de mauvaise foi, car vous devez
être riche comme un Crésus! Nous avons tant travaillé !...

— Hélas ! je n'ai aucune fortune; au contraire , je

dois beaucoup plus que je ne possède. Mais ue m'en voulez pas, mes enfants, c'est mon trop de confiance dans mes premiers commis qui m'a perdu. Ils m'ont trompé, ils m'ont volé!...

— Vous nous disiez que c'était pour tous les Français que nous arrosions la terre de nos sueurs et que nous versions notre sang sur les champs de bataille, ce n'était donc que pour quelques vils flatteurs?

— Hélas! oui, mes braves enfants.

— Alors vous êtes plus qu'un âne, vous êtes encore un fourbe. Sauvez-vous sur la terre étrangère, nous ne voulons plus de vous dans notre patrie, pas même dans une maison barreaudée ni une voiture grillée et ferrée à l'épreuve de la balle ; partez vite, il n'est que temps,

— Mais.....

— Il n'y a pas de mais; si vous ne voulez pas être escarbouillé, filez vite, vous n'avez pas une minute à perdre.

Voilà ce qui arrive aux chefs des maisons de commerce et aux chefs des nations qui soignent mal leur besogne ; qui la font faire par des *tiers*.

A-t-on tort, a-t-on raison de les traiter ainsi? Je crois qu'on a raison. Car si on ne veut rien faire ou ne faire que du mal, on doit rester tranquille et ne pas entreprendre ce qu'on ne connaît pas.

On croit que ce sont les gouvernés qui changent les gouvernants, c'est une bien grande erreur. Quoique ceux-là soient *toujours* ce que ceux-ci les font, c'est-à-dire *bons* ou *méchants*, *faibles* ou *difficiles* à conduire, leur dignité, leur loyauté et leur sagesse font qu'ils ont toujours le droit et la justice de leur côté. Tandis que les gouvernants, qui ne voulaient rien avoir à démêler ni avec la dignité et la loyauté, ni avec la justice et la sagesse ; — parce qu'ils se croyaient des demi-dieux bien au-dessus de tout quand ils étaient au pouvoir ; — cette sagesse et cette justice qui savent toute chose, se servent des gouvernés pour les corriger de leur orgueil. Pour leur prouver, comme par exemple, en 1848 et en 1851, que les corrompus et les corrupteurs de Juillet n'étaient que des Midas ; qui, comme les Polignac de 1830, avaient les oreilles moins longues que le grison de Sancho Pança. Mais une intelligence aussi bornée, un braîlement beaucoup plus ébêti et surtout plus coûteux, que le braire de ce *noble* animal.

En effet, d'après des personnes dignes de foi qui ont vu de leurs yeux et entendu de leurs oreilles, on peut supposer que sur les quelques cent mille fonctionnaires qu'il faut en France ; il n'y en avait pas moins de cent mille, — y compris les fournisseurs qui voulaient aussi une part de la *prospérité toujours croissante* de ce *bon* gouvernement de Juillet, — qui ne se fissent, du petit au grand, 5 ou 6,000 francs, en moyenne, par le gaspillage ; — cela paraît si peu de chose, qu'il semble qu'on ne devrait pas même devoir s'arrêter à une somme si minime. Cela fait de suite 5 à 600 millions par an. Juste le chiffre dont le budget fut augmenté après la Restauration. Il fallait de rigueur ces 5 ou 600 millions tous les ans, pour payer comptant les concussionnaires et les ayant-*droit* aux pots-de-vin : tous ces *braves gens* là ne font jamais crédit.

Qu'on ajoute maintenant les traitements des *trentehuit mille et quelques cents* sinécures créées par le *su-*

perlatif gouvernement de la corruption, on ne sera plus surpris de voir la France obérée, ni la misère des classes laborieuses triplée.

Or, pour bien gouverner une noble et riche nation comme la France, il ne suffit pas de faire de beaux discours d'une longueur sans fin, comme nous en gratifiaient si souvent les *illustres*. Ni de crier comme deux ânes et d'être insolents comme trois laquais d'avant 89 : il faut encore bien faire. La comédie est bonne pour les théâtres. Mais elle ne vaut rien pour pour la politique de la France, pas seulement une rave de juif, pas même une de genêt. Elle n'est bonne en politique que pour les Cosaques.

Nous savons bien que la comédie est ce qu'il y a de mieux pour ces derniers, car les *très honorables* n'ont pas mal fait pour quelques-uns d'entr'eux. Mais pour le plus grand nombre, ainsi que le fait le grand Empereur qui nous gouverne, pour la nation enfin, quel désastre! Plus de **21** *milliards* de francs, dans un espace de *vingt ans* seulement!...

Le peuple-blouse, qui est aussi franc et loyal que courageux et brave, ne se méfiant pas de la ruse perfide des Cosaques de l'intérieur, prend ces *illustres* pour de bons patriotes, des amis des classes pauvres qui aiment l'économie ; parce qu'il entend critiquer, tourner en ridicule un gouvernement qui augmente le traitement de ses premiers dignitaires. C'est une grande erreur dont il doit revenir. Que peut influer sur le bien-être de la France, une augmentation de quelques mille francs par an, faites à quelques cents personnages seulement? Rien. Que peut influer une liste civile de **25** millions au lieu de **12** ou de

18, ainsi qu'on la donnait à l'*auguste* roi bâtard ? Encore rien. Le tout ne faisant que quelques millions ; mais non des cents millions, comme quand on laissait piller la nation, par une multitude de grands et de petits *illustres*, qui se comptaient par *cent mille*. Rien n'est coûteux comme les premiers dignitaires d'un État qui ne sont point ou peu payés. Le trop fameux Talleyrand ne reconnaît-il pas cette grande vérité, dans cette réponse laconique qu'il fit au roi Louis XVIII, qui lui disait que les députés n'auraient aucun traitement : « *Sire, c'est bien cher.* » En effet, c'est fort cher pour une nation, de ne pas payer généreusement ses gouvernants ; rien n'est plus ruineux pour elle, car chacun la dévalise à qui mieux mieux. Les employés, suivant l'exemple des patrons, tout le monde la dépouille à l'envi, sans craindre le moindre châtiment ; parce que ceux-là en connaissent trop long sur le compte de ceux-ci, ils savent qu'on n'osera sévir contre eux. Voilà pourquoi les vols *honnêtes*, les actes arbitraires, les infamies, restaient sans punition et se multipliaient chaque année de plus en plus, avec les vampires.

Avec le gouvernement de Sa Majesté l'Empereur, ce n'est plus ça, on paie raisonnablement ; mais on ne veut plus ni concussionnaires, ni marchands de pots-de-vin, ou sinon. Qu'un employé quelconque, ou un magistrat de second comme de premier ordre, continue de *gagner*, comme sous le *bon* et *regrettable* gouvernement de Juillet, on l'envoie aussi bien en réclusion qu'un autre voleur. Malgré ses *bons* et *loyaux services*, on n'a plus d'égard pour lui, pas plus que pour un *simple mortel*. Quel déplorable malheur pour

ces *braves* et *honnêtes voleurs,* que la France ait eu l'i-
dée de se choisir un chef qui ne veut plus les laisser
tranquillement continuer leur *honorable travail!.....*
Cependant après tout, voler est un travail comme un
autre ; du moins, les voleurs de profession le disent
ainsi.

Maintenant, qui ne se rappelle à quelle humiliation
dégragante les *très illustres* soumettaient ces quelques
mille individus avec lesquels ils partageaient les dé-
pouilles de la nation? Le produit de la sueur du peuple, de cette *vile multitude* dont ils parlaient avec
tant de dédain? Quelles bassesses honteuses les employés subalternes n'étaient-ils pas obligés de faire
pour obtenir leurs places? Non seulement ils avaient
à faire la preuve qu'ils célébraient très dévotement la
saint Philippe, — *ce bienfaisant et vénérable patron des
sinécures et des pots-de-vin,* — mais encore il fallait
qu'ils fussent appuyés par un *ventru, gros ou petit,
pritchardiste autant que possible* ; ou bien qu'ils eussent
une *jolie femme,* dont la vertu ne fût nullement *fa-
rouche,* ou tout au moins, une jeune fille ou une jolie
maîtresse qui voulût accepter leur protection. Le pos-
tulant qui ne possédait pas une de ces *aptitudes* n'était
jamais assez capable. Mais celui qui en avait *une,*
était toujours admis, et celui qui en avait plusieurs
avait sa fortune faite. Car si des abus révoltants par-
venaient à la connaissance des gens de bien, il ne fallait pas s'aviser de les signaler à leurs supérieurs, si
on ne voulait pas être fort mal reçu.

Avec une insolence qui ne le cédait en rien aux pages
de la Régence, on leur répondait : « *Que le gouverne-*
» *ment avait toute confiance aux hommes qu'il em-*

» *ployait, et que c'étaient des gens honorables qui fai-*
» *saient leur devoir.* »

Inutile de dire que les *quasi-illustres* de Février ne valaient pas mieux que Messieurs de Juillet. Ils ne voulaient pas non plus entendre parler qu'on réprimât les abus. Il paraît qu'ils trouvaient cette *grande institution* des *illustres* fort bonne à conserver, *dans l'intérêt de la nation aussi, probablement.*

» *Nous, gouvernement,* » disait un préfet des plus honorables de l'*illustre* National, « *nous ne pouvons pas* » *prendre en considération les abus qu'on vient nous si-* » *gnaler, si ces abus ne nous sont pas signalés par des* » *personnes haut placées de la société, etc.* »

Comme ils savaient que ces personnes n'oseraient pas aller leur dire la moindre chose, dans la crainte de recevoir un compliment flatteur, — car ils n'auraient pas manqué de leur répondre qu'ils voulaient faire aussi de la *prospérité toujours croissante,* — il faut croire qu'ils avaient raison de procéder ainsi. C'est donc bien fâcheux que la France ne les aient pas conservés seulement autant d'années que de mois, ils ne fussent jamais *devenus socialistes.* Ils se trouvaient si agréablement bien ! C'était si lucratif de profiter de la *sublime* organisation des grands hommes de Juillet!...

Nous donnerions bien encore, même beaucoup, d'autres détails sur l'administration civile et militaire des *rares génies* de *l'orléanisme* et de la *sociale.* Mais nous pensons que ce petit échantillon est assez suffisant pour l'édification du lecteur. Pour ne pas devenir trop long, passons à ce qu'on appelait le pouvoir.

D'après la Charte bâclée et une singerie ressemblant aux formalités de la construction d'un gouvernement sérieux, régulièrement et légalement établi, le pouvoir suprême était, disait-on, composé d'une trinité ; elle ne valait pas en apparence celle des quasi-illustres de Février, mais en réalité, *roi bâtard, chambre des pairs et chambre des députés*, étaient synonymes de la trinité : *Liberté, Égalité et Fraternité* des *Voraces-Ventres-Creux-Dévorants* de 1848.

Quoique les deux grandes assemblées caquetantes fussent censé posséder plus de souveraineté que l'*auguste* roi milord Philippe, la grande majorité de leurs membres ne s'occupait sérieusement que de ses intérêts privés, chacun pensait à soi, mais nullement aux autres. On y voyait les principaux agents du monopole de la haute exploitation financière et tripotière, occupés à augmenter leur fortune, ne se souciant pas mal du bien public. N'étaient-ils pas plus que le bien public ?

Pour la direction de la France et de ce qu'ils devaient faire eux-mêmes, ces *illustres et très honorables* hommes d'État s'en rapportaient à l'ancien ami des *Chabot*, des *Gusman*, des *Fournier*, des *Péreyra*, des *Lajouski*, ce digne fils du *capitaine-général* des assassins du boulanger *François*, de la princesse de *Lamballe*, du maire de Saint-Denis, *Chatel*, du banquier *Pinet* et de tant d'autres dont je ne me rappelle pas les noms. A ce prince *très humain* qui, moins de 40 ans avant d'être fait roi par deux cents grands charlatans, s'était associé avec son *auguste* père pour spéculer sur les angoisses que feraient subir au peuple la faim ; pour calculer froidement dans leurs deux âmes *royales* et *magnanimes*, combien une *famine générale* pourrait produire de désordre de sanglants désespoirs et d'insurrections ; de combien de dégrès cet horrible fléau de la famine, beaucoup d'incendies et d'assassinats pourraient les rapprocher du trône!...

Quand on pense, bien que, pour consommer leur *vertueux* projet d'ambition *trôneuse,* ces *grands* princes poussèrent l'*abnégation* personnelle, le *patriotisme* et l'*amour du peuple* jusqu'à faire acheter presque tous les blés de France, dont ils firent remplir les greniers d'Edimbourg, de la nouvelle Angleterre et de Guernesey, vers la fin du dernier siècle ; et qu'ils firent voler, incendier et assassiner tout ce qu'ils purent, on est bien étonné que la nation n'ait pas eu, avant 1830, 219 hommes assez *illustres* pour lui imposer à perpétuité un roi pris dans cette *auguste famille.* Ce qui ne surprend pas moins, c'est que la perpétuité n'ait été que de 17 ans et demi. Il est plus que probable que, si la France avait eu la *sagesse* de ne consulter que les vœux des *bons bourgeois* à deux cents francs, ou bien les sentiments des *honorables* habitants des réclusions et des bagnes seulement, cette perpétuité n'aurait pas été si courte, ou du moins, on aurait réparé depuis longtemps le tort que lui fit Février, en la chassant honteusement. On l'aurait rappelée pour présider de nouveau à nos destinées, au lieu d'avoir eu la maladresse de choisir ce *Louis-Napoléon-Bonaparte,*— dont on parlait hier encore avec tant de dédain, — qui a le tort *impardonnable* de faire corriger les Cosaques de Russie et les Cosaques de France. Infortunés Cosaques! priez votre saint Serge d'intercéder auprès de Dieu, afin que ce maître Tout-Puissant fasse ren-

trer les princes d'Orléans en France pour gouverner;
vous ne serez pas si malheureux!... Ils vous laisseront
piller, violer, brûler et assassiner tout ce qu'il vous
plaira, si leurs sentiments sont comme ceux du *Régent*,
de *Philippe-Egalité* et de *milord Philippe*, leur père et
leurs aïeux. Car les *très illustres* hommes d'État qui
faisaient partie autrefois du pouvoir, et que Sa Majesté l'Empereur a eu la *cruauté* de ne pas conserver
dans son gouvernement, ne manqueraient pas d'être
rappelés et de faire comme sous le *bon règne de la
prospérité toujours croissante*.

C'était si *patriotique*, si *honorable* de procéder
comme le faisait le pouvoir suprême d'alors!... Que
peut-on voir de plus *vénérable* et de plus *héroïque* que
la soumission, l'obéissance aveugle et passive de la
grande majorité des premiers dignitaires du gouvernement de Juillet, au fils *auguste* d'un accapareur et
d'un exporteur de céréales? qui, non content après
89 d'avoir livré 25 millions d'habitants aux horreurs
des premiers besoins, par l'accaparement et l'expor-
tation, faisait encore incendier une quantité considérable de moulins, envoyait à Rouen, un *illustre*,
nommé Bordier, auquel il remettait 50,000 francs,
pour faire exécuter ce *bienfaisant* travail, plus un autre *illustre*, nommé Jourdain, porteur de *mille louis*,
avec la *noble* mission d'exciter au pillage des magasins de farines et à l'avarie des bateaux de blé?...

Aussi, pensant que le fils devait indubitablement
avoir une *valeur personnelle*, non moins *honorable* que
celle de son *auguste* père, puisque ce *digne fils* avait
applaudi, avec *enthousiasme*, tous les *hauts faits* de
son *vertueux* père, en 89, 90, 91, 92 et 93; de plus,

que *lui-même*, dans cette dernière année, avait eu le royal *courage* de passer à *l'ennemi* avec armes, bagages et caisse de paiements, avec ses *fidèles Dumouriez* et le colonel *Thouvenot*, en entraînant avec eux un ou deux escadrons de Berchini. Les *savants* et *très sages législateurs* faisaient ce que ce grand roi milord Philippe voulait, et rien que ce qu'il voulait. C'était plus patriotiquement cosaque. C'est pourquoi que, comme législation, la chambre des pairs, — qu'on disait être sans *dignité* sous la Restauration, — en avait beaucoup plus après la catastrophe de Juillet. C'était un riche ossuaire, où l'ex-roi des *très illustres* charlatans déposait les reliques de ses ministres défunts et de ses autres ambitieux trépassés. La grande majorité de ses membres avait des sentiments si *nobles*, qu'elle ne résistait jamais à aucune injonction sérieuse ni à la moindre volonté de l'ancien *organisateur du club des enragés*. Son obéissance à ce *bon prince citoyen*, — qui *doublait le beugleur de Saint-Huruge* au coin d'une borne de la rue Richelieu, n'étant encore que duc de Chartres, — son obéissance à ce prince était tellement aveugle et servile, que depuis son arrivée à la souveraineté, ce grand roi des marchands d'orviétan avait métamorphosé cette chambre en une espèce de tribunal, qui était sans forme légale, sans règle ni appel, pour condamner, mettre à la question, emprisonner ou déporter. En un mot, une machine, un instrument de torture pour les gens que le plus grand des usurpateurs, — dans les songes sinistres de ses nuits sans sommeil et dans sa voiture barricadée et ferrée à l'épreuve de la balle, — soupçonnait d'être assez courageux pour signaler ses iniquités et celles des autres *illustres* à la vindicte publique ; témoins, entre autres, les condamnations de MM. le comte de Kergorlay et de l'infortuné Dupoty.

Si on en croit la *Charte-vérité* de 1830, la chambre des députés possédait le pouvoir suprême ; elle avait le droit de renverser le trône, si celui qui l'occupait ne marchait pas droit ; mais il marchait si droit aussi ! Ce pouvoir qu'elle tenait dans ses mains avides, elle promettait de l'employer au bien de tous les Français. Mais en réalité, elle ne l'employait qu'au détriment du plus grand nombre, ne s'occupant sérieusement que de ses intérêts personnels, des intérêts privés et dynastiques de milord Philippe. Sachant que ce *grand* roi récompensait généreusement par des sinécures ou des emplois doublement rétribués, tous ceux qui voulaient faire ce qu'il désirait et rien de plus. Excepté quelques députés honorables, les autres ne cherchaient qu'à revendre les électeurs, qui s'étaient eux-mêmes vendus à eux, qu'ils avaient achetés comme on achète de la vile marchandise, un bétail quelconque. On ne vit jamais rien de plus mercantile ni de plus corrompu. La chambre des députés n'était, comme on le disait judicieusement alors, qu'un bazar où allaient aboutir toutes les professions et toutes les corruptions. C'était un vrai marché où se vendait ce qu'on appelle des *consciences*, en échange de *fortunes*, d'*honneurs* et de *places*. En un mot, un tripot qui n'était pas moins *édifiant* que madame la Bourse.

La Restauration avait eu une chambre introuvable seulement ; le *bon* gouvernement de Juillet eut constamment une chambre de plus en plus déplorable. Sa majorité se composait ordinairement de 250 membres, dont 200 transfuges, toujours ministériels *quand même*, où Diogène aurait à peine trouvé un homme. On y voyait des militaires faire assaut de servilité avec des magistrats oubliant leur robe, des marins reniant leur drapeau. Les votes *pritchard* et les votes de *confiance* comptaient pour deux *campagnes* pour l'avancement des officiers; et ainsi de même pour les *bornes* civiles de toute profession. On y voyait des hommes d'argent, bien connus pour leurs spéculations à la Bourse, oser se présenter à la chambre et faire parade des bénéfices qu'ils avaient réalisés dans un commerce illicite, être bien reçus, félicités et complimentés par leurs *honorables collègues*. Pourquoi n'en aurait-il pas été ainsi? N'avaient-ils pas de l'argent?

A part les questions de portefeuille, dont elle s'occupait depuis le premier janvier jusqu'à la saint Silvestre, et le trafic honteux qui déshonorait le pays, la chambre des députés des *bons* Orléanistes fut, durant tout le temps de leur *glorieux* règne, toujours incapable de bien faire. Elle portait constamment en elle des germes de stérilité et d'impuissance; elle était aussi pestiférée par son opposition morcelée ou plaisante, que par sa majorité sans idée. Elle n'eût jamais un gros bon sens gouvernemental. L'opposition était trop nombreuse pour être énergique, — milord Philippe le comprenait bien, c'est pourquoi il faisait en sorte de ne point la diminuer ni l'augmenter, — et trop faible pour disputer la victoire au scrutin. La faible minorité de la Restauration, qui fut un instant réduite à **quinze membres**, pouvait dire avec orgueil : « *La France marche avec moi.* » L'opposition Thiers-Barrot et consorts n'ayant ni drapeau ni principe, ne s'appuyait que sur l'utilité que pourraient leur être des *phrases* bien *tournées*, des *mots rares* bien *dits* et *recherchés*. Elle faisait feu de tribord et de babord, selon la coterie à laquelle appartenait le ministère ou conformément aux ordres que lui avait donnés milord Philippe. Elle ne marchait avec rien, elle n'avait pas même un but avouable. Cette opposition faisait l'admiration de quelques niais qui ne se rendaient compte de rien, mais pour ceux qui avaient le courage de suivre les discussions scandaleuses d'alors, ainsi que les actes des *grands* et des *petits charlatans*, l'opposition était bien reconnue pour ce qu'elle était, pour un leurre, qui non-seulement fatiguait le pays par sa nullité et ses prétentions *démocratiques*, qui n'étaient qu'*ambitieuses*, mais encore le conduisait à l'abrutissement et à la décadence de sa société. Aussi, depuis le sceptre jusqu'à la houlette, c'était une démoralisation, une hypocrisie, un abaissement dégradant devant l'argent, dont on ne vit jamais d'exemple. Sans distinction de naissance ni de mérite, ni des moyens employés pour faire fortune, la palme était aux plus riches et aux plus rampants : **ainsi le voulait la vraie Charte**, — *qui n'était plus un mensonge*, — **le grand roi, milord Philippe, l'avait dit et juré !!!**

J'ai dit plus haut que la chambre des députés du *bon* juste-milieu avait été toujours de plus en plus *déplorable*, en voici la preuve :

En 1832, elle avait 159 fonctionnaires, dont 66 de l'opposition.

En 1842, elle en avait 167, mais plus que 48 de l'opposition.

En 1847, elle en avait 192, dont 33 opposants, tous les autres faisaient ce que les Anglais de Londres et les Cosaques de Paris et de Pétersbourg désiraient, et rien que ce que ces messieurs voulaient bien leur dire de faire. Arrivant là par la pression et la corruption, ils ne savaient pas faire autre chose.

On comprend qu'avec cette pression et cette corruption qu'employaient les trop *paternels Orléanistes*, il était plus facile de faire les affaires de quelques privilégiés. Mais pour l'intérêt des classes laborieuses, de la nation, ainsi que pour la durée d'un gouvernement, il n'y a que les mauvais patriotes ou les *francs stupides* qui puissent aimer de tels moyens. Qu'on ne dise donc plus que les *illustres* de Juillet étaient capables, cela n'est pas. Ils n'avaient en réalité que la capacité de la corruption et de l'égoïsme. C'est peu de chose! Ils savaient accorder ce que *l'auguste* roi milord Philippe leur faisait demander ; parce qu'ils ne voulaient pas qu'on leur refusât quelque chose. Quelle capacité rare il fallait avoir pour se ruer sur la France, comme le tigre sur sa proie. Pour dévorer le pays, en s'engraissant de sa chair et de sa moëlle!... Appellera-t-on longtemps encore ceci de la capacité? je ne le pense pas.

Pour amuser la nation et faire passer leurs turpitudes inaperçues, ces *illustres* Mirabeau-saltimbanques se battaient avec des mots sur les tréteaux de polichinelle qu'ils nommaient : « Tribune législative. » N'aurait-elle eu que six ou huit mots, une phrase bien tournée suffisait pour être un grand politique. Alors, on ne faisait aucune attention aux actes. Les phrases étaient tout. « *Le roi règne mais ne gouverne pas,* » s'écriait parfois un lilliputien de France, que la nature semble ne pas avoir achevé de faire, et qui savait fort bien le contraire de ce qu'il avançait concernant le faux roi. Mais il savait aussi qu'il était *très urgent* pour eux tous qui formaient le gouvernement, d'occuper les esprits par quelques phrases burlesques et mesquines. Il le fallait, sous peine de mort. Aussi, ils ne les épargnaient pas, ils en donnaient à foison. Puis ensuite, quand le moment de la semence de cette graine de niais était passé, le semeur se rendait aux Tuileries, pour expliquer à milord Philippe, — *ce chef suprême des banquistes,* — l'effet que la phrase avait paru produire sur le bon public. Si le but que s'était proposé le niais de Sologne avait étéatteint, l'inventeur ou le promoteur recevait de grandes félicitations et une récompense pécuniaire, ou des sénicures pour lui et pour les siens. Ensuite, les autres principaux débitants de drogues et d'orviétans se réunissaient le soir, sous la présidence du faux roi, pour délibérer comment on devait faire commenter, par leurs journaux subventionnés et leurs créatures salariées, la phrase qui avait fait fortune à la chambre ou entre deux tréteaux ; à cette fin d'en bien amuser le pays, pour être mieux à leur aise pour s'occuper de la ruine des libertés publiques ; pour s'engraisser à leur aise du sang du peuple, l'avilir, dégrader la société et abaisser la nation. Quels *grands et illustres hommes* d'État il fallait être pour savoir procéder de la sorte!... Combien ce *bon* gouvernement était *beau* et *sublime!* Quel dommage qu'il se soit suicidé si jeune encore! Il promettait tant !

Les élections se faisaient aussi d'une manière très

honorable. On employait des moyens plus *légaux*, plus conformes à l'*équité* que sous l'Empire et sous la Restauration. Rien n'est beau comme le sublime système des *bons Orléanistes.*

« *Enrichissez-vous,* » disaient dans leurs discours aux électeurs les candidats du gouvernement, *quand ils savaient parler.* « *Enrichissez-vous!* » C'était mieux que si on leur avait dit : « *Volez, pillez la France,* » sucez le sang du peuple jusqu'à sa dernière goutte, » nous gouvernement, nous laisserons faire, nous vous » aiderons!... » Pourtant, ça ne voulait pas dire autre chose; mais c'était plus *honnête* et mieux dit : ça n'imitait pas tant Cartouche.

Quand les candidats n'étaient pas orateurs ou qu'ils ne savaient pas gazer leurs discours, c'était l'administration départementale qui était chargée de faire nommer la *borne-muette* ou gazouillarde du gouvernement. La manière de s'en servir était aussi fort simple; un ex-secrétaire particulier de préfet, qui compte bien des années de *bons* et *loyaux* services, va nous l'apprendre.

« Les élections étaient toujours très chaudes, disait ce *brave* Orléaniste en 1852; mais l'administration était si bien organisée, que nous l'emportions partout. On ne laissait arriver à la Chambre législative, que juste l'opposition que le gouvernement pensait lui être nécessaire. Dans quelques départements, on avait parfois bien du mal ; cependant, le pouvoir faisait toujours nommer celui qu'il voulait. Église, route, emplois qu'on faisait espérer aux électeurs influents ou différentes autres concessions, on échouait rarement (1). Dans les départements où il y a des planteurs de tabac, nous étions toujours certains d'une majorité imposante. Nous menacions les électeurs de leur retirer la permission qu'ils avaient ou nous refusions à ceux qui voulaient une concession nouvelle, en ayant soin de leur dire entre quatre yeux de quoi il s'agissait, de suite on obtenait d'eux tout ce qu'on voulait. Si on leur avait dit : « Vous donnerez vos » voix à tel *cosaque*, » ils n'auraien t pas dit non.

» D'un autre côté, il arrivait souvent que les électeurs des campagnes oubliaient leur carte en venant voter ou la perdaient. Comme les registres des préfectures et des sous-préfectures étaient très bien tenus et que chaque nom était noté en marge : *b*, *m* ou *d*, ce qui voulait dire *bon*, *mauvais* ou *douteux*, on n'en redonnait qu'à ceux reconnus bons et aux douteux, qui étaient accompagnés de quelqu'un dont le gouvernement était sûr.

» Pour ne pas avoir l'air d'y mettre de la mauvaise foi, la personne qui était chargée de délivrer les

---

(1) Une des plus riches communes rurales de France, située dans le département de la Loire, avait fait construire une belle église, en 184., et s'était endettée, à cet effet, d'une somme assez ronde. Peu de temps après arrivèrent les élections générales. Comme le nombre des électeurs de cette commune était considérable et qu'ils faisaient presque toujours nommer le député pour qui ils votaient, il vint à l'idée à un de ces Messieurs de dire à ses collègues qu'il fallait proposer, au candidat du gouvernement, toutes leurs voix, s'il voulait lui faire payer telle somme pour solder ce qu'ils restaient devoir sur leur église. L'idée fut trouvée bonne. La somme fut demandée, accordée et payée. Dans un autre département, la nomination d'un ventru-pritchardiste coûta plus de 500,000 francs à la dernière élection que fit faire ce *bon* gouvernement de Juillet.

cartes avait deux tiroirs dans son bureau, dont un était vide. Quand on allait demander une carte, on demandait le nom. Si ce nom était marqué *b*, on en donnait une. Si au contraire c'était un *m*, on ouvrait le tiroir vide et l'on disait qu'il n'en restait plus.

» Aussi, avec sa *bonne administration*, le gouvernement faisait tout ce qu'il voulait. Mais avec leur *stupide suffrage universel*, la meilleure administration échouerait. Il n'y a pas de gouvernement possible avec lui. On sera forcé de revenir à l'ancien système, si l'on veut avoir un gouvernement *fort, stable et prospère* comme celui de Juillet. »

Quelle *admirable* administration! Que de loyauté, de franchise et de dignité dans tous ses ressorts! Quelle force aussi, cette *sage administration* avait donnée à son *glorieux* gouvernement!... Cette force était si formidable, si herculéenne, qu'il fallut le *souffle* d'une émeute de *trois teigneux et un pelé*, le 24 Février, pour le renverser, pour l'anéantir!!!

En résumé, dans le haut comme dans le bas, les *bons* Orléanistes avaient livré le pays à une vaste exploitation, *spécialement* organisée à leur profit et à celui de leurs créatures, mais au détriment des masses. Depuis les *quasi-augustes* ministres jusqu'aux pensionnés des fonds secrets, l'impôt était si scandaleusement gaspillé, les pots-de-vin et les sinécures tellement prodigués, que les classes laborieuses se trouvaient presque réduites à la mendicité. La misère du travailleur n'avait pas seulement doublé, mais il est incontestable qu'elle avait triplé à la fin de ce *bon règne*. Voilà la *seule et véritable prospérité toujours croissante*, dont les journaux régence nous parlaient si souvent avant le 2 décembre, dont milord Philippe avait doté la France, avec sa *tranquillité corruptrice et meurtrière* au dedans, et sa *paix à tout prix* au dehors.

Or, si l'on veut rester dans le vrai, il faut dire que les *glorieuses* de Juillet n'ont été qu'une catastrophe qui plaça notre puissant empire au dernier rang des nations, dans la voie des progrès et de la prospérité, en proportion de ces immenses ressources. Car ce n'est certes pas de sauvegarder les intérêts de quelques vils *chevaliers d'argent*, en faisant envers la grande majorité d'une nation, des monceaux de ruines, par l'injustice, les actes arbitraires d'hommes rapaces et pyrrhoniens outrés, qui fait qu'on puisse dire qu'un gouvernement a été *bon et prospère* : c'est désastreux qu'il faut dire, puisque matériellement et moralement il n'y a eu en réalité que de grands désastres partout. D'ailleurs, nous verrons dans le chapitre suivant qu'il n'en peut être autrement, quand un prince d'Orléans préside aux destinées de la France, ou seulement quand il dépense une centaine de millions dans l'espoir qu'il pourra s'emparer de la couronne.

CHAPITRE V.

Des deux premiers fléaux de l'Orléanisme.

DE LA POLITIQUE ACCOMPLIE DES ORLÉANS. — DU BIEN-ÊTRE QUE PRO-
DUISIT EN FRANCE LE PREMIER FLÉAU ORLÉANISTE. — CE LA LETTRE
D'UN ÉVÊQUE QUI PROUVE CE BIEN-ÊTRE. — CE QUI DÉMONTRE QUE
LES ILLUSTRES DE JUILLET ONT RAISON DE CONSPIRER. — DE LA FACI-
LITÉ QU'IL Y A DE GAGNER DE L'ARGENT QUAND UN D'ORLÉANS GOUVER-
NE. — DE CE QUI EST LA FRANCE ET LE PROGRÈS. — DES GOUVERNE-
MENTS RÉPUBLICAINS AVEC UN ROI OU DE CE QUE LES MAUVAISES
LANGUES APPELLENT LA RUINE-PUBLIQUE. — LA PLUS BELLE PHRASE
DU GOUVERNEMENT DE JUILLET SUR LES PEUPLES TYRANNISÉS. — DES
GRANDS MONARQUES DES BARRICADES DE JUILLET ET DE FÉVRIER. —
DE L'ERREUR QUE FONT LEURS MAJESTÉS LA REINE D'ANGLETERRE ET
L'EMPEREUR DES FRANÇAIS DANS LEUR POLITIQUE AVEC LA RUSSIE ET
LA TURQUIE. — DES MOYENS QUE LES PRINCES D'ORLÉANS ONT EMPLOYÉ
POUR ENRICHIR LA FRANCE. — DE LEUR DÉSINTÉRESSEMENT QUAND IL
S'AGIT DE LA RUINE DE LA NATION ET DE L'ÉLÉVATION DE L'ANGLE-
TERRE. — DES MOYENS QU'ILS EMPLOYAIENT POUR GAGNER 54 MILLIONS
D'UN CÔTÉ, TROIS CENT MILLE LIVRES DE RENTE D'UN AUTRE, ET CE
QUI LEUR A DONNÉ UN GRAND PRESTIGE ET BEAUCOUP DE DROIT A LA
COURONNE DE FRANCE. — DE LA FORMATION DE LA MAISON ÉGALITÉ
PÈRE ET FILS, POUR L'EXPLOITATION DE LA HONTE, DE L'INFAMIE ET
DU CRIME, EN GROS ET EN DÉTAIL. — DE LA GRANDE TACTIQUE QU'EM-
PLOYAIT MILORD PHILIPPE POUR S'EMPARER DES PLACES TROP BIEN
GARDÉES, OU CE QUI CONSTITUAIT CHEZ LUI DÉJA DANS SA JEUNESSE,
ACTE DE GRAND CITOYEN. — DE LA BANQUEROUTE DE LA MAISON
ÉGALITÉ PÈRE ET FILS.

Bon sang ne peut mentir, nous dit le proverbe. Puisqu'il en est ainsi, ne soyons donc plus surpris de voir

tant de monstruosités de la part des *augustes* princes
d'Orléans envers la France, de temps à autre. S'il en
était autrement, le proverbe ne serait plus vrai.

Et, en effet, le 2 septembre 1715, nous dit l'histoire,
Philippe d'Orléans, — *aïeul direct des princes d'Orléans
actuels,* — se rendit au Parlement à dix heures du
matin, accompagné des princes, des pairs et d'un
cortége d'officiers qu'on eût cru rassemblés pour remporter les suffrages par la crainte, s'ils n'avaient pas
été gagnés par insinuation. Il paraît que la nuit fut
employée à des négociations et à prodiguer des promesses dont les grands, dans le besoin, ne sont jamais
avares. Aussitôt que l'assemblée fut formée, le duc
prit la parole ; et après avoir payé un léger éloge à la
mémoire du grand roi, parlé de sa propre fidélité envers le jeune Louis XV que Dieu avait réservé à la
France, il ajouta : « Ces sentiments, connus du feu
» roi, m'ont attiré sans doute les discours pleins de
» bonté qu'il m'a tenus dans les derniers instants de
» sa vie, et dont je crois devoir vous rendre compte :
» — Mon neveu, me dit-il, j'ai fait mon testament où
» je vous ai conservé tous les droits que vous donne
» votre naissance. Je vous recommande le dauphin,
» servez-le aussi fidèlement que vous m'avez servi ;
» s'il vient à manquer, la couronne vous appartient.
» J'ai fait les dispositions que j'ai cru les plus sages ;
» s'il y a quelque chose qui ne soit pas bien, on le
» changera. — Ce sont ses propres paroles. Je suis
» persuadé que, selon les lois du royaume, la régence
» m'appartient, mais je ne serai satisfait qu'autant que
» vos suffrages se réuniront en ma faveur. Je vous
» demande de ne point confondre mes différents titres,

» et de délibérer également, et sur les droits que me
» donne ma naissance, et sur ceux que pourra y ajou-
» ter le testament. »

Comme il savait que ce qu'il avait dit des paroles
bienveillantes de Louis XIV était un mensonge, et que
le testament pourrait être contre lui, ce qui arriva en
effet, mais pour remédier à cet inconvénient, *l'auguste*
prince d'Orléans ajouta ceci :

« Je suis persuadé même que vous jugerez à propos
» de commencer par délibérer sur les premières; » —
les droits de sa naissance, — « mais à quelque titre
» que j'aie droit à la régence, j'ose vous assurer,
» messieurs, que je la mériterai par mon zèle pour le
» service du roi et par mon *amour pour le bien public;* »
— un d'Orléans n'oublie jamais le *bien public* en paroles, mais en action il ne fait que le *mal,* — « surtout
» aidé par vos *conseils* et vos *sages remontrances.* Je
» vous les demande par avance, *en protestant,* devant
» cette auguste assemblée, que je n'aurai jamais d'au-
» tres desseins que de *soulager le peuple, de rétablir*
» *le bon ordre dans les finances, de retrancher les dépen-*
» *ses superflues, d'entretenir la paix au dedans et au de-*
» *hors du royaume,* de rétablir surtout l'union et la
» tranquillité de l'Eglise, et de travailler enfin avec
» toute l'application qui me sera possible à *tout* ce
» qui peut rendre un Etat *heureux et florissant.* »

On voit par cet extrait, que déjà en 1715, les d'Orléans savaient dire de fort belles choses pour la nation.
Malheureusement, à cette époque, comme en 89 et en
1830, ils ne savaient non plus faire que cela de bien.
Leurs actes étaient déjà aussi de plus en plus nuls,

anti-nationaux, anglophiles, cosaques, criminels et infâmes!...

Il est inutile d'expliquer que tout ce que le duc d'Orléans avait dit, concernant les dispositions du dernier monarque, fut reconnu mensonger quand on eut pris connaissance du testament. Ceci était la moindre des choses. Pour ces *illustres-princes-citoyens*, bien mentir est une de leurs qualités les moins nuisibles. C'est une *vertu de famille* chez eux, des plus *honorables*.

Aussi, dans *l'intérêt de la nation, bien entendu, un d'Orléans ne fait jamais rien que pour le bonheur des peuples et de sa patrie,* — dans l'intérêt de la nation, le duc d'Orléans fit infirmer les dispositions de Louis XIV, et s'empara, bon gré mal gré, de la régence.

Une fois au pouvoir, il ne fallut plus lui parler ni des *conseils* ni des *sages remontrances* qu'il avait demandés au Parlement. Comme son *très auguste* arrière-petit-fils, milord Philippe, après 1830, il voulut aussi tout faire par lui-même et par ses *illustres* créatures. Et ainsi que sous le *regrettable* gouvernement de Juillet, ses satellites ne parlaient également que de la *prospérité toujours croissante* qu'il y avait en France.

Trouvant la politique de Louis-le-Grand trop mesquine, il s'empressa de la changer de fond en comble, intérieurement et extérieurement. Puis le temps qui n'était pas employé à ses débauches et à ses orgies, — lesquelles faisaient de sa maison un vrai lupanaire, — le duc d'Orléans s'occupait à mettre de *l'ordre dans les finances et à retrancher surtout ces dépenses superflues,* dont il avait *jasé* au parlement pour obtenir la régence. En un mot, il s'occupait à mettre la *France florissante, le peuple dans le bien-être,* par suite *des grandes éeonomies* qu'il voulait faire avec son *sublime* système gouvernemental. — Tout ce qu'un d'Orléans veut faire est si radieux !...

Enfin, quand il eût donné un grand développement à son *fameux système*, et l'eut bien mis en pratique environ quatre ans, il fit publier un bilan dans lequel il annonçait officiellement que , depuis la mort de Louis XIV, lui duc d'Orléans avait, par sa bonne gestion gouvernementale, payé **un milliard sept cent vingt-deux millions de dettes**.. — Comme les Orléanistes de 1830 n'avaient pas encore créé le *progrès* dont ils ont doté la France, cette somme alors équivalait à dix milliards au moins d'aujourd'hui.

Aussi, quand on vit ce *grand* prince posséder à lui seul plus de connaissances *gouvernementales et financières* que n'auraient pu en avoir les Louis XII, les Louis XIV, les Henri IV, les Sully, les Richelieu et les Colbert réunis, les Français se pâmaient de joie. Le dernier des paysans se croyait à la veille d'être bon bourgeois de campagne ; le vilain qui avait des sentiments un peu *aristos,* se faisait dire Monsieur de.. ; le petit gentilhommeau à lièvre disait, qu'avant peu, il serait baron, comte, marquis, sinon duc. Les grands seigneurs qui pouvaient le plus facilement approcher le duc d'Orléans, exigeaient de leurs inférieurs le substantif *altesse* ou *monseigneur.* — Ne pas confondre avec *monseigneur, grosse pince de voleur.* — Enfin, tous les Français, sans en excepter le laborieux Auvergnat, allaient être riches à millions avant peu d'années, d'après les dires et la bonne administration de *l'auguste* duc d'Orléans.

Comme la France ne connaissait pas encore la jaclance ni le caquetage des *illustres* de Juillet ni des *quasi-illustres* de Février, la nation ne s'était jamais vu une perspective aussi belle que sous les premières années de la Régence. Quoique le peuple n'eût pas encore été éclairé par les *astres lumineux* de Juillet et de Février, il se voyait une perspective aussi belle qu'en 1830 et en 1848.

— « Quand nous *cherons touches* riches, foustre, disait le *Liounard* d'Auvergne, nous *farrons végnir* des *Chavouyards* pour travailler *nous* terres, nous ne *farrons* plus rien, *foustre ;* nous les commanderons *choulement*, et vivrons en bons bourgeois avec eux. *Chitôt* que je *pourrons* faire tous les jours une bonne *choupe du* lard et de *chioux, j'y laiche* le travail, moi, *foustre.* — Vous *avres raijon*, voisin, lui répondait *maistre Piarre ;* pour mon compte, je sais que je *farrons* comme vous. Quand *j'aurrons choulement* quinze ou *vangt chents francs* de *revegnu, j'y laicherrons* aussi le travail pour ceux qui en auront *béjoin ;* je ne *chuitz* pas ambitieux non plus, moi, je ne *farrons* aussi plus rien. »

Hélas ! trois fois hélas!... De même qu'en 1830 et en 1848, tous ces beaux projets, ces délicieux rêves de titres et de fortune se métamorphosèrent en une profonde misère, pour plus des dix-neuf vingtièmes de la population. Les *Liounards* et les autres citoyens furent réduits à la plus affreuse détresse!... Considérablement de riches furent ruinés de fond en comble, par le *sublime système gouvernemental* du duc d'Orléans, qui, après l'avoir mis en pratique cinq ans seulement, fit subir une *banqueroute* générale de plus de six milliards de francs aux particuliers.

Quand cette banqueroute arriva et que le renversement de la *fameuse* banque de son *illustre* ami Law eut fait cesser l'illusion dans Paris et dans toutes les provinces, le duc d'Orléans *daigna* s'occuper un peu des victimes qui n'avaient pas perdu la vie dans deux autres fléaux d'alors : c'étaient la peste qui venait de ravager Marseille et une partie de la Provence, et un affreux incendie qui venait de détruire la moitié de la ville de Rennes.

Le régent, qu'on accusa *méchamment* d'avoir attiré ces fléaux pour occuper les esprits ; car, malgré le goût très prononcé qu'a cette *auguste* famille, d'occuper les esprits par toute espèce de comédie, il n'est pas *supposable* que l'aïeul de *Philippe-Egalité* et de *milord Philippe* fût capable d'un tel crime. D'ailleurs, ce dernier ne disait-il pas, en 1830, que son père et le régent avaient été calomniés ? Il faut le croire sur parole. Sa conduite politique, durant sa trop *courte* vie, prouve suffisamment que ce *grand roi* était *incapable de mentir.* — Le régent donc exhorta alors les évêques par une lettre-circulaire, à contribuer au soulagement des malheureux par des quêtes dans leurs diocèses. Voici la réponse que lui fit un évêque après avoir frappé à toutes les portes du sien.

« Tous les soins en faveur des diocèses affligés de
» la contagion, n'ont pu produire dans le mien que
» *cent pistoles en espèces et cinq mille livres en billets.*
» L'inondation de ces papiers a fait presque autant de
» mal dans nos cantons que les flammes en ont pu faire
» en Bretagne. Si le spectacle n'est pas si affreux, les
» effets n'en sont guère moins funestes. Nos maux
» sont plus cachés, mais ils n'en sont pas moins réels,
« et n'en sont que plus incurables. Qu'importe que

» nos maisons n'aient pas été réduites en cendres, si,
» de tout ce que nous avions de plus nécessaire, il ne
» nous reste qu'une matière qui n'est que propre à
» être jetée au feu ?

» Quel changement, en six mois de temps, ces bil-
» lets n'ont-ils pas apporté aux fortunes qui parais-
» saient les mieux établies! On ne saurait le com-
» prendre sans le voir, et on ne saurait le voir sans
» être accablé de douleur.

» Plus de commerce, plus de travail, plus de confiance,
» ni dans l'industrie, ni dans la prudence, ni dans l'a-
» mitié, ni dans la charité même. Le commerce, en-
» tièrement interrompu, rend l'industrie ou oisive ou
» inutile. La confiance détruite, détruit l'amitié ou en
» suspend les effets, en persuadant aux particuliers
» qu'il est désormais de la prudence de ne se fier à
» personne, et de ne prêter ni à leurs amis, ni à leurs
» proches. La charité, toujours ingénieuse, ne saurait
» l'être à présent que pour découvrir des besoins ex-
» trêmes, partout où elle était en possession de trou-
» ver des ressources ; réduite à pleurer avec ceux qui
» pleurent, sans trouver une occasion de se réjouir
» avec quelqu'un, ni les moyens d'essuyer les larmes
» des pauvres et des affligés. Ce ne sont point ici des
» exagérations, c'est l'expression la plus simple d'une
» vérité connue de tous. »

Ce tableau, d'une misère réelle que toute la France
éprouva, n'a pas besoin de commentaire. Cependant,
nous ferons remarquer combien il prouve jusqu'à quel
point l'extinction de cette grosse dette de *dix-sept cents
millions* était vraie. Peut-on voir autre chose, dans ce
compte-sommaire publié quelques mois avant cette

banqueroute de six milliards. peut-on voir autre chose qu'un leurre pour tromper le plus de Français possible, pour les pousser à une ruine plus complète, à une misère plus générale ? C'est *très grand, très généreux et d'une noblesse exceptionnelle.* Il faut être de *sang royal,* appartenir à une branche *cadette* et se nommer *d'Orléans,* pour avoir des sentiments aussi *magnanimes* pour ses concitoyens, surtout pour savoir les mettre si bien en pratique. Quelle admirable politique pourtant que celle des d'Orléans. On trouva jusqu'à cent pistoles, *mille francs en espèces,* dans tout un diocèse, après une gestion de cinq années d'un de ces *augustes* princes ! — Les *illustres* de Juillet ont raison de conspirer pour les faire rentrer en France et vouloir les replacer sur le trône. Car, si la fatalité voulait qu'il y eût encore des villes et des provinces détruites par le feu ou réduites à une grande détresse par la famine ou l'épidémie, que feraient les malheureux sous le règne de Sa Majesté Napoléon III? Lui n'est *qu'un Bonaparte,* qui a eu le tort de consulter tous les Français au lieu de se contenter de deux cents beaux compères comme l'ont toujours fait les d'Orléans. — Pourtant, malgré la lettre de l'évêque de Castres, il ne faut cependant pas croire que tout le monde fût ruiné à l'époque du premier fléau orléaniste; ce serait une erreur. Leurs *très honorables* courtisans veulent bien être leurs complices, mais à une condition : c'est que ces *augustes* princes les laisseront *gagner* quelque petite chose. Ce fut donc alors comme sous le *sublime* gouvernement de Juillet; il y eut également quelques cents *illustres* charlatans qui *gagnèrent* des fortunes considérables. — C'est si facile, à beaucoup... *gagner*, quand la France a le *bonheur* d'avoir un de ces *grands* princes pour la gouverner ! — Nous citerons entre autres, les *illustres* Law et le fameux cardinal Dubois qui n'avaient, l'un et l'autre, ni sou ni maille avant la Régence. « En moins » d'un mois, nous dit l'histoire, le premier acheta, du » comte d'Evreux, pour *huit cent mille livres*, le comté » de Tancarville, en Normandie. Il offrit au prince de » Carrignan *quatorze cent mille livres* pour son hôtel » de Soissons. Il présenta, peu de jours après, à la » marquise de Beuvron, la somme de *cinq cent mille* » *livres* pour une terre. Presque en même temps, il » était en marché avec le duc de Sully pour le mar- » quisat de Rosny. »

« Des sommes aussi considérables, amassées en très peu de temps, nous dit encore l'histoire, et dépensées avec tant de facilité, excitèrent beaucoup de murmures et de plaintes de la part des familles ruinées. Le Parlement les reçut, et donna contre Law un un décret d'ajournement personnel, qui, faute par lui de comparaître, fut converti en décret de prise de corps. Mais le Régent le prit sous sa sauvegarde ; et Law, à l'aide de cette protection, continua de faire, par son système, des heureux et des malheureux, et de ceux-ci beaucoup plus que des autres. »

Quelle belle *protection* est celle d'un prince d'Orléans quand il gouverne la France ! Si jamais je deviens voleur ou assassin, je ferai des vœux pour qu'un de ces princes revienne sur le trône et m'accorde sa protection. Car le Régent, non-seulement garantit *l'illustre* Law du Parlement qui voulait lui empêcher de *gagner*, mais encore il le fit contrôleur-général des finances en 1720. Qui sait si Sophie Dawes, baronne de Feuchères, se fût trouvée un homme, si milord Philippe ne l'eût pas fait pair ou maréchal-général de France ?

Quant au cardinal Dubois, il savait encore bien mieux *gagner* que Law. Voici ce que nous en dit aussi l'histoire :

« Le 10 août 1723, vingt-quatre heures après avoir été opéré, Dubois mourut à l'âge 66 ans, avec le cynisme qu'il avait affiché toute sa vie, et sans recevoir les sacrements de l'Eglise, qu'il éluda, sous le prétexte qu'il y avait pour l'administration d'un cardinal un cérémonial particulier, sur lequel il fallait consulter d'abord ses confrères. » — Il paraît que de tout temps les *illustres* créatures des d'Orléans ont été très pieuses.

« *On lui trouva des richesses immenses, une extrême*
» *quantité de vaisselle d'argent et de vermeil la plus ad-*
» *mirablement travaillée, les meubles les plus précieux,*
» *les bijoux les plus rares, des attelages parfaits de tous*
» *pays, et les plus somptueux équipages.* » Il laissa *onze cent mille livres* d'argent comptant ; c'était presque une année de son revenu connu, que Saint-Simon fait monter à *quatorze cent cinquante-quatre mille livres*. Il se proposait de joindre à ses nombreuses abbayes celles de Prémontré, de Cîteaux, de Cluny et des autres chefs d'ordre, et de devenir par là une espèce de patriarche en France, quand un ancien mal, longtemps caché, se déclara avec violence dans le commencement d'août. » Quel malheur pour la nation que ce mal l'ait emporté si vite ? Cet *illustre* savait si bien *gagner*, qu'il n'eût pas manqué de faire un bien vé-

nérable patriarche? Sa conduite privée était si édifiante!...

Il y a encore pas mal d'autres *illustres* maisons, dont les grandes fortunes datent de cette époque *glorieuse*. Il est si facile de beaucoup *gagner*, quand on a le *bonheur* d'être gouverné par un prince d'Orléans!... — C'est vrai que l'État se trouve dévalisé et beaucoup endetté; que les classes laborieuses et les gens riches qui ne savent pas non plus *gagner*, se trouvent réduits à une étourdissante misère; mais qu'importe cela? La France n'est-elle pas assez *riche?* les classes laborieuses ne sont-elles pas de la *vile multitude?* Les gens qui étaient riches et qui ont été ruinés, n'étaient-ils pas des *anti-Orléanistes?* Ne sont-ce pas les quelques cents *illustres* Orléanistes et leurs *vertueuses* créatures qui ont toujours été et restent encore la France? Certainement. Le surplus de la population n'est rien ou n'est composé que de factieux. La politique si parfaite, si accomplie, des *grands* princes d'Orléans est là pour le prouver. Ce n'est pas dans la dynastie des Bonaparte ni dans celle des Bourbons aînés, quoique cette dernière ait eu une lignée assez grande de princes qui ont gouverné la France, où l'on pourrait citer deux augustes gouvernants qui aient eu une politique si *noble*, si *généreuse*, si *démocrate* et si *patriotique* que celle du Régent et de milord Philippe. Comme le disent *naïvement* les *bons* Orléanistes actuels et le répètent *peu judicieusement* les républicains modérés, rouges ou socialistes en parlant du *glorieux* règne du roi-bâtard des 219 *grands hommes,* — lesquels n'avaient pas plus de mandat constituant pour faire un roi que le *vertueux et très illustre*

Cartouche pour commettre ses forfaits, — à l'une comme à l'autre époque, *c'était la république avec un roi.* D'un côté, il y a des personnes qui parodient ce dernier membre de phrase, et qui disent que sous la Régence, comme sous le bon gouvernement de Juillet, *c'était* **la ruine publique** avec un roi. Nous pensons que ces dernières personnes se trompent ou sont des *mauvaises langues;* car sous la Régence, comme sous le dernier règne, tout le monde ne fût pas ruiné. La banqueroute de plus de *six milliards* et les autres bienfaits du Régent ne ruinèrent pas tous les citoyens, il n'y en eut que les dix-neuf vingtièmes et demi de réduits à une grande détresse. L'autre demi-vingtième devint riche. Tellement riche que : « Tandis qu'on » voyait la misère au plus haut degré et la France » ruinée, *nous dit encore l'histoire*, il y avait des gens » qui faisaient abattre, comme insuffisants, des palais » où le plus magnifique des rois s'était trouvé parfai-» tement bien logé avec toute sa cour, pour en faire » de plus beaux. » Donc on a tort de dire que *c'était une ruine publique* déjà à cette époque.

Pour ce qui concerne la ruine de l'État particulièrement, c'était indubitablement, comme sous le règne de son arrière-petit-fils ; c'est-à-dire pour le plus *grand intérêt de la nation* et pour ne pas désobliger nos amis d'Angleterre, qui voulaient bien alors, comme de 1830 à 1848, se donner la peine de *gouverner* la France par l'entremise du duc d'Orléans et de *l'illustre* Dubois, son âme damnée, auquel ils faisaient une *modique pension* de 500 *mille livres par an*, disent les uns, ou *d'un million* disent les autres. Aucun historien ne parle du traitement qu'ils donnaient au Régent, pour les bien servir.

L'histoire dit seulement que des *soixante* vaisseaux de ligne, bien équipés, que Louis XIV avait laissés, malgré les 29 ans de guerre pendant son règne, on n'en trouva plus que *quarante* en très mauvais état, quand la mort alla subitement frapper le duc d'Orléans au milieu d'une *honorable débauche*, et priva la France et *l'Angleterre* surtout, des éminents services qu'il aurait encore pu rendre à ses *deux patries*. — Les d'Orléans avaient déjà *deux patries* alors. — Que devinrent les vingt autres navires? L'histoire ne le dit pas. Le Régent en fit-il hommage à sa seconde patrie, les fit-il couler dans la mer pour lui être agréable? Quel fut leur destin? On ne peut le savoir.

Quant à la défection morale d'alors, elle ne laisse non plus rien à désirer. Ces *grands* princes ont toujours su comprendre que, pour bien gouverner une nation, il faut travailler à sa destruction moralement et physiquement ; que c'est le seul moyen de la rendre *heureuse* et *puissante*. Aussi, le Régent et toute sa bande semblaient se faire honneur de l'irréligion et de la débauche. Cette irréligion et les orgies d'alors sont devenues proverbiales. « Elles avaient plongé ce *grand* » prince, dit un écrivain de cette époque, dans des » excès de licence, dont les siècles les plus corrom- » pus n'ont point eu d'exemple. » Et tous les gouvernants et gouvernés de faire comme le chef suprême de la nation ! — *Chose* qui nous valut, après lui, ce *beau* règne de Louis XV, qui laissa *héroïquement* les Cosaques commencer le partage de la Pologne, et que milord Philippe aida ensuite à terminer, sous son *bon* règne, ainsi que nous le verrons plus tard. — La dignité de la France était sacrifiée, notre prépondérance au dedans comme au dehors fut partout détruite. Pour complaire à l'Angleterre, non seulement notre marine fut ruinée et le pays désorganisé, ravagé et pillé par quelques *illustres* charlatans, sans cœur ni honneur, mais encore l'Espagne, entre autres, notre vieille et fidèle alliée, fut tracassée sur tous les points par Philippe d'Orléans. Tout cela était pour rendre la France *heureuse* et *puissante*, ainsi que l'Angleterre. Ce sont donc des calomniateurs ceux qui disent que le Régent causa de *grands désastres* à la France et fit beaucoup pour l'Angleterre. S'il fit beaucoup, beaucoup fort pour celle-ci, ne fit-il pas presque autant pour celle-là ?

D'abord, il la gratifia d'un *simulacre* d'alliance anglaise, comme on n'en voit peu ; on ne trouve rien d'aussi cordial ni d'aussi parfait nulle part, si ce n'est dans celle des *illustres* de Juillet. Ce n'était point une *alliance offensive et défensive,* comme celle qu'ont fait la reine d'Angleterre et l'empereur des Français dernièrement ; car tous les *souverains ordinaires* peuvent faire ces *alliances-là* ; c'était une alliance qui renfermait deux articles sérieux seulement; les autres étaient pour la forme et le coup-d'œil des grands diplomates qu'on ne croyait pas assez *illustres* encore, pour leur montrer les deux articles *sérieux et secrets* en même temps.

Le premier de ces articles secrets disait : Que la Grande-Bretagne voulait bien faire semblant d'être alliée à la France, sous la condition expresse que celle-ci ne ferait que ce que celle-là lui dirait ou permettrait de faire et rien de plus, tout en la laissant faire, elle Angleterre, ce que bon lui semblerait dans ses îles, sur mer et partout.

Le second article était presque une répétition du premier, il disait : Qu'il était reconnu que la France et l'Angleterre représentaient l'âne et le cheval ; que celle-ci ayant rempli le rôle de l'âne durant des siècles, elle voulait goûter du rôle du cheval une fois, ou qu'elle continuerait de nous faire la guerre.

Le duc d'Orléans, quoique passionné pour les *conquêtes*, préféra cette *honorable* alliance à la guerre. Il avait raison. La preuve, c'est qu'après un siècle, son arrière-petit-fils qui était le plus *grand roi* du monde et un véritable géant en politique, qui s'était entouré spécialement d'*illustres hommes d'État*, a suivi le même système, a fait la même alliance en conservant précieusement les deux articles secrets. Donc ces alliances valaient plus que les *six milliards et les vingt vaisseaux de ligne, déplacés* par le Régent, et que les *vingt-un milliards*, bien placés par milord Philippe. Ce dernier était un *prince-citoyen*, trop *patriote* et trop *probe* tout à la fois, pour faire comme son aïeul, si ce n'eût pas été dans le plus *grand intérêt du peuple et de la nation française*. Ceux qui ont suivi cet *auguste* prince, depuis l'âge de raison jusqu'à l'âge de sa blouse et de son *parapluie*, soit dans ses actes, soit dans ses paroles, ne pourront pas penser autrement que nous, s'ils sont de bonne foi.

De 1723, année où mourut le Régent, à 1787, l'histoire ne dit à peu près rien des princes de la maison d'Orléans. Craignaient-ils de se montrer en public, eu égard au *grand bien* que leur père avait fait au pays, ou étaient-ils devenus *mauvais patriotes ?* C'est ce qu'on ne peut savoir. Ce qu'on sait de positif, c'est que, soit leur présence sur le sol de la patrie, soit le *fameux système* du Régent qu'on n'avait pas anéanti aussitôt après sa mort, la terre fut encore assez infestée de l'orléanisme, disent de *méchantes langues*, pour faire nommer le règne de Louis XV *le règne de la décadence de la France.*

Quoique Louis XVI eut trouvé la nation, comme son prédécesseur après la Régence, aussi dans un bien déplorable état, si on l'eût laissé gouverner quelques années de plus, ce *mauvais* prince serait parvenu à faire reprendre à la France le rang qu'elle doit occuper par sa puissance dans les destinées de l'Europe.

Mais cette politique ne faisant nullement les affaires de la seconde patrie des d'Orléans, cette dernière fit en sorte de l'entraver en tout et partout. L'Angleterre ne pardonnait pas surtout à Louis XVI d'avoir eu *l'inhumanité* d'aider les Américains à secouer leur joug.

Pourquoi aussi ce prince infortuné envoyait-il des secours d'hommes et d'argent à cette petite république alors? Ce n'était pas de la *démocratie,* c'était de la *tyrannie* de sa part. La preuve, c'est que milord Philippe, une fois au pouvoir, non-seulement *laissa brider, égorger, pendre et fusiller* les Polonais, les Italiens et les Espagnols, mais encore il aida de toutes ses ressources les *honorables* bourreaux de ces *méchants* peuples, qui ne veulent pas comprendre leur *bonheur.*

Et Marrast Ier, en 1848? quand il était roi de Paris, empereur de la Constituante, czar de France et de l'Algérie, n'eût-il pas aussi l'*héroïsme* et la *noblesse* de caractère de laisser mitrailler, égorger et pendre ce qui échappait au fer et au plomb des Cosaques et des Autrichiens? Quoique ces peuples tyrannisés fussent victorieux sur plusieurs points, et que les trônes de la plupart des souverains de l'Europe n'attendaient que le soufle d'un soldat français pour disparaître, ne les laissa-t-il pas aussi égorger par le despotisme de leurs bourreaux?

Certainement, et il avait raison : c'était plus *démocrate-socialiste*. Le gouvernement de Juillet, qui était un gouvernement capable et *excessivement démocrate* aussi, puisque *c'était la République avec un roi*, avait dit *héroïquement* en 1830 : « **La France ne doit pas se mêler des affaires des peuples tyrannisés.** »

Le gouvernement de Février ne dit rien de semblable en 1848. Mais il paraît que, *comme le dinde du paysan*, il n'en pensait pas moins, puisqu'il se conduisit de même. Il était donc aussi *capable*, aussi *humain* et *démocrate* que son prédécesseur, mais rien de plus. Les monarques des barricades de ces époques, seront cités comme modèles des *grands politiques* de leur temps et de la *démocratie-sociale*, leurs noms passeront à la *postérité la plus reculée.*

Louis XVI avait donc eu le *tort impardonnable* de secourir les Américains, — comme leurs Majestés Napoléon III et la reine Victoria n'ont pas *raison non plus, d'aller au secours des Turcs*, au lieu de laisser faire ou même d'aider les Cosaques, *c'est très mal.* Si ces deux souverains étaient aussi *grands politiques* que milord Philippe, ils aideraient le bourreau des Polonais et des Hongrois dans sa mission *démocratique, sociale et religieuse en Turquie,* ainsi que le firent les *grands* rois de Juillet et de Février pendant leur règne. Ce serait beaucoup plus *libéral* et plus *social,* puisque ce serait faire comme les libéraux et les socialistes eux-mêmes. Je ne dirai pas, comme nous avons entendu de nos oreilles dire à un *illustre* Orléaniste, le 20 avril dernier : « *Que je paierais un bon dîner aux* » *amis, quand j'apprendrai que les Russes ont battu et* » *détruit l'armée française.*» Je ne suis ni *assez riche ni assez patriote* pour tenir un tel raisonnement ; mais je ferai remarquer à Leurs Majestés l'Empereur des Français et à la reine d'Angleterre, que le gouvernement Turc n'est composé en partie que de musulmans, — *chose qui doit les faire réfléchir,* — et que les Russes, non seulement appartiennent en grande partie à l'Église grecque, mais encore que leur Empereur est un véritable *Grec.*

Si on médite bien cela et la politique du roi des barricades de Juillet, on ne doit pas tarder de faire la paix avec la Russie et de déclarer la guerre à la Turquie. Ce serait plus *digne,* plus *national,* plus *courageux* et plus vite *fini.* Du moins, les Cosaques de l'intérieur et de l'extérieur disent que ce serait de la bonne politique, donc ce doit être vrai. Car ils sont tous d'*illustres* hommes d'État et de parfaites' *honnêtes* gens, dont l'Empereur Napoléon ne sait pas apprécier le rare mérite. Que Sa Majesté veuille daigner se rappeler un peu plus la *politique accomplie* de tous ces *grands hommes,* et qu'elle daigne les employer à l'avenir. Ce n'est pas qu'ils aiment à *gagner* de l'argent, non, ils sont *très désintéressés ;* mais ils aiment à rendre service à leur patrie ; ils voudraient voir venir les Cosaques en France, pour fraterniser avec eux au moins encore une fois ! — Louis XVI avait eu tort, dis-je, d'envoyer des secours d'hommes et d'argent aux Américains, qui étaient les plus faibles, au lieu d'aider les Anglais qui étaient les plus forts ; — nous venons de voir que les *grands politiques* ne font jamais de ces choses-là. Au contraire, ils aident les plus forts, c'est plus *digne* et plus *honorable* ; — aussi, pour punir ce *mauvais* prince de ce qu'il avait fait pour les États-Unis, et de ce qu'il faisait pour relever la dignité de la France, sa marine surtout, dont il s'occupait activement, le cabinet de Saint-James, — *qui a toujours été, avec raison, patriote avant tout, et auquel le Régent avait laissé un grand espoir qu'il pourrait avec le temps parvenir à subjuguer la France,* — *chose qui arriverait infailliblement si la dynastie d'Orléaus pouvait seulement* régner un demi siècle sans interruption. — Le cabinet de Saint-James employa donc tous les moyens en son pouvoir pour se venger et empêcher sa rivale sur mer, et sa supérieure sur terre, de se relever des désastres qu'avait éprouvés la France sous la Régence et Louis XV. — Je le répète, cette politique, *quoique* très égoïste, est celle d'un peuple grand, patriote, qui honore nos alliés actuels. Ils ont reconnu, plus tard, que la France n'était pas si facile à conquérir qu'on avait pu le leur faire croire et sont devenus nos alliés pour de bon au lieu de les rester pour rire ; ça ne les honore pas moins. Parce que, restant amies, la France et l'Angleterre peuvent commander et se faire obéir par l'Europe entière, sinon par l'univers avec le temps. Ce sera plus lucratif que de recommencer à se déchirer entre elles. Au reste, *les mauvais poli-tiques* qui gouvernent les deux pays actuellement, le comprennent assez bien, malgré leur *manque d'expé-rience* et la *simplicité niaise* que les Cosaques de l'inté-rieur veulent bien leur prêter. Nous n'avons donc pas besoin d'en dire davantage sur la sublime politique présente ; revenons sur celle du passé, c'est-à-dire sur le deuxième fléau orléaniste.

Pour mettre un terme à la politique régénératrice de Louis XVI, les Anglais avaient besoin d'un prince français qui fût assez *dévoué à sa patrie,* assez *coura-geux,* assez *honorable,* assez *capable,* *désintéressé* et très *auguste;* à qui s'adressèrent-ils? au duc d'Or-léans. Ni les frères du roi, ni les descendants du grand Condé ne furent reconnus assez dignes ni assez *grands* génies pour être chargés d'une aussi *noble* et si diffi-cile mission. Louis-Philippe-Auguste, duc d'Orléans, fut seul reconnu avoir les qualités voulues, pour la mener à bonne fin. Flatté de *l'honneur* qu'on lui fai-sait, il l'accepta avec bonheur et reconnaissance, mit beaucoup d'empressement à la bien remplir. En un mot, il y appliqua tout son *grand génie,* ne craignît pas même d'y sacrifier 67 millions de sa fortune, non com-pris les 54 millions appartenant au banquier Pinet, — *les d'Orleans avaient déjà alors une prédilection pour leurs amis qui étaient riches banquiers,* — dans l'espoir, probablement, que l'Angleterre lui rembourserait le tout avec de *gros intérêts.* Du reste, ces princes n'ont jamais été *intéressés,* toutes et quantes fois qu'il s'est agi de faire du mal à la France et du bien à l'Angle-terre.

Enfin, n'importe le motif, ce grand prince, *petit-*

*fils du Régent et père de feue sa majesté bâtarde des 219
plus honorables charlatans* de 1830, se mit à l'œuvre
en 1787, et ne perdit pas un instant jusqu'à sa mort
glorieuse de 93. Il s'acquitta on ne peut mieux de sa
noble tâche.

Comme son aïeul, en 1715, et son *auguste* fils, en
1830, il couvrit aussi sa *sainte face* d'un masque patriotique, afin de ne pas être porté en triomphe dans le
canal, avec une grosse pierre au cou dès son début.
— Les d'Orléans n'ont jamais aimé, ni cette grande
popularité qu'ils méritaient si bien, ni les honneurs
qui ont autant d'enthousiasme qu'en avaient ceux du
24 Février. Sitôt que l'on crie au voleur, ils ne veulent
plus *faire à la mère,* ils se sauvent. — Il se contentait
donc seulement de dire aussi bien haut également, qu'il
voulait *enrichir* sa *patrie,* rendre les classes pauvres
plus heureuses qu'elles ne l'étaient, et leur faire accorder plus de libertés. — Ces *grands* princes n'ont
jamais voulu autre chose que beaucoup de libertés et
de bien-être pour les peuples. Je tiens donc pour *calomniateurs* ceux qui oseraient dire le contraire ; leurs
actes sont là pour le prouver.

Or, après avoir mûrement réfléchi, — car ils ont
toujours été des princes à grandes réflexions, — sur
ce qu'il pourrait faire, — *toujours dans le plus grand
intérêt de ses concitoyens et de sa patrie,* — il pensa, —
ils étaient déjà la *pensée immuable* alors, — il pensa
donc qu'en organisant l'*émeute,* le *pillage,* l'*incendie,* le
viol et l'*assassinat,* sur une grande échelle, cela ferait
nécessairement le bonheur du pays ; attendu qu'en
faisant plaisir à l'Angleterre, ces *glorieux* moyens pouvaient lui donner quelque *probabilité* de parvenir au

trône de France, à lui *Philippe-Egalité* ou à ses fils.
Donc, ce devait être *utile* à la *nation*. Aussi, une fois
bien convaincu qu'il pouvait obtenir ce *petit* résultat
pour lui et que l'Angleterre y trouverait de l'élévation et de la puissance, ce nouveau *Régulus* travailla
avec un machiavélisme dont on n'avait pas vu d'exemple depuis Machiavel lui-même.

Comme la France avait beaucoup trop de monde et
qu'elle était beaucoup trop riche pour que tout ce
monde fût heureux, ce *grand* prince sut lui rendre le
signalé service dont elle *avait* besoin en faisant *égorger, piller, brûler, anéantir* et *noyer* tout ce qu'il put.
Sa *belle œuvre* et ses suites coûtèrent la vie à peu de
personnes. Il n'y eut guère que *quatre millions* de Français de *moissonnés* tant sur l'*échafaud*, dans les *noyades*
que morts au *champ d'honneur*. Quant aux richesses qui
furent livrées aux *flammes*, payées aux *Cosaques*, aux
Talleyrand, aux comtes de Saint-Hélène et à tous
les autres Cartouche, en y comprenant même les
chômages forcés des classes laborieuses, tout bien
compté, la somme de ces richesses ne dépasserait
peut-être pas cent milliards de francs. — C'est si peu
de chose pour la France! surtout comparativement
aux services rendus par ces *augustes* princes!... N'au-
rions-nous pas eu l'*insigne honneur* d'avoir un d'Orléans déjà à la fin du dernier siècle pour nous gouverner, si Philippe-Egalité eût réussi? Milord Philippe avait donc mille fois raison de dire que son père
et le Régent avaient été *calomniés*, puisqu'ils ont coûté
si peu, et qu'ils ont tant fait de *bien* aux *classes laborieuses*. Tout ce qu'ils ont fait n'était-il pas pour le
plus *grand intérêt des masses et de leur patrie?* On de

vrait donc mieux leur tenir compte de leurs bons sentiments. Ces sentiments étaient si généreux !...

C'est comme les *langues empoisonnées*, qui ont la *lâcheté* de traiter le grand-père des princes d'Orléans d'aujourd'hui d'*assassin*, de *voleur* et d'*incendiaire* : cela est fort *mal* ; jamais je n'ai vu sur aucun livre que Philippe-Egalité ait *volé*, *tué*, ni mis le *feu* lui-même nulle part ; il ne faisait que *présider et commander* ces *beaux* actes ; ce qui fait une *grande* différence. Car, si au lieu d'organiser et de commander ces *hauts faits*, le duc d'Orléans eût seulement été *tueur*, *voleur* et *incendiaire*, comme ces *braves* gens qu'il payait au poids de l'or, cela n'aurait pas pu attirer assez de prestiges sur sa famille, ni ne lui aurait pas donné assez de droit au trône. Loin de trouver, en 1830, 200 *honorables* compères dans la notabilité de l'*épice* et de la *finance*, ainsi que dans les *marchands* de *paroles* et dans les *nobles ruinés*, son fils n'aurait pu en trouver que dans les ex-pensionnaires des *prisons* et des *bagnes*. Quoique ces derniers lui furent d'une grande utilité alors, sans les 200 *notables*, ils n'eussent pas suffi pour *proclamer* et *imposer* ce *grand* roi, malgré l'*honneur* et la haute *vertu* que possèdent généralement ces hommes de sac et de corde, cela ne fût pas arrivé, si le père Egalité eût été simple soldat au lieu d'être général en chef des assassins.

Aussi, soit pour l'instruction des princes qui voudraient donner du prestige à leur nom et avoir droit à la couronne dans 37 ans, soit pour combattre *victorieusement* les *calomniateurs* de ce prince deux fois *auguste*, je vais citer quelques-uns de ses *nobles* ex-

ploits, on verra qu'il n'a jamais assassiné personne,
ni seulement volé un centime lui-même.

« Ce digne prince, » dit un écrivain en parlant de
Philippe-Égalité, « ce digne prince, pour suffire à ses
» accaparements et à la solde de ses bandits, avait
» été obligé de s'endetter considérablement. A *Pinet*
» *seul*, il devait plus de 15 millions, dont il se libéra
» à l'aide du vol et de l'assassinat. Quoique cette af-
» faire soit parfaitement connue, je veux cependant
» rappeler comment Philippe s'y prit. Connaissant le
» caractère peureux de Pinet, il fit faire une émeute
» dans sa rue, et lancer des pierres à ses croisées.
» Profitant ensuite de l'épouvante de Pinet, il le manda
» au Palais-Royal et l'engagea à mettre au moins sa
» fortune en sûreté. Sans défiance, — qui pourrait en
» avoir d'un d'Orléans? — Sans défiance, Pinet alla
» chercher son portefeuille, qui contenait pour 54
» *millions seulement de valeurs*, qu'il confia au traître,
» contre un *simple récépissé*. Trois mois après cette
» remise, Pinet ayant demandé vingt fois son porte-
» feuille, sans pouvoir l'obtenir, reçut à la fin une let-
» tre de ce monstre, » — cet écrivain a eu tort de se
servir d'épithète semblable, ceux de Juillet sont plus
polis, — « qui lui annonçait que le portefeuille était
» à Passy, de venir le retirer muni du *récépissé*. Pinet
» s'empressa de se rendre dans l'endroit indiqué ;
» quand il fut arrivé, le prince lui demanda s'il avait
» le *récépissé*. Sur sa réponse affirmative, il le ren-
» voya chez *Basin au Vésinet* où il devait trouver son
» portefeuille. Pinet partit dans une voiture de Phi-
» lippe avec un de ses gens, — *ange serait mieux dit*,
» — arrivé au bois *Vésinet*, *des assassins, revêtus de la*

» *livrée de la reine*, lui ordonnèrent de descendre de
» voiture, lui tirèrent un coup de pistolet dans la
» tête, puis le voyant mort, le fouillèrent et lui pri-
» rent son *récépissé* qu'ils apportèrent au duc d'Or-
» léans en réclamant *la récompense promise!...* » —
Puisqu'on fut chercher la *récompense promise* chez
Philippe-Égalité et lui porter le récépissé ; ce n'é-
tait donc pas lui qui assassina ce banquier ni qui le
vola. Mais continuons.

« Le cadavre de ce malheureux était à peine froid,
» que déjà le *Père* et le *Fils* méditaient un autre crime
» pour avancer leurs affaires. — *Il paraît que milord*
» Philippe aidait papa Égalité. — Malgré leurs acca-
» parements, malgré leurs incendies de moulins et de
» meules de blés, on mangeait encore du pain à Paris,
» bien mauvais à la vérité et en bien petite quantité,
» mais enfin on en mangeait. *Cela ne pouvait leur con-*
» *venir à eux qui ne voulaient régner que sur des cada-*
» *vres!* Ordre donc aux boulangers de fermer leurs
» fours ; presque tous obéirent. *François* ne tint pas
» compte de la défense et fit ses dix fournées comme
» d'habitude. *François* fut arraché de son domicile par
» leurs hommes et traîné à la Grève. Là, on lui coupe
» la tête qu'on met au bout d'une pique ; puis, pour
» que pas un boulanger n'ignore ce qu'il en coûte de
» désobéir à un d'Orléans, la tête de ce malheureux
» est présentée à tous ses confrères, couverte d'un
» bonnet blanc que l'un d'eux a été obligé de fournir.
» On ne s'en tint pas là ; on porta encore cette tête
» en grande pompe » — les d'Orléans ont toujours
aimé les grandes pompes, — « chez un homme pas-
» sant pour connaître l'affaire Pinet, et en la lui met-

» tant sous le nez, on vocifère ces cris : *Malheureux !*
» *tu connais l'affaire Pinet ! ! !...*» — Les Orléanistes
d'alors affectaient les mœurs des Lacédémoniens, ils
étaient d'un laconisme bref dans leurs narrations, et
malgré cela, beaucoup plus *explicites* que ceux de
Juillet dans leurs discours sans fin.

.« Le résultat de cette journée, continue le même
» auteur, fut tel qu'on devait s'y attendre : tous les
» boulangers fermèrent et se sauvèrent. Ce fut un mo-
» ment bien doux pour les âmes de ces tigres, quand
» ils virent le peuple réduit à mourir de faim! quel
» bonheur! quelle allégresse!... En ouvrant seulement
» un de leurs greniers, ils eussent pu réaliser d'immen-
» ses bénéfices et le peuple les eût salué des noms de
» libérateurs, les nommer ses rois!...» — Les d'Orléans ont toujours été trop désintéressés, trop dévoués
et trop reconnaissants envers leur roi et parent, pour
agir autrement qu'ils n'ont fait. Ils n'acceptent la couronne que par le *vœu de la nation* qu'ils ne consultent
jamais. On ne doit donc pas leur en vouloir s'ils n'ou-
vrirent pas un de leurs greniers, comme il est dit
plus haut, c'est qu'ils ne reconnaissaient pas encore
la poire assez mûre, où ils n'avaient pas le nombre
voulu de compères.

Au retour de Varennes, dit encore le même historien à la page 13, « Laclos avait tenté de faire procla-
» mer, au Champ-de-Mars, la déchéance de Louis XVI
» et l'érection du duc d'Orléans; mais le peuple veil-
» lait ; il en fut pour la honte. Cependant leurs émeu-
» tes, leurs insurrections, leurs menées, leurs accapa-
» rements diminuaient tous les jours la puissance de
» Louis ; leurs émissaires demandaient sourdement

» un changement de dynastie. Quant à eux, confiants
» dans la secousse que leur *famine, leurs vols, leurs as-*
» *sassinats et leurs brigandages* avaient imprimé au
» trône, ils attendirent qu'il croûla pour le recons-
» truire, comme ce temple du Mexique, des ossements
» de tous les citoyens égorgés par leurs ordres... —
» On a donc tort de dire que ce sont des princes anti-
» français ; ils ont toujours eu des sentiments *très ho-*
» *norables*, comme on voit.»

» Toutes les ruses et les crimes tournèrent contre
» eux-mêmes. Le 10 août qui, d'après leurs calculs,
» devait tout leur donner, leur enleva tout. Suivant
» eux, Louis XVI abattu, il ne leur restait qu'à pren-
» dre sa place ; en cela, ils se trompaient étrange-
» ment. Barbaroux et ses Marseillais, l'assemblée lé-
» gislative et la partie saine du peuple étaient en garde
» contre leurs machinations ; aussi échouèrent-elles
» devant leur patriotique probité.

« A leur grand dépit, la question de la royauté fut
» renvoyée *à l'examen du peuple* dans les assemblées
» primaires. Dès lors, leur procès fut perdu ; car pour
» escroquer la France en 92, il fallait ce qu'ils n'a-
» vaient pas et que le fils avait si bien en 1830 : *Des*
» *fripons assez éhontés pour oser faire acte exclusif de*
» *souveraineté, et assez peu effrayés du mépris des peuples*
» *et de l'exécration de la postérité...* » — Comme les
réclusionnaires et les forçats libérés demandaient, par
acclamation en 1830, que milord Philippe fût pro-
clamé roi des Français, je crois que c'est *fort mal* de
traiter ainsi les 219 *honorables* d'alors, qui voulurent
bien l'imposer au pays ; attendu que ces *honorables*
étaient des gens *notables*, qui sont presque tous deve-

nus des *illustres hommes d'État,* sous le règne de ce roi-citoyen. Mais finissons-en d'abord avec grand-papa Égalité.

« Le père, ajoute le même auteur, criblé de dettes
» et ne sachant plus où prendre de l'argent pour sol-
» der ses *hommes,* se ressouvint tout à coup de ma-
» dame de Lamballe qui, depuis les journées des 5 et
» 6 octobre, lui avait *défendu* sa porte et dont il devait
» *hériter de trois cent mille livres de rente.* Cette prin-
» cesse infortunée *était à l'Abbaye ;* il l'arracha à l'hu-
» manité de Manuel, procureur de la commune, pour
» la faire déchirer en morceaux par **Rotondo,** son
» confident et son ami. Sa tête lui fut présentée au
» bout d'une pique ; et à la vue de ce sanglant tro-
» phée, il claqua vivement des mains, etc., etc. »

Dans tout cela, il est parlé de récompense, de paie-ment aux Orléanistes ; mais on ne voit personne de tué ni de volé par le duc d'Orléans lui-même ; il fai-sait assassiner pour *gagner :* là 54 millions, ici 300 mille livres de rente ; d'un autre côté, pour empêcher de faire du pain, et probablement pour ne pas laisser prendre de douleurs trop aiguës aux gens riches en vieillissant, ainsi qu'à ceux qui ne lui obéissaient pas *subito ;* ou peut-être encore, pour faire *gagner* quel-que chose à ses amis pauvres. Puisqu'il payait et ré-compensait bien, c'était un bon prince. La preuve, c'est qu'il s'endetta considérablement en s'acquittant de son *honorable mission.* Donc cet *auguste* prince a été *calomnié,* et il est bien malheureux pour la France, qu'on le fît mourir à la force de l'âge sur l'échafaud ; il aurait pu rendre encore de grands services au pays.

C'est comme ceux qui disent qu'en votant la mort de son cousin Louis XVI, il voulait prouver à sa patrie, que lui et ses enfants méritaient tous la même mort, puisque ceux-ci l'applaudissaient dans cet acte *héroïque et vertueux;* et qu'il est bien malheureux que la France n'ait pas compris alors, qu'en faisant mourir les enfants avec le père, elle n'eût pas été contrainte plus tard de subir dix-huit années de *honte,* d'actes *arbitaires,* de *corruption.* Qu'on n'aurait pas vu en 1850, *substituer* le *régime* des *lois* au *régime* du *bon plaisir,* ni un abaissement continu durant tout le règne de milord Philippe; ni la *passion des richesses substituée à l'honneur et à la vertu,* que le gouvernement de Juillet a fait prendre racine dans le cœur de tous les Français. Que si cela fût arrivé, on n'aurait pas vu tant d'abrutissement dans les masses, ni tant de goût pour la *débauche,* l'*irréligion,* le *suicide* et le *crime.*

Malgré que toutes ces choses ne soient que trop vraies, je réponds *très sérieusement* aux personnes qui tiennent ce raisonnement, qu'elles ont tort. Je ne dirai pas avec les Orléanistes que la mort de milord Philippe et de la princesse Adélaïde nous eussent privé des dix-huit années de paix, de tranquillité et de cette prospérité dont parlent tant ces Messieurs, c'est assez de facétie comme ça ; mais je dirai, qu'il ne faut jamais être partisan du sang!... En politique surtout, il crie toujours vengeance!!!

A quelque chose malheur est bon, nous dit le proverbe. C'est donc plutôt un bonheur qu'un malheur, pour tous les hommes probes qui ont le cœur français, que milord Philippe n'ait pas été décapité avec son père en 95. Car, sa *vie,* son *usurpation,* son *règne* et sa *fuite honteuse* sont le complément d'une instruction pour les Français, non seulement vis à vis de ses descendants, mais encore vis à vis de tous les princes *phraseurs, libéraux et républicains* à venir, comme la nation n'aurait pu en faire une aussi achevée, et j'espère aussi salutaire, dans plusieurs siècles sans lui. On le voit tour à tour prendre tous les masques et jouer tous les rôles, pour atteindre son but. Puis, une fois ce but atteint, se jouer de tout pour ne s'occuper que d'une seule chose : l'*intérêt dynastique*. La dignité, la gloire et l'honneur de la France ; le bien-être matériel et moral des classes laborieuses au dedans, les libertés des peuples et l'indépendance des nations au dehors : tout était sacrifié, par lui et ses *illustres* amis, à l'intérêt dynastique!... Il ne disait pas comme Louis XIV : « La France, c'est moi. » Mais il pensait fort bien, — nous en verrons la preuve tout à l'heure, — que sa dy...nas...tie était beaucoup plus que la France et l'Algérie.

Je voudrais ne pas être obligé de reparler du père, ni surtout du sans-culotisme du fils, c'est trop *dégoutant* de remuer sans cesse le *puant fumier* et la *fange hideuse*. Cependant, pour donner une idée de l'aberration dans laquelle se sont écartés, en 1830, des hommes de cœur et d'honneur avant cette époque ; des hommes qui étaient instruits par l'expérience, qui avaient vu de leurs yeux et entendu de leurs oreilles ; qui n'ignoraient rien, pas même que *tel père, tel fils* ; je vais rappeler en substance la scène qui se passa chez le comte de Montmorin, ministre de Louis XVI, relativement aux journées des 5 et 6 octobre, et à différents autres assassinats et incendies, aïnsi qu'à l'accaparement des grains et des farines jetées dans les rivières.

Le duc d'Orléans, fortement accusé par le ministre, niait tout avec une audace imperturbable, quand tout à coup la scène changea par l'apparition subite de Lafayette qui, caché dans un cabinet voisin, ne put contenir plus longtemps son indignation.

Après avoir reproché au duc tous les crimes dont il s'était rendu coupable, *il lui demanda* quelle justification il avait à opposer à telle pièce qu'il lui mit sous les yeux. A cette vue, l'*auguste* prince se *troubla* et devint *pâle* comme la *mort!* Lafayette, ne pouvant maîtriser le sentiment qu'il lui inspirait, lui lança un regard de mépris, et accompagna ce regard d'un geste menaçant. Pour le coup, ce d'Orléans si brave, si courageux au milieu de ses assassins, perdit connaissance et tomba sur un fauteuil. Revenu de son évanouissement, Lafayette lui signifia de se rendre chez le roi, et *d'obéir ponctuellement* aux ordres qu'il en recevrait.

Comme les d'Orléans ont toujours été très dociles, quand on les a pris en flagrant délit, Philippe-Égalité ne se fit pas tirer l'oreille ; il se rendit chez son *bien-aimé* cousin de suite. Et là, malgré ses pleurs et sa feinte d'un grand repentir, — les d'Orléans savaient déjà alors pleurnicher et faire semblant de se repentir, — il fallut aller en Angleterre passer quelque temps. Mais il paraît qu'il profita de ce court séjour chez ses amis, pour prendre de nouvelles instructions sur sa *noble* mission, car il revint plus mauvais encore qu'avant son départ. Seulement cette petite absence va nous prouver que son fils, milord Philippe, n'avait pas besoin de Mentor, qu'il savait déjà marcher seul alors, dans la voie de la *honte*, de la *bassesse*, de la *trahison* et, disons le mot, du *crime !....*

En effet, la *fameuse société des Enragés fut établie en l'absence du père ; mais le fils en fut un des fondateurs. Là,* — ce *bon* roi, *tant regretté des illustres de Juillet, des mauvaises gens et des imbéciles,* — s'emparait tous les jours de la tribune, et vomissait tout ce que le vocabulaire de la lie du peuple renfermait de plus injurieux et de plus ignoble, contre les *aristocrates et les Feuillants de l'époque.* Cependant, il a beau manœuvrer, crier, souffler l'anarchie, exciter de tous côtés les pillages et les assassinats, ce *bon* roi dont la postérité dira à juste titre tel *père* tel fils, n'obtenait pas assez vite le résultat voulu. Mais il avait toujours un grand espoir. Sachant que son père avait encore plus d'autorité que lui sur les *illustres* Orléanistes d'alors, il employait toutes les ruses, les bassesses et les perfidies possibles, pour qu'on lui permît de rentrer en France. Enfin, ce père *chéri* qu'on a tant calomnié finit par arriver. Alors on vit ce qu'on n'avait jamais vu ni ce qu'on ne reverra jamais, à moins que les princes d'Orléans ne reviennent en France un jour.

Quand ils se furent concertés, on vit ces deux princes, nés sur les *marches du trône* de France, et riches à quelques cents millions, s'affubler de gros *sabots ferrés* et du bonnet rouge du sans-culotte, courir à la barre de l'Assemblée législative dans cet accoutrement, et là, jurer *haine* et *mépris* aux *rois* et à la *royauté.* — A cette *royauté* qui leur faisait tant commettre de *bassesses* et de *crimes* pour y parvenir !...

C'est égal, reconnaissant qu'ils sont encore trop

faibles pour attaquer de front la République qui paraît à peine sous l'horizon, ils vont ramper à ses pieds pour capter sa confiance, afin de la poignarder pendant son sommeil, comme ils viennent de poignarder leur *parent* le *roi* et la *royauté.* Convaincus que plus ils se rapetisseront, moins ils trouveront d'obstacles pour atteindre leur but, ils s'empressent de jeter à la voirie leurs duchés et leurs principautés, demandant au peuple, — *les d'Orléans n'ont jamais rien fait que par le peuple et tout pour le peuple,* — la permission de prendre le *modeste* et *honorable* nom d'*Égalité.*

Quoique ce fussent les mêmes intérêts qui aient fait constituer la Société commerciale entre le père et le fils, — pour l'exploitation en gros et détail de la *honte* et de *l'infamie,* — d'après leurs circulaires, qui annonçaient à leurs *malheureux clients,* la formation de leur maison de commerce, *sous la raison sociale d'Égalité père et fils,* les noms ne sont pas les mêmes ; celui du fils renchérit sur celui du père. Il aimait tout ce qui était bien !

Notre Sr *Égalité père,* disent ces circulaires, signera :

> « *Philippe-Égalité.* »

Notre Sr *Égalité fils* signera :

> « *Louis-Philippe-Égalité, prince Français,*
> » *pour son malheur, et jacobin jusqu'au*
> » *bout des ongles.* »

En bien appréciant cette signature seulement de milord Philippe, — sans parler des autres actes ou lettres contre la France, quand il eût fait semblant de se repentir de ce qu'il avait fait contre la branche aînée, desquelles lettres nous donnerons copie de quelques-unes tout-à-l'heure, pense-t-on que l'on voudra croire, dans cinquante ans, qu'il y a eu 219 *hommes des plus notables,* en 1830, — *et d'hommes qui prétendent être honorables et s'être illustrés, s'il vous plaît,* — pense-t-on qu'on pourra croire alors, que le prince qui a eu la *lâcheté,* l'*infamie* de se *salir,* de se *déshonorer,* en apposant sur une lettre la signature qu'on vient de lire, a été fait *roi des Français* quelques années après, par ces hommes soi-disant *honorables* et *illustres?* J'en doute ou plutôt je n'en doute point, car la chose paraît déjà si incroyable qu'il faut vraiment l'avoir vue pour la croire.

Je sais que ses amis, qui sont devenus ceux de ses descendants et qui les portent aux nues, donnent pour excuse, que *feue Son ex-Majesté bâtarde* était trop jeune quand elle adopta cette signature et renia son nom. Ceci est de la graine de niais qui ne peut germer que dans la tête des Cosaques de France et de Russie ou des imbéciles.

Quand un prince français était de sang royal, il était reçu à la cour tous les jours, il était né et héritier d'un père qui possédait plus de 200 millions de fortune, ce prince là n'était plus jeune à 20 ans, il était au contraire dans toute la *force de l'âge;* parce qu'il avait plus de quarante ans, soit en instruction, soit en expérience. Une fois qu'ils avaient atteint l'âge de huit ans, tous les princes qui étaient riches ou seulement près du trône, avant 89, vieillissaient, en vices et en vertus, de *trois ans* tous les *douze mois.* On n'avait pas encore alors imaginé de faire élever les *princes royaux*, avec les fils de *portiers* et de marchands de *mélasse.* On leur donnait des gouverneurs spéciaux, qui étaient un peu bien huppés en science, en vertu et en considération. Comme milord Philippe appartenait à une famille doublement privilégiée, immensément riche et proche du trône tout à la fois, son *brave père* lui avait donné plusieurs gouverneurs distingués pour les sciences, et une gouvernante qui ne l'était pas moins pour le vice. Qu'on ne dise donc plus que milord Philippe était trop jeune en 93 ; comparativement, même à l'instruction des fils de riches et de nobles familles, qui faisaient de bonnes études dans les colléges, celle qu'il avait reçue le faisait marcher de pair avec les politiques de 50 ans. Qu'on ne mette donc plus « *ses prétendus égarements de jeunesse,* » comme il les appelait lui-même, sur son âge, il était assez vieux pour faire le mal et assez expérimenté pour ruser, ainsi que nous allons le voir.

Nous l'avons vu reniant son nom avec son digne père, puis s'en fabriquer un autre, ce qui est la plus grave injure qu'on puisse faire à la monarchie et à la nation ; suivons-les encore un instant au club des Jacobins.

A force de vociférer contre les aristocrates, qui méritaient tous, disait ce bon milord Philippe, d'être *lanternés;* à force de basses flagorneries envers Collot-d'Herbois en particulier, de faux patriotisme envers tous les sans-culottes en général, *l'auguste* roi de Juillet, — qui n'était alors encore que membre fondateur des clubs des *Enragés et des Jacobins,* — parvint assez vite au *Comité de présentation et d'épuration.* Aussi-tôt-là, *il fit chasser de la société Lafayette et Bailly.*

— Il est incompréhensible que Lafayette ne se soit pas rappelé cet acte au moins en 1850 ; ce brave général aurait si bien pu nous préserver alors du troisième fléau Orléaniste, s'il l'eût voulu !

Grâce à ces épurations, la société des trop fameux Jacobins se trouva bientôt composée de leurs plus dévouées créatures, c'était : les Laclos, les Fournier, les Défieux, les Saint-Huruge, etc. Ne voyant alors que des *illustres* toujours disposés à faire leurs volontés et rien que leurs volontés, comme ceux de Juillet, l'idée vint à ces *bons princes* de former, à l'aide de ce noyau *d'illustres*, une infinité d'autres clubs correspondants, qui pousseraient comme eux, à la roue de l'insurrection et de l'anachie. Leur *grand génie* , et leur *sublime patriotisme* leur faisaient déjà comprendre qu'ils ne parviendraient à escamoter le pouvoir et à livrer la France au pillage, qu'en passant sur des montagnes de cadavres.

Pour jouer encore plus serré, il leur parut important de gagner l'armée. En conséquence, la *Théroïgne de Méricourt*, maîtresse d'Egalité fils, l'*Angélique Voyer*, *la Sillerie, sa sœur* et quelques autres filles de résolution, furent chargées de flâner dans les casernes et d'agacer les soldats, par quelques complaisances et par force distributions d'argent. Le régiment des Flandres ni celui des Gardes-Françaises ne résistèrent pas à ces séduisantes amorces. Dans beaucoup de villes de province, les mêmes moyens amenèrent les mêmes résultats. Mais, comme nous l'avons dit précédemment, le 10 Août détruisit toute cette *patriotique* politique. Si au moins en courant les clubs, en parlant, en criant contre les *aristos*, en féquentant le peuple, milord Philippe en avait retiré quelque enseignement pour l'avenir ! mais point, il voyait tout et ne voulait rien voir, il apprenait tout et il ne savait rien. Les cheveux gris, ainsi que nous le verrons bientôt, se sont trouvés chez lui, plus fous que les cheveux noirs. Ces cheveux gris ne se sont souvenus d'aucune des leçons terribles et méritées de la première République. Il a fallu la seconde pour lui en faire ressouvenir. C'était bien tard !...

Comme la vie privée d'un prince est en dehors de l'intérêt public, quoique souvent elle y influe beaucoup, il n'entre pas dans mon cadre de parler des amours de l'ex-roi des hommes *illustres*. Je ne donnerai donc aucun détail de ses relations intimes avec l'actrice Thévenin, Mme de Genlis, la jeune Suissesse au jupon court et tant d'autres encore. Je ne parlerai pas non plus de celles de sa vieille sœur, Mme Adélaïde, cette princesse sans vergogne, altière comme un almanach de Gotha, qui donnait l'exemple du scandale accroupi au pied du trône, et dont la longue liaison, en dernier lieu, avec le baron ***, n'a été de tout temps un mystère pour personne. Non, quoique cette princesse fût, dit-on, aussi une *grande politique*, on ne doit point s'occuper d'elle, puisqu'elle n'a pas laissé d'enfants légitimes, qui espèrent une nouvelle catastrophe pour s'emparer de la France. Quant à ses bâtards, ils ont beau se remuer et intriguer, ils sont peu à craindre.

Seulement, pour prouver aux Orléanistes que leur ex-roi n'était pas du tout un jeune homme en 93, mais déjà un vieux roué et bien rusé sur toutes choses, nous allons raconter, ou plutôt il va nous raconter lui-même comment il s'y prenait pour faire la *conquête* des *pays trop bien fortifiés*, pour tout autre qu'un *grand tacticien.*

Il reste quelques lettres imprimées, *espèces de notes que le jeune prince à toupet noir écrivait chaque soir en rentrant*, où il se rendait compte de ce qu'il avait vu. L'une de ces lettres parle de la représentation d'une tragédie au Théâtre de la République, en 1792. Le *calcul* ou l'*entraînement* de quelques vers patriotiques de *Chénier*, — il y avait alors beaucoup de *vrais patriotes* en France, *hélas!* depuis on en a peu vu, — le fit applaudir « *à tout rompre,* » dit-il dans ses mémoires. — Ce devait être déjà l'esprit de ruse qui le faisait agir ainsi, ou la crainte de passer pour contre-revolutionnaire ; — les d'Orléans n'ont jamais aimé passer pour *contre-révolutionnaires et avec raison,* — qui agitait ses mains si violemment, que tous les regards se portaient vers la loge du chaud applaudisseur, qui saisissait au vol la moindre allusion patriotique pour donner le signal des bravos.

Toute la soirée cette comédie continua. Il se trouvait, à côté de sa loge, une dame qui donnait également des marques du plus grand enthousiasme ; seulement, ses applaudissements, à elle, étaient sincères. Mais qu'importe, le Mensonge est souvent trouvé plus beau que la Vérité. — La France a tant fait de progrès sous le règne des trois fléaux orléanistes !...

Cette dame avait une figure énergique, un costume moitié féminin, moitié masculin : c'était *la citoyenne Théroïgne de Méricourt.*

Dans un entre acte, le jeune duc, *mais l'homme très mûr*, la rencontra sortant de sa loge ; il l'aborda et lui fit compliment de son patriotisme. — Ce début, pour entrer en conversation, n'est-il pas l'action d'un vieux politique?

— N'est-il pas naturel, lui répondit la belle citoyenne, d'applaudir les nobles maximes que le citoyen Chénier exprime en si pur langage?... Et qui es-tu, citoyen? car, à ta figure un peu efféminée, à tes mains blanches, je devine que tu n'es pas un homme du peuple?

— Je suis le fils de Philippe-Égalité.

— Ah! tu es le fils d'Égalité.... Attends-moi ce soir à la fin du spectacle, je veux te montrer mon peuple.

Elle avait raison de dire : « *mon peuple*, » car elle était connue et chérie par tout ce peuple, plus que ne l'est l'empereur Nicolas par ses Cosaques; c'est vrai que ces derniers ne sont en partie que des brutes, et la brute n'aime pas; elle n'a que de l'attachement. On en a vu la preuve le 24 Février.

Il est inutile de dire que le « *prince français, pour son malheur*, » attendit la fin de la pièce avec impatience. Il avait tant entendu parler de la citoyenne Théroïgne, et d'une manière si diverse, qu'il était curieux d'avoir un plus long entretien avec elle, afin de pouvoir juger par lui-même. Enfin, ce moment tant désiré finit par arriver. Le spectacle terminé, Théroïgne prit le bras de l'ex-prince et le conduisit au club Égalitaire, lequel tenait ses séances de onze heures du soir à deux heures du matin.

Quoique ce club eût presque le même nom que celui que les d'Orléans avaient substitué au leur, il ne faisait pas partie des nombreux clubs de leur bande d'*il-*

lustres ; celui-là n'était à peu près composé que d'honnêtes gens, nullement *illustres*, ne connaissant pas l'art de feindre, ni le mensonge. C'était de pauvres ouvriers, pleins de cœur et d'honneur, qui travaillaient tout le jour, puis qui prenaient sur leurs heures de sommeil, un instant pour concourir au bonheur de la nation. Ils ne voulaient pas devenir *ministres, représentants du peuple ni même préfets.* Ils n'avaient pas d'autre ambition que le triomphe de l'équité et de la justice.

On applaudit chaleureusement la citoyenne de Méricourt à son arrivée. Une fois installée à sa place ordinaire, elle prit la parole sans la demander au citoyen président. Depuis longtemps, elle seule avait ce privilége : au reste, elle le méritait.

— Je vous amène, s'écria-t-elle, d'une voix de Stentor, un fils de prince..., un ex-prince lui-même, dans l'esprit duquel il doit rester quelques vieilles racines de noblesse. — Le temps a prouvé qu'elle se trompait; il ne restait déjà absolument plus rien de noble dans le cœur du jeune duc. — On a arraché la tige, continua-t-elle, mais il faut prendre garde qu'elle ne repousse...; car il est rare que les mauvaises herbes meurent tout à fait.... Il faut que le fils de Philippe-Égalité reçoive une nouvelle éducation, il faut qu'il concourt à nos travaux il faut qu'il devienne bon citoyen...(tonnerre d'applaudissements). Ensuite, je me charge de son baptême républicain. — Il le fallait assez, malheureusement il n'en a rien été. Il est si difficile à faire sortir de la farine d'un sac à charbon !!!

Cette fille extraordinaire, qui, à tort ou à raison, a

été jugée si sévèrement, avait des accents de sybille, des mots de feu, quand elle prenait la parole. Son entraînement était tel, qu'elle semblait ne pas appartenir aux femmes de la terre.

— Citoyenne, lui dit le feu *ex-grand* roi en sortant du club, je t'aime.

— Tant mieux, je m'y attendais, répondit celle-ci ; mais je ne me donne qu'à celui qui s'est fait remarquer par des actes de *grand citoyen !...* Va aux clubs tous les soirs, quand tu te seras fait un nom, je te dirai : Je suis à toi.

Cette réponse, fière et laconique, attéra l'ex-prince. Lui qui courait les ruelles des filles et des actrices de l'Opéra, depuis plusieurs années ; qui avait toujours été reçu à bras ouverts par ces *vertueuses* dames qui l'aimaient toutes plus les unes que les autres, tant pour son beau toupet noir que pour ses écus encore plus beaux ; lui qui n'avait pas même trouvé de résistance chez Mme *de Genlis,* sa gouvernante ; une femme qui courait les clubs lui résistait, lui posait des conditions !... Si ces conditions eussent été *pécuniaires,* passe encore, la difficulté eût été bien vite levée, un d'Orléans n'est jamais resté pris pour si peu de chose en France. Mais non, ces conditions étaient qu'il fallait faire au moins une *action honorable,* pour posséder Théroïgne. Ça lui paraissait déjà bien difficile alors, pour ne pas dire impossible. — On a vu par sa vie, que jamais homme ne se jugea mieux. — Il commença seulement après cette réponse, à s'apercevoir qu'il n'avait pas jusqu'alors bien compris la citoyenne de Méricourt.

Il entra dans son palais, — en se *sans-culotisant*

et en *s'égalisant*, les d'Orléans père et fils avaient oublié *d'égaliser* et de *sans-culotiser* leurs nombreux palais; procéder autrement, ne fut pas reconnu assez *démocrate* ni assez *national*. C'était une poire réservée pour étancher la soif de la *démocratie-princière*, comme la fraude faite à l'État en 1830, était une miche pour apaiser la faim de la *sociale-royale*, — il rentra donc dans son palais, songeant à la passion bizarre qui s'était emparée de lui. Passion qui était d'autant plus grande, que la femme qui en était l'objet, n'avait rien des faiblesses de son sexe; car elle aurait imposé à bien des hommes, mêmes Français, par l'honneur, la dignité, le courage et la valeur!...

« Il faut que je fasse acte de *grand citoyen* pour la *posséder!* se répétait à tout instant et à chaque jour le descendant du frère de Louis XIV, que pourrai-je donc faire? »

Si c'eût été comme sous le *bon temps* du gouvernement de Juillet, où les actions de grand citoyen étaient si rares, où l'on donnait tous les ans, depuis le premier janvier jusqu'à la saint Silvestre, de grandes phrases, en attendant des actions médiocres, il eût été plus facile de se tirer d'affaires. Mais à l'époque *ingrate* à laquelle cela se passait, où les *actes de courage*, les *actions sublimes* ne se comptaient pas, tant le tout était nombreux. En un mot, dans ce temps où il fallait du vrai et non du faux, à moins que la ressemblance ne fût parfaite, la chose paraissait de plus en plus difficile à l'ex-prince. Il eut beau chercher, virer et retourner, il ne put d'abord trouver que son *fameux* système de Juillet; cela devait constituer *acte de grand citoyen.*

« Les phrases et l'hypocrisie doivent suffire, se dit-il.»

Il ne manqua donc pas un soir de se rendre au *club égalitaire*, ni d'aller prendre souvent l'objet de sa flamme pour l'y accompagner. Il y parla beaucoup, fit des discours moins longs que ceux de ses *illustres* plus tard; mais plus expressifs et plus intelligibles, en ce qui concernait les têtes des *aristocrates*, du *clergé* et la *corde des lanternes.*

Quand il crut avoir assez péroré, pour constituer un *acte de grand citoyen*, et avoir droit à la récompense promise, — les d'Orléans avaient déjà beaucoup de *droits*, — il osa redire son amour à la fille célèbre; — les d'Orléans ont toujours été un peu osés, — mais il paraît que la citoyenne Théroïgne ne voulut point de cette fameuse monnaie que les électeurs à *deux cents francs* et *les ventrus-pritchardistes* trouvaient si bonne quarante ans plus tard; car, elle lui répondit *cruellement :*

« Je croyais, citoyen, t'avoir dit mes conditions... » Prends garde de ne plus me parler ainsi, car tu » m'insulterais; et, ma foi... je n'ai jamais gardé une » injure sur le cœur. »

Cette mâle réponse blessa autant l'ex-prince, que le coup de pied au c... que l'*illustre* Dubois avait donné à son aïeul, le Régent, déguisé; mais, comme ce dernier, il se contint aussi et ne put se décider à abandonner le siége. Au contraire, plus la possession de cette étrange personne semblait devenir difficile, plus il y tenait. Il n'y avait qu'une chose à laquelle il tenait peu : c'était aux actes de *grand citoyen* Il ne s'en sentait déjà pas capable; pourtant il le fallait, c'était la condition *sine quà non.*

« Diable ! se dit-il un jour se parlant à lui-même, il

» serait donc vrai qu'un d'Orléans n'est pas apte à faire
» seulement *un acte de grand citoyen*? Puisqu'il en est
» ainsi, faisons comme nos ancêtres ; ils ont toujours
» su *simuler* ce qu'il y a de *bien* et de *beau ;* pourquoi
» ne ferions-nous pas comme eux ? »

Comme milord Philippe avait conservé deux do-
mestiques de ses anciens droits, ces deux hommes qui
avaient toujours vécu dans les antichambres, étaient
suffisamment corrompus, pour que l'air de la liberté
ne vînt pas s'infiltrer dans leur sang blanc et vicié.
C'était juste ce qu'il lui fallait pour mettre son projet
à exécution.

Un soir donc, en rentrant chez lui, Égalité fils les
fit venir tous les deux, leur parla mystérieusement
durant une grande heure, les traita d'*amis*, de *fidèles
serviteurs* qui seraient bien *récompensés* par *Dieu*, ainsi
que par lui-même ; puis leur donna quelques poignées
d'or, et leur en promit bien davantage, s'ils suivaient
ponctuellement ses ordres.

La citoyenne Théroïgne avait l'habitude de sortir
seule. Au commencement de la révolution, plusieurs
citoyens s'étaient offerts de l'accompagner à la sortie
du club, même de la garder continuellement ; mais
elle s'opposa formellement à cette mesure, disant
qu'elle sentait bien que sa dernière heure n'était point
sonnée ; qu'un poignard d'aristocrate est toujours
tremblant et mal emmanché, — chose que je ne crois
pas bien prouvée, attendu que milord Philippe était
trop bien barreaudé et cadenacé dans sa voiture,
quand il était simulacre de roi : donc il n'était pas de
son avis envers tout le monde. Cependant il se connaissait en prudence et était *courageux*.

Le lendemain de son entrevue avec ses deux dévoués laquais, le beau duc se rendait à l'assemblée égalitaire, avec la Théroïgne qu'il avait été prendre, selon son habitude. Presque en sortant de son domicile, celle-ci vit deux hommes qui semblaient les suivre. Elle en fit part à son *auguste* compagnon, Égalité fils.

— Bah! dit ce dernier, ce sont deux hommes qui suivent le même chemin que nous; les rues sont libres, et nous ne pouvons les en empêcher.

Arrivés à un cul-de-sac de la rue Montmartre, les deux hommes disparurent; mais comme les clubistes mettaient le pied sur la place du marché des Innocents, l'un de ces hommes se précipite sur Théroïgne, tenant levé un brillant poignard, tandis que l'autre arrivé en même temps, jetait son manteau sur la tête de la courageuse fille. — Saisir le poignard hardiment, et faire lâcher prise aux prétendus assassins ne fut pas long à faire pour l'ex-duc. Il fit plus, il eut le courage d'*exposer* ses *précieux jours* à les poursuivre, laissant la citoyenne future *Égalité* se débarrasser de son manteau comme elle pourrait.

Quand ils furent assez éloignés du théâtre de cette petite comédie, le futur roi donna encore quelque argent à ses *deux compères*, se fit donner le plus mauvais chapeau de l'un d'eux, puis les congédia et se rendit au club. Là, il retrouva la Théroïgne à qui il montra le poignard et le chapeau du soi-disant *scélérat qu'il n'avait pu rejoindre*, etc., etc.

Les clubistes, qui avaient été mis au courant de cette prétendue tentative d'assassinat par la noble citoyenne, écoutèrent avec un religieux silence, tous les mensonges que voulut bien leur débiter Égalité fils, après quoi toute l'assemblée applaudit, à *tout briser*, celui qui venait de faire un acte de *grand citoyen*.

« — Voilà mon sauveur, » avait dit Théroïgne, en le revoyant près d'elle et en l'embrassant publiquement ; puis elle avait ajouté tout bas :

— » Tu sais, Citoyen, ce que je t'ai promis : je tiendrai ma promesse ce soir. »

Effectivement, l'ex-duc de Valois passa la nuit avec celle qu'il avait sauvée du poignard des *assassins*, laquelle le remercia toute la nuit en l'appelant son libérateur.

Plus tard, quand la belle Théroïgne apprit, par la confession de l'un des compères qui avoua tout au tribunal révolutionnaire, comment les choses s'étaient passées, elle lui donna un nom un peu moins flatteur.

En apprenant ce qu'il y avait de vrai dans l'acte de *grand citoyen* d'Egalité fils, la citoyenne de Méricourt jura même de se venger, et elle allait se rendre sur le champ de bataille à cet effet, où se trouvait alors son trop rusé amant ; mais il était trop tard. Au moment où elle se disposait à partir, on vint lui dire que la maison Égalité père et fils venait de faire banqueroute. Que le père était en prison, et que le fils venait de passer à l'ennemi, non seulement avec armes et bagages, chose qui entraîne la peine de mort si je ne me trompe, mais encore avec la *caisse* du régiment.

— Les d'Orléans ont toujours aimé à sauver la *caisse*, quand ils n'ont pas été trop pressés pour le départ.

A quoi tiennent les destinées d'un grand peuple, d'un puissant empire?... Peut-être est-ce au résultat de ce simulacre d'assassinat, auquel est dû la dissimulation perpétuelle de milord Philippe? cette *sublime* dissimulation, qui fit perdre la couronne à ses *cousins,* et qui compromit tant la dignité et l'honneur national, tout en conduisant plusieurs fois la France à la guerre civile et à la veille de perdre sa nationalité, son indépendance, la société et la religion.

Qui sait s'il ne fût pas devenu honnête homme, si le soi-disant assassinat convenu entre le jeune prince et ses créatures n'eût pas atteint le but qu'il se proposait? Un insuccès l'eût peut-être fait entrer dans la voie de l'honneur et de la vertu.

Je le répète, j'aurais voulu ne pas mêler une amourette avec l'intérêt public; mais deux raisons me l'ont fait faire.

La première était pour démontrer que, si milord Philippe était jeune prince en 93, il était dans la force de l'âge comme homme madré; que ses *précepteurs* en général et madame *de Genlis* en particulier, en avaient fait un homme vieux en expérience et en ruse, dès sa plus tendre jeunesse. Que, comme les *précepteurs* et la *nièce* du Mazarin pour Louis XIV, ils l'avaient fait arriver à l'âge viril avant l'âge où les autres enfants entrent dans celui de l'adolescence. Car rien n'instruit mieux les enfants de princes, ni ne les mûrit si vite, que de leur donner gouverneur et gouvernante pour faire leur éducation : — témoin Louis XIV qui, *son despotisme et ses maîtresses à part, gouvernait bien la France et savait la faire respecter* à l'âge de dix-neuf ans. Qu'on ne dise donc plus que milord Philippe était trop jeune quand arriva la Révolution ; parce que si, au lieu d'avoir du sang du frère de Louis XIV dans les veines, ou du sang d'un des amants de *Madame* comme on veut le dire, il avait eu de celui du roi lui-même, il n'aurait pas été toujours ou trop jeune ou trop vieux. Sa conduite n'eût pas été, durant toute sa trop longue carrière, un tissu de honte et de désastres pour sa mère-patrie.

La seconde raison, c'est l'analogie que l'on voit dans le *libérateur* de la citoyenne de Méricourt et le *sauveur* de la France de 1830. Quoique aucun des compères de cette dernière époque n'aient *mangé le morceau*, comme on dit en prison, rien ne prouve que le prétendu *sauveur* de 1830 n'ait pas été le principal moteur de la catastrophe de Juillet. Au contraire, tout démontre que cette horrible boucherie était préparée de longue main entre ses *illustres* compères et lui, comme il fut prouvé en 93 que l'assassinat de 92 était convenu entre le jeune prince et ses viles créatures.

Ainsi que d'un certain de Vardes, qui voyait de *très près* son *arrière-aïeule*, d'après l'histoire, et qui passait pour le plus perfide et le plus abominable de tous les hommes, on en dira autant de la vie publique de milord Philippe, quand on aura un peu examiné encore quelques uns de ses actes de *grand citoyen* dans le chapitre suivant. La bande de compères ne pourra pas les attribuer à des étourderies de jeunesse; les années, l'expérience des malheurs, tout y était quand ils ont été faits.

Nous ne le suivrons point pas à pas depuis sa désertion déshonorante jusqu'à sa fuite honteuse; ce serait s'entretenir trop longtemps avec les Cosaques. Nous citerons seulement quelques faits principaux concernant son prétendu repentir sur ce qu'il appelait judicieusement : « *Ses égarements de jeunesse.* » Nous donnerons la copie de quelques écrits de lui, et arriverons vite à 1830, époque à laquelle a commencé le troisième fléau orléaniste, et il faut l'espérer, le dernier.

CHAPITRE VI.

Du troisième fléau de l'Orléanisme.

DES *égarements* DE LA MATURITÉ ET DE LA VIEILLESSE DE MILORD PHI-
LIPPE OU LA SUITE DE CE QUI CONSTITUAIT CHEZ LUI ACTES DE GRAND
CITOYEN. — DES TROIS CONDUITES QU'UN PRINCE DOIT AVOIR POUR SE
FAIRE UN PUISSANT PARTI. — DE LA MANIÈRE DONT UN D'ORLÉANS
PROUVE SA RECONNAISSANCE.— DES MANGEURS DE LIMES D'ACIERS —
DE CE QUE LES MAUVAISES LANGUES APPELLENT UN GOUVERNEMENT DE
HONTE ET D'OPPROBRE. — DES DÉPUTÉS ANGLAIS QUI SIÉGEAIENT AU
PALAIS-BOURBON. — DE LA POLITIQUE SECRÈTE DE MILORD PHILIPPE.—
DE LA DYNASTIE QUI EST MIEUX QU'UNE MONARCHIE CONSTITUTION-
NELLE. — DU GRAND PROTECTEUR DE LA PRESSE ET DE LA BONNE
MANIÈRE DE FAIRE TAIRE LES ÉCRIVAINS. — DE CE QUE SAVAIT FAIRE
LE MEILLEUR DE TOUS LES GOUVERNEMENTS. — DES HOMMES AUXQUELS
UN GOUVERNEMENT PRÉSIDÉ PAR UN PRINCE D'ORLÉANS PEUT CONVENIR.

« Louis-Philippe d'Orléans, dit M. Sarrans, fit pen-
» dant vingt ans tout ce qu'il est humainement possi-
» ble de faire pour obtenir le pardon de ce que S. A.
» S. appelait *les égarements de sa jeunesse.* Instruit par

» sa mère que le cœur de Louis XVIII n'était pas in-
» sensible au *repentir* de son cousin,» — *il était propre
le repentir,* — « le duc d'Orléans n'avait point balancé
» à s'éloigner d'une famille américaine qui avait choyé
» son malheur,» — il paraît que la reconnaissance
fut toujours chez lui une grande *religion,* — « et dans
» le sein de laquelle l'hymen allait resserrer les liens
» de l'hospitalité et de la reconnaissance. Rentré en
» Europe, gracié par sa famille et admis pour deux
» mille livres sterling dans la répartition des secours
» que la Grande-Bretagne accordait à la royauté dé-
» trônée, Monseigneur le duc d'Orléans s'évertua à
» prouver la vérité de ses regrets et de son repentir.»
Il paraît qu'il a toujours su prouver la *vérité* avec le
mensonge ; si ce n'est pas de la vertu, c'est de l'astuce.
C'est déjà quelque chose. — « Dès ce moment, sa
» conversion aux doctrines de la légitimité devint
» aussi ardente que son amour pour les idées révolu-
» tionnaires avait été passionné. Se repentir haute-
» ment, parut pour lui un besoin de chaque jour.» —
Il est si facile de simuler toute chose quand on a un
grand génie! — « Il se repentit dans la cathédrale de
» Palerme, où, en recevant la main d'une princesse na-
» politaine, il jura foi et hommage à la contre-révo-
» lution ; il se repentit en 1806 à Londres, en accep-
» tant avec transport l'offre d'un commandement
» dans les armées du roi de Suède, qui avait signé, le
» 3 octobre, un traité avec l'Angleterre, et avait son
» quartier-général à Limbourg ; il se repentit à Cadix,
» en sollicitant un commandement contre les vétérans
» de Jemmapes et de Valmy ; il se repentit à Tarra-
» gone, en signant une proclamation qui appelait les

» soldats du drapeau tricolore à se rallier sous l'éten-
» dard des lis ; enfin, en tout temps et partout, soit
» par ses rétractations, soit par ses actes, Louis-Philippe
» exprima le profond repentir qu'il éprouvait du dé-
» lire révolutionnaire qui l'avait subjugué jusqu'au
» point de lui faire signer une lettre : — *Louis-Phi-*
» *lippe-Égalité, prince français pour son malheur, et ja-*
» *cobin jusqu'au bout des ongles.*»

Il faut convenir que la révolution de 89 avait réduit milord Philippe à une situation fort malheureuse.
Traqué par la République, qu'il avait trompée, rejeté
par sa famille et par la France, qu'il avait trahies
toutes deux, il fut réduit à se faire maître d'école en
Suisse, sous le faux nom de Corby ou de Chabaud-Latour, je ne me rappelle plus lequel de ces deux noms.
Il a changé tant de fois de nom et de masque, qu'on
ne s'y reconnaît plus. Puis, à la suite de cela, il fut
forcé de s'enfuir en Amérique, parce qu'il avait encore
fait, dans sa nouvelle profession, un acte de *grand ci-*
toyen, en voulant perfectionner la fille d'un *chevrier*
dans sa langue à lui. Mais à qui la faute de cette triste
situation ? Qui l'avait forcé de trahir la France, sa famille et la République, ainsi que d'enseigner sa langue
aux jeunes filles à jupon court ? Pourquoi ne s'était-
il pas conduit en homme honorable ?

Enfin, fatigué d'une vie de détresse qui le mettait
dans la nécessité de faire son devoir, pour manger du
pain, et ne plus nuire à sa mère-patrie, il n'en voulut plus. Cette vie n'étant pas assez *patriotique,* il se remit donc à l'œuvre de nouveau.

D'un côté, il promettait formellement à son hôte des
États-Unis de se marier avec sa fille ; de l'autre, il

écrivait au comte d'Artois, devenu Charles X plus tard, pour obtenir son pardon de ce qu'il appelait : « *ses égarements de jeunesse*, » en ayant soin de dire souvent dans ses lettres : *Votre A. R. par-ci, votre A. R. par-là, a le cœur trop noble, le caractère trop généreux, pour se refuser d'intercéder pour moi auprès de son auguste Majesté Louis XVIII, dont la grandeur d'âme et la magnanimité égalent celle de votre A. R., vous jurant que Sa Majesté n'a pas de sujet plus dévoué envers elle ni envers toute sa famille; ni de sujet qui ait plus de désir de verser jusqu'à la dernière goutte de son sang pour assurer le triomphe de sa cause sacrée, etc., etc.* A force de supplications, le comte d'Artois obtint le pardon tant sollicité. On oublia les crimes de la maison Égalité père et fils, et milord Philippe, après avoir prêté serment de fidélité à Louis XVIII, — un d'Orléans avait déjà autant de serments à sa disposition alors qu'un Talleyrand, — dut aux bienfaits de ses cousins, une heureuse retraite en Italie, un commencement de fortune et la main de la princesse Amélie. — La reconnaissance de ces services et de beaucoup d'autres plus importants, ne fut témoignée entièrement à Charles X que trente ans plus tard. Mais il ne perdit rien à l'attente, milord Philippe lui prouva toute la *gratitude* qu'un d'Orléans gardait dans son *noble* et *généreux* cœur. Avant ce temps, Égalité fils n'avait pu donner qu'un aperçu de sa reconnaissance, soit en belles paroles, soit en écrits non moins beaux, comme ceux-ci, par exemple :

« Nous, princes soussignés, frères, neveu et cousin de S. M. Louis XVIII, roi de France et de Navarre,

» Pénétrés des mêmes sentiments dont notre *souverain seigneur et roi* se montre si glorieusement animé dans sa noble réponse à la proposition qui lui a été faite de renoncer au trône de France et d'exiger de tous les princes de sa maison une renonciation à leurs *droits imprescriptibles* de succession à ce même trône, déclarons :

» Que notre attachement à nos devoirs et à notre *honneur* ne pouvant jamais nous permettre de transiger sur *nos droits*, nous adhérons de cœur et d'âme à la réponse de notre roi ;

» Qu'à son illustre exemple, nous ne nous prêterons jamais à la moindre démarche qui puisse avilir la *maison de Bourbon* et lui faire manquer *à ce qu'elle se doit à elle-même, à ses ancêtres, à ses descendants ;*

» Et que, si *l'injuste emploi d'une force* majeure parvenait (ce qu'à Dieu ne plaise !) à placer, de fait et jamais de droit sur le trône de France, *tout autre que notre roi légitime*, nous suivrons, avec autant de confiance que de *fidélité*, la voix de l'honneur, qui nous prescrit d'en appeler, jusqu'à notre dernier soupir, à Dieu, aux Français et à notre épée.

» Wasted-Housse, le 23 avril 1803.

> » L.-Ph. D'ORLÉANS. »

Le premier des Cosaques ne sait pas mieux dire. Pour juger à sa valeur l'homme qui a occupé dix-huit ans le trône de France, après en avoir dépouillé Charles X, pour ensuite *voler* ce trône à la nation, il suffit de *bien peser* chaque *mot* de cette proclamation.

Voici maintenant la lettre que le même *auguste*

prince écrivait le 18 juillet 1804, de Twikenam, à l'évêque de Landoff, au sujet de l'oraison funèbre du duc d'Enghien prononcée à Londres. On pourra voir qu'il était déjà beaucoup plus Anglais que Français à cette époque.

« Mon cher milord,

» J'étais certain que votre âme élevée éprouverait une juste indignation à l'occasion du meurtre atroce de mon infortuné cousin. Sa mère était ma tante ; lui-même, après mon frère, était mon plus proche parent...

» Son sort est un avertissement pour nous tous ; il nous indique que l'usurpateur Corse ne sera jamais tranquille tant qu'il n'aura pas effacé notre famille entière de la liste des vivants. » Quel malheur c'eût été pour la France si lui, milord Philippe, eût perdu la vie alors ! elle n'aurait pas pu avoir *ses dix-huit années de tranquillité et de prospérité toujours croissante !*

» Cela me fait ressentir plus vivement que je ne faisais, quoique ce ne soit *guère possible*, le bienfait de la généreuse protection qui nous est accordée par votre nation magnanime.

» J'ai quitté ma patrie de si bonne heure, que j'ai à peine les habitudes d'un Français ; et je puis dire avec *vérité* que je suis attaché à l'Angleterre , non seulement par la reconnaissance, mais par *goût* et par *inclination.* »

Par *goût* et par *inclination.* C'est laconique , mais c'est clair et péremptoire.

Las de son rôle de dameret, l'ex-roi des 219 Cosaques de Paris prit le désir de faire une fin d'opéra-comique, c'est-à-dire de se *marier en mariage*, comme dit Molière, afin de perpétuer la race des Égalité. Errant un soir dans Palerme, son Altesse vagabonde, avisa une belle princesse sous l'auvent d'un confessionnal, — les *bons sujets* sont généralement touchés par la dévotion et le devoir, — milord Philippe s'approcha d'elle, puis lui offrit son bras pour l'accompagner dans le palais garni où elle habitait. Chemin faisant, il mit respectueusement son *auguste* nom et son cœur sans taches aux pieds de Marie-Amélie. Celle-ci ramassa précieusement ces reliques, et, en arrivant au logis, Ferdinand IV de Naples lui dit *mon gendre.* » Peu de mois après cette première entrevue, la noce était faite, et Égalité fils partageait la couche de la fille légitime d'un roi. Ça le rendit encore meilleur *patriote*, plus *Français*, ainsi qu'on peut le voir par la lettre ci-après, qu'il écrivit l'année suivante aux Cortès de Cadix, représentant Ferdinand VII d'Espagne.

« En acceptant l'honorable mission de combattre avec les armées espagnoles, je remplis, non seulement ce que mon honneur, — *son honneur*, — et mon inclination me dictent, mais je me rends aux désirs de LL. MM. Siciliennes et des princes mes beaux-frères, si éminemment intéressés aux succès de l'Espagne contre le tyran qni a voulu ravir tous ses droits à l'auguste maison dont j'ai aussi l'honneur d'être issu.

» Il est temps sans doute que la gloire des Bourbons cesse de devenir un vain souvenir pour les peuples, — il l'a bien ravalé cette gloire des Bourbons, —

que leurs ancêtres ont tant de fois conduits à la victoire.... Heureux si mes faibles efforts peuvent contribuer à relever et à soutenir les trônes renversés par l'usurpateur, à maintenir l'indépendance et les droits des peuples, qu'il foule aux pieds depuis si longtemps ! Et heureux encore, si je dois succomber dans cette noble lutte, puisque dans tous les cas j'aurai au moins acquis, comme Votre Majesté veut bien me le dire, la satisfaction d'avoir pu remplir mes devoirs et de m'être montré digne de mes ancêtres.

» ...L'Espagne recouvrera son roi, soutiendra les autels et le trône, et s'il plaît à Dieu, j'aurai l'honneur d'accompagner les Espagnols vainqueurs, lorsque, par leur noble exemple et avec leur assistance, leurs voisins les recevront chez eux.

»Palerme, 7 mai 1810.

» Louis-Philippe d'Orléans. »

Il eût été *né prince cosaque* qu'il n'aurait pas pu mieux parler, ni désirer plus de *désastres* pour la France; mais continuons de citer ses écrits, ils valent mieux que tous les commentaires qu'on pourrait faire. En voici encore un qu'il adressa à Louis XVIII, au commencement de 1814 et qui n'est pas moins édifiants que les précédents :

« Sire,

« Est-il possible qu'un meilleur avenir se prépare, que votre étoile se dégage enfin des nuages qui la couvre, que celle du monstre qui accable la France pâlisse à son tour?...

» Que ce qui se passe maintenant est admirable! » — C'était l'invasion étrangère qui était *si admirable!* « Que je suis heureux du succès de la coalition! il est temps que l'on achève la ruine de la Révolution! Mon vif regret est que le roi ne m'ait pas autorisé, selon mon désir, d'aller demander du service aux souverains; » — Jamais Néron n'eût de meilleurs sentiments pour Rome et ses habitants, même quand il fit brûler cette grande cité, pour se procurer le plaisir de voir un beau désastre! — « Je voudrais, en retour de mes erreurs, contribuer de ma personne à ouvrir au roi le chemin de Paris : mes vœux du moins hâtent la chute de Bonaparte, que je, hais autant que je méprise. Qui nous a fait plus de mal que lui, assassin de notre pauvre cousin le duc d'Enghien, usurpateur de votre couronne, qu'il souille de ses crimes? Dieu veuille que sa chûte soit prochaine! Je la demande chaque jour dans mes prières. » — Les d'Orleans ont toujours été *très pieux* et ont toujours beaucoup aimé leurs *pauvres cousins.* Témoins : les vols et les incendies des églises en 93,, le sac et la destruction aussi par le feu de l'archevêché de Paris, sous le bon règne de milord Philippe : voilà pour leur piété. La trahison et l'assassinat de Louis XVI, la trahison aussi et le vol de la couronne de Charles X; ainsi que sa proscription et celle de toute sa famille; puis encore l'assassinat du prince de Condé pour *gagner* cent millions : voilà pour l'amitié des *pauvres cousins et cousines.* Plus que ça *d'amour! excusez du peu.* Deux de trahis, cinq de proscrits, une couronne de France et de Navarre volée, cent millions de *gagnés* à perpétuité et deux d'assassinés dans l'espace de quarante ans seulement, par le père et le fils ou leurs complices. Si ce n'est pas trop ce doit être assez, quand même il leur écrivait en compensation de ce : « — « Dieu *veuille que la* » *chûte de Bonaparte soit prochaine ! Je la demande au* » *ciel chaque jour dans mes prières.* »

Tels étaient les sentiments dont le duc d'Orléans feignait d'être animé envers la France et les *pauvres cousins* pendant plus de vingt ans. Car, aussitôt qu'il eut passé à l'ennemi avec le général Dumourier, qui travaillait avec lui et son père, à construire et à mettre la *belle dynastie* des d'Orléans sur le trône, il ne voulut plus être *Sans-Culotte-Égalité*. Il redevint de suite prince, et manifesta des opinions plus légitimistes et plus royalistes que celles du roi lui-même, qui se croyait pourtant passablement majesté, quand même il n'avait jamais été souverain d'aucun royaume.

Ces sentiments durèrent jusqu'en 1814 ; c'est-à-dire tant que Louis XVIII eut payé toutes ses dettes et lui eut rendu la fortune de son père, qui, par un honteux bilan, avait abandonné tous ses biens à ses créanciers quelque temps avant son arrestation. Je le répète, cet acte de Louis XVIII peut être considéré pour le plus impolitique et le plus anti-national qu'il ait fait dans sa vie. Et, on ne comprend pas, pourquoi ce roi, qui reconnut parfaitement sa faute, car, comme je l'ai dit dans le premier chapitre, on ne put jamais le décider à faire sanctionner son ordonnance par une loi, ni à lui accorder le titre d'Altesse Royale, comme le désirait et le faisait solliciter milord Philippe par toute la famille royale, particulièrement par la du-

chesse de Berry et par Monsieur, il répondait toujours : « Non, je ne le ferai jamais, il est déjà assez
» près du trône, je me garderai bien de l'en approcher
» davantage ; » on ne peut donc pas comprendre pourquoi Louis XVIII ne mit pas sa fameuse ordonnance
à néant lui-même, puisqu'il reconnaissait qu'elle était
dangereuse et funeste pour la France et pour sa
famille ? Cela est un amour-propre plus que déplacé,
et il est absurde pour un roi aussi bien que pour un
simple particulier.

Quand Monsieur devint Charles X, il mit le comble
à la félicité de son cousin en lui donnant, comme nous
l'avons déjà dit précédemment, le titre d'Altesse
Royale, et en faisant sanctionner son apanage par la
loi. Et, dans la crainte que les chambres se refusas-
sent de voter cette *fameuse loi*, qui devait lui coûter
sa couronne, le roi la fit demander avec sa liste civile
et arrangée de telle sorte, qu'on ne pouvait pas la lui
refuser, à moins de refuser aussi sa liste civile. La
reconnaissance du duc d'Orléans ne se fit pas attendre bien des années, comme on sait. Mais revenons à
nos moutons, nous parlerons plus tard de cette reconnaissance.

Enfin, après avoir fait le *sans-culotte* quatre ans, le
soldat deux ans, le légitimiste vingt ans ; voyant qu'il
n'avait pu atteindre son but, dans aucun de ces tra-
vestissements, milord Philippe se fit vrai bourgeois ;
mais bourgeois jusqu'au castor gris inclusivement.

Comme il savait que la fidélité et le dévouement de
Fouché et de Talleyrand étaient pour le prince qui leur
donnait le plus d'argent, il se mit en rapport et à
intriguer avec ces deux *illustres* personnages, dès

1814. Puis il commença à donner des preuves de sa *reconnaissance* aux *cousins*, — qui l'avaient non seulement sorti de la misère par leurs aumônes princières, mais encore qui l'avaient immensément enrichi par leur munificence royale, — en adressant au congrès de Vienne, deux mémoires explicatifs des causes qui avaient amené le renversement de la maison des Bourbons aîné en 1789 et en 1814. Son ami Talleyrand, — qui avait un *toupet* non moins pyramidal qu'un *prince-citoyen*, — fit si bien germer les vues et qualités de ce dernier, dans l'esprit de l'empereur Alexandre, qu'à force d'adroites insinuations, le czar proposa un jour le duc d'Orléans pour présider aux destinées de la France.

Quoique les Cents-Jours fussent là pour prouver l'incapacité des Bourbons, cette proposition frappa tout le monde de stupeur. Lord Clancarty surtout, s'indigna contre de telles prétentions et traita le duc d'Orléans horriblement mal. Alors le congrès décida qu'il n'encouragerait pas la coupable ambition trôneuse de *fifi* Égalité.

Quand Talleyrand vit qu'il échouait, il changea de vues avec sa dextérité, digne d'un d'Orléans ; puis il écrivit à Louis XVIII pour lui dénoncer cette conspiration diplomatique, en ayant soin de ne pas dire qu'elle était tramée aussi par *lui-même*. — Les gens *honorables* ont tant de *génie !*...

En apprenant la démarche du duc d'Orléans, le roi manifesta une vive indignation et expédia immédiatement à Madame la duchesse d'Angoulême, qui était à Londres, l'ordre de surveiller les entreprises du duc d'Orléans qui y était aussi, lui recommanda de combattre son influence sur l'esprit du Régent, qu'on savait lui porter quelque intérèt, dû au souvenir des *grandes orgies,* où le prince de Galles et le père de milord Philippe avaient eu *l'honneur* de se plonger ensemble autrefois. Inutile de dire que ce dernier nia tout et protesta pour la mille et unième fois de sa fidélité et de son dévouement. Comme il n'y avait que les mémoires qu'il avait adressés au congrès de Vienne qu'il ne pouvait nier, il dit qu'on l'avait mal compris, que sa fidélité, etc. Quoiqu'il avait eu soin de ne pas se compromettre dans ses mémoires, il ne pouvait y avoir que des cousins trop bons et trop bêtes en même temps, capables de s'y méprendre. Aussi, il paraît que Louis XVIII ne s'en rapportait plus du tout à son *grand* dévouement.

Mais voyant qu'il n'avait subi aucun châtiment de cette nouvelle trahison, il continua ses menées souterraines et son rôle de *bon bourgeois,* avec une adresse et une ruse à faire envie à Judas lui-même. A la cour, les affaires publiques, le gouvernement d'un État surtout, lui étaient antipathiques ; la charge du roi de France lui paraissait tellement lourde, que pour rien au monde il n'eût voulu l'occuper. Son goût, sa passion, était la vie privée, commerciale et financière. Et, pour que personne ne pût en douter, il mettait en pratique sa théorie cette fois. Donc il était sincère. Effectivement, dans son rôle de bourgeois, il paraît qu'il était sincère.

Pendant toute la Restauration, il fut prince-banquier à la petite semaine, brocanteur de terrains, processif et spéculateur éhonté. Et tous le *bons bourgeois* de dire combien il ferait un bon roi !...

A ces grandes qualités et à celle du chapeau gris,
il faut encore ajouter qu'il mettait, comme je l'ai déjà
dit, sa progéniture au collége et achetait des socques
à Mme Amélie. Voilà quelle était sa conduite connue
de tout le monde.

Mais, pour être *grand prince - citoyen*, il faut
avoir au moins trois *conduites réglées* et bien différentes, dont deux ne soient connues que par quelques
personnes seulement, c'est-à-dire l'une par les *cousins* et l'autre par les *compères* ; du moins milord Philippe le comprenait ainsi, comme on va le voir.

Il groupait autour de lui non seulement les vrais et
les faux patriotes de 89, ainsi que les serviteurs de
l'Empire, mais encore tous les hommes un peu notables qui tombaient dans la disgrâce de la Restauration. Il exhumait les souvenirs historiques, décorait
ses salons des couleurs d'Austerlitz et de Marengo ;
demandait aux pinceaux des maîtres les grandes scè-
nes de Révolution ; recueillait dans son cabinet les
mécontents de toutes les époques et de tous les drapeaux ; parlait sans cesse des événements auxquels
son nom se mêlait et ne manquait pas de souscrire
pour les enfants du général Foy. Et tout cela, dans
le seul but d'instruire ses fils. Dans ses épanchements
intimes avec les chefs de l'opposition qu'il recevait en
secret, il attaquait vigoureusement le gouvernement,
et blâmait sévèrement la marche qu'il suivait.—Quand
il recevait ces chefs publiquement, — chose qui lui
arrivait fort souvent, — il allait lui-même raconter à
la cour ses entrevues avec ses compères, tournait ces
derniers en ridicule devant le roi, riant beaucoup de
ce qu'il appelait *leurs utopies*, félicitant le roi sur la

bonne politique de son gouvernement, et promettant à Sa Majesté de la tenir toujours au courant de ce qui se passerait entre lui et *ces sots* qui voulaient *singer* les *hommes d'État* et qui n'y *connaissaient rien*. Et, lorsqu'il se retrouvait en tête-à-tête avec les autres vampires, on recommençait à déplorer en commun les tentatives que le gouvernement en général, le roi et les princes royaux en particulier, faisaient contre les libertés publiques et le principe sacré de la révolution de 1789, ayant soin de faire toucher du doigt les sinistres projets de la cour, de la contre-révolution. Puis, il retournait au château, se confondait en expressions de dévouement, paraissait profondément pénétré des prévenances de la branche aînée, se confondait à témoigner ses sentiments pour le roi et toute la royale famille, par des démonstrations vives et multipliées, portait la main sur son cœur et levait les yeux vers le ciel, comme pour implorer la protection divine, à chaque toast au roi, poussait son hypocrite perfidie à un tel point, qu'il lui arrivait souvent, — quand il dînait avec Sa Majesté, — de s'écrier tout-à-coup : *Vive le Roi !* comme étant mû par un sentiment tellement puissant, que ce sentiment le mettait dans l'impossibilité d'attendre le moment de l'étiquette. Telle était la comédie de l'*auguste* majesté de Juillet sous la Restauration.

Cette infâme comédie durait depuis seize ans ; elle était connue de tout le monde, *des cousins excepté,* quand 219 charlatans *illustres*, des plus renommés, vinrent imposer à la nation, et camper sur le trône de France ce prince du charlatanisme, de la trahison et de l'infamie!... Merci *illustres* ! grand merci les bons compères! On vous est bien reconnaissant d'un si beau cadeau. Si vous avez encore un prince, fils d'un traître, d'un accapareur de blés, d'un rigicide, d'un incendiaire, d'un commandant de voleurs et d'assassins, qui ait aussi applaudi son bon père dans ses crimes, qui ait lui-même trahi sa patrie et son roi ou son empereur plusieurs fois, puis abandonné son drapeau, passé à l'ennemi avec armes et bagages, et demandé plusieurs fois encore à combattre contre ses anciens frères d'armes, contre son pays, veuillez le mettre sous cloche et bien nous le conserver. Ces princes là font de si bons rois!!!

Non, mille fois non, nos petits enfants ne voudront pas croire à notre histoire; car, je le répète, il faut déjà l'avoir vue pour ne pas en douter.

A présent que nous avons vu ce simulacre d'étroite union, qui paraissait si bien cimentée par les aumônes généreuses et toujours réitérées de la branche aînée et par la reconnaissance enthousiaste du duc d'Orléans, pendant seize ans, — puisque les Cosaques de l'intérieur ont l'impudence d'oser dire encore que *l'orléanisme* c'est la *France*, le *progrès* et le *bien-être* des *classes laborieuses,* — voyons un peu la conduite de milord Philippe, depuis son entrée à Paris, qui eut lieu le 30 juillet 1830, jusqu'au déguisement de sa blouse, en 1848.

Comme je ne suis pas entêté et que je suis Français avant tout, si cette conduite a été celle d'un homme de cœur et d'honneur, s'il a eu une politique plus nationale et plus honorable que celle de S. M. Napoléon III, non seulement je me rallie à la faction de l'orléanisme et de la fusion-confusion, mais encore je deviens aussi conspirateur, cosaque et tout ce que l'on voudra. Mais si le contraire m'est prouvé, je reste bonapartiste et je combats les vampires jusqu'à la mort. Car, lorsque la ville est assiégée, le foyer domestique, pour tout homme, même à moitié valide, doit être un rempart. Mais revenons au *bon roi trop paternel.*

Apprenant le 30 Juillet que le peuple parisien était sorti victorieux de la boucherie organisée par lui, milord Philippe et les autres vampires, que ces derniers, à force d'or et d'argent distribués au quasi-illustres de la lie du peuple et aux forçats libérés, étaient parvenus à faire crier : *Vive le duc d'Orléans!* dans plusieurs rues ; il se décida dans la nuit, à quitter Neuilly et à se rendre à Paris, où il fit son *entrée* triomphale vers minuit. Il était à pied, vêtu en *vrai* échappé de galère et accompagné de trois personnes seulement. Nul ne pourrait dire les sentiments qui agitaient l'âme noire de cet *auguste* prince, lorsqu'il s'acheminait ainsi dans l'ombre, vers son palais? Quoique son corps se fatiguât beaucoup à franchir les barricades, son esprit ne se fatiguait pas moins à songer à ce qu'il devait faire, afin de n'être, en aucun cas, dans une position compromettante, s'il ne pouvait parvenir à consommer le vol qu'il préméditait depuis si longtemps et pour lequel il venait de faire tant répandre de sang !!!

Quand il eut répondu pour la dernière fois au *qui vive* des sentinelles de l'insurrection, il s'empressa d'envoyer l'un de ses compagnons complimenter le général Lafayette ; puis un autre, annoncer son arrivée à son ami Jacques Laffitte ; et enfin, le troisième, chez

M. le duc de Mortemart, — lequel il savait être censé
l'exécuteur testamentaire de la vieille monarchie, —
pour le prier de se rendre de suite chez lui, au Palais-Royal.

M. de Mortemart ne se fit pas attendre ; un instant
après l'arrivée du prince, il était introduit dans les
combles du Palais-Royal. Il trouva milord Philippe
couché sur un matelas étendu par terre, le corps un
peu enveloppé d'une mauvaise couverture, ressemblant plutôt à un *sans-culotte* qui manque de pantalon
ou à un guérillas espagnol blessé, qu'à un prince français riche à deux cents millions. — Pour être déjà
bien déguisé alors en *démocrate-socialiste très avancé*,
il ne lui manquait que sa blouse et son *robinson* de
première grandeur dont il s'est affublé en 1848. —
D'après ce qu'en a dit M. Mazas, secrétaire du duc,
voici comment s'exprima le *très auguste* et *très fidèle*
prince d'Orléans.

« Duc de Mortemart, si vous voyez le roi avant moi,
dites-lui qu'ils m'ont amené de force à Paris, mais que
je me ferai mettre en pièces, plutôt que de me laisser poser la couronne sur la tête ! Le roi mon *maître*
a trop fait pour moi, pour que j'oublie *jamais* ce que
je lui dois!!! »

Le duc de Mortemart n'aimait pas trop la royauté
mourante ; mais comme cette royauté s'était confiée
à sa loyauté, il la défendit en homme d'honneur jusqu'à son dernier soupir. Ayant remarqué un feu som-
bre briller dans les yeux du *prince-citoyen-anglais*,
ainsi que des gestes qui trahissaient une singulière
exaltation, il lui répondit :

— « Monseigneur, on crie dans la ville : *Vive le duc d'Orléans !* Ces cris vous désignent !...

— » Il n'importe, reprit le *cousin fidèle*, je sauverai la ville de l'anarchie, mais, je vous le répète, je ne *serai jamais son roi !...* »

Son roi légitime, légalement élu, non ; car ni lui ni ses compères n'eurent le courage de consulter la France, ni même la ville de Paris, mais son roi bâtard, son simulacre de roi, *sic*.

Pendant que le duc de Mortemart s'entretenait avec le futur faux roi, Charles X causait tristement à Saint-Cloud avec son confident, le général de Champagny. Ce général lui développait un plan, qui aurait pu préserver la nation peut-être de ses dix-huit années de pillages, si ce plan eût été mis à exécution.

Il s'agissait de se rendre à Orléans ; de là, gagner ensuite les provinces royalistes du Midi, puis de soulever celles de l'Ouest. C'est vrai que c'était embraser tout le pays ; mais n'était-ce pas préférable que de le livrer aux brigandages *honnêtes* des *bons* Orléanistes? Le vieux général proposait pour commander les mouvements le dauphin, MM. Oudinot, Marmont, Bourmont et Coëstloquet. Le roi s'étonna de ce que M. de Champagny ne parlait pas du duc d'Orléans, pour diriger aussi cette expédition, car il avait la bêtise non seulement de le croire fidèle et dévoué, mais encore soldat.

— « Sire, lui répondit le général, laissez-moi vous parler à cœur ouvert : je me méfie de votre cousin ; c'est un homme faux, ambitieux, perfide.

— « Vous vous trompez, Monsieur, interrompit vivement Charles X, le duc d'Orléans est un parent fidèle...

— « Non, Sire, je ne me trompe pas; si vous n'acceptez pas mon plan, avant quarante-huit heures vous serez obligé de fuir... Rappelez-vous Louis XVI et Philippe-Égalité!... Vous savez comme le traître l'a piqué tous les jours, toutes les heures, toutes les minutes, d'un coup d'épingle à quelque place inattendue!... Il lui a enlevé sa femme et il les a torturés tous les deux; il avait un enfant, il l'a torturé avec son enfant. C'était un monstre... Si vous vous fiez à son fils, vous êtes perdu.

— « Hélas! soupira le vieux roi, si le peuple savait ce que je souffre!

— « Sire, les d'Orléans n'ont pas d'âme! ils ont refusé un crucifix à Louis XVI, qui le leur demandait avec une voix qui eût attendri un démon!... Croyez-moi...

— « Assez, assez, général, je vous l'ordonne, » dit le roi tout en pleurs. Le vieux général obéit à regret et par déférence pour Charles X, il ne dit plus rien.

Le roi ne pouvait pas croire qu'il pouvait y avoir sur la terre, même dans les plus criminels des *grands criminels,* un être assez infâme pour se rendre coupable d'une si monstrueuse ingratitude que celle dont on lui parlait vis-à-vis du duc d'Orléans. « Non, disait-» il, il n'y a pas d'hommes sur terre, auquel j'aurais » seulement fait le quart de ce que j'ai fait pour mon » cousin, qui voudrait me trahir, même pour la cou-» ronne du monde entier : donc le duc d'Orléans ne » voudrait pas me prendre ma couronne; il m'a » trop de reconnaissance et m'est trop dévoué,

» pour les grands services que je lui ai rendus depuis
» quarante ans. Il sait bien que je ne lui ai jamais
» rien refusé depuis lors, ne parlez donc plus ainsi
» de lui, Messieurs, c'est le calomnier. »

On ne parla plus de rien ni on adopta aucun plan,
et il se trouva un homme juste assez ingrat et assez
perfide pour faire ce que Charles X ne pouvait
croire.

Le 31 juillet, milord Philippe reçut, dès le matin, la
députation des députés au Palais-Royal. Poussé par le
général Sébastiani, Laffitte et Talleyrand, ses meilleurs compères, il accepta la lieutenance-générale du
royaume, en ayant l'air de se faire violence, et il fit
enfin connaître cette acceptation par la proclamation
suivante :

« Habitants de Paris,

« Les députés de la France, réunis en ce moment à
Paris, ont exprimé le désir que je me rendisse dans
cette capitale, pour y exercer les fonctions de lieutenant-général du royaume.

— Il mentait en disant cela, les députés n'avaient
rien exprimé. —

« Je n'ai pas balancé à venir partager vos dangers,
à me placer au milieu de cette héroïque population,
et à faire tous mes efforts pour vous préserver de la
guerre civile et de l'anarchie. En rentrant dans Paris,
je portai avec orgueil ces glorieuses couleurs que vous
avez reprises, et que j'avais. moi-même, portées. — *Et
déshonorées* il aurait dû ajouter.

» Les chambres vont se réunir; elles aviseront aux

moyens d'assurer le règne des lois et le maintien des droits de la nation.

« La Charte sera désormais une vérité. »

« Louis-Philippe d'ORLÉANS. »

Cette proclamation, qui n'est qu'un tissu de mensonges depuis le premier mot jusqu'au dernier, fut reçue avec enthousiasme par les compères et les imbéciles. Milord Philippe venait partager les dangers quand il n'y en avait plus, et se placer au milieu de l'héroïque population pour recueillir le fruit du sang qu'il venait de faire répandre, par suite des conseils intéressés qu'il avait donnés à Charles X. Mais, à cette époque, sauf quelques républicains qui comprirent la chose, quasi tous les Parisiens étaient presque aussi bêtes brutes que les Cosaques du Don.

Voyant que les mensonges stipulés dans sa proclamation avaient produit l'effet voulu, milord Philippe donna des ordres aux chefs de sa bande pour qu'ils eussent à faire organiser la claque sur son passage, disant qu'il allait se rendre à l'Hôtel-de-Ville et qu'il suivrait tel itinéraire. Il recommanda de faire crier aussi : Vive M. Laffitte.

La claque qui était beaucoup mieux payée que celle des théâtres et mieux organisée aussi, attendu qu'elle avait des généraux qui la dirigeaient, se trouvait à son poste un instant après. Un des aides-de-camp du général en chef commandant la claque fut envoyé au Palais-Royal, pour dire à milord Philippe que tout était prêt. Pressé de partir vite par quelques hommes impatients de leur rôle obscur, qui brûlaient d'agrandir leur fortune en s'essayant à la vie publique, milord Philippe semblait se faire violence pour se rendre où il aurait voulu déjà tant être arrivé. Comme à la cour de l'aveugle Charles X, la semaine précédente, là aussi il se mit à parler de son goût pour la vie privée, de son éloignement pour les splendeurs de la royauté.

— « *Voyez-vous mes amis, ajouta-t-il pour le bouquet, je sens en moi un vieux sentiment républicain qui me crie de refuser la couronne !* »

Tout le monde fut dupe de ces hypocrites paroles ; et chacun de se faire remarquer auprès du prince désintéressé par un empressement grostesque !... Vraiment l'histoire nous instruit plus par son côté comique que par son côté tragique.

Enfin, le cortége se mit en marche. Milord Philippe se montra à la foule, cette foule remplie de probité et d'honneur, qui devait être quelques années plus tard nommée *vile multitude* par ses créatures,— avec M. Laffitte, — ce même Jacques Laffitte qui, peu de temps après, disait du haut de la tribune législative : « *Je dois demander pardon à Dieu et aux hommes* » *d'avoir contribué à la révolution de Juillet !...* »

Cette qualification de *vile multitude*, donnée aux honorables travailleurs, par un des plus chauds partisans de la fameuse dynastie d'Orléans, et cette confession publique, ce grand repentir de M. Laffitte, doivent fixer les classes laborieuses sur ce qu'elles ont à faire, quand les vampires ou leurs créatures tournent en ridicule le gouvernement actuel et conseillent la révolte, pour replacer un d'Orléans sur le trône.— Milord Philippe se montra donc avec M. Laffitte, et

aussitôt la claque se mit à hurler : « *Vive le duc d'Or-*
léans ! vive M. Laffitte! »

— Cela ou rien, dit le banquier à son *ami* le
prince-citoyen.

— Eh! oui, cela ne va pas mal! répondit celui-ci.

Pourtant, malgré la claque bien organisée et l'enthousiasme salarié qui les suivaient, le duc d'Orléans
paraissait fort peu à son aise parfois. C'est qu'il voyait
de temps à autre des visages sinistres, au cœur patriotique qui étaient apostés au coin de quelques
rues, dont les gestes étaient peu rassurant pour sa
vie. Il voulait bien voler la couronne, mais il ne voulait que cela ; il lui paraissait superflu de discuter
sur ses droits. Un jeune écrivain de talent avait deviné
les intentions d'Égalité fils ; aussi il lui préparait
une terrible réception ; mais heureusement, — car il
est toujours mal d'assassiner même les grands criminels, — mais heureusement qu'au moment où il allait
l'immoler, il ne put accomplir son meurtre : on avait
déchargé son pistolet.

Dans l'intérieur de l'Hôtel-de-Ville, l'indignation
était à son comble. M. Benjamin Constant et le général
Lobeau la partageaient. « Je ne veux pas plus de ce-
» lui-ci que des autres, s'écria ce dernier, c'est un
» Bourbon!» Mais il ne tarda pas à devenir moins difficile et même très zélé pour le *prince-citoyen*. Ce dernier était si bon et savait si bien faire!...

En voyant les bonapartistes et les démocrates frémir
d'indignation, milord Philippe s'avançait, craintif et
pâle comme un spectre, à travers ces démonstrations
redoutables. S'il eût été certain d'avoir la vie sauve
dans une retraite, il n'eût pas hésité à s'en retourner,

mais comprenant qu'il y avait pour le moins autant de danger pour sa vie en rétrogradant, il continua d'avancer et de faire bonne contenance. Les cris de mort qui avaient salué d'abord son entrée cessèrent. Introduit ensuite par M. de Lafayette dans la salle où était réuni l'état-major, quelques combattants versèrent des larmes de rage, mais ne dirent rien, ils estimaient trop le général Lafayette. Voyant que cela prenait tournure, le général et le duc se montrèrent tous les deux aux fenêtres donnant sur la place, laquelle était couverte d'hommes encore armés. Là ils s'embrassèrent, après quoi le général remit entre les mains d'Égalité le drapeau tricolore. Sur ce, les chefs de claque tous réunis sur la place, se mirent à hurler de plus belle : « *Vive le duc d'Orléans !* » à claquer des mains, sans compter les imbéciles qui aidaient, comme si ils eussent su ce qu'ils faisaient, ainsi que cela se voit ordinairement en pareille circonstance. A partir de ce moment, on put dire que la farce était jouée. Les règnes de gloire et de dignité de l'Empire et de la Restauration disparaissaient, pour laisser tranquillement s'installer le règne du vol, de l'iniquité, de la corruption et de la tyrannie des hommes d'argent, des charlatans, des vampires, et des cosaques de l'intérieur.

Cet enthousiasme, moyennant salaire, et le contact du général Lafayette, remirent le toupet de milord Philippe dans son état normal, mieux que n'aurait pu le faire son coiffeur. Il rentra dans la salle des notables avec un aplomb parfait, où il reçut une harangue et des félicitations de quelques futurs ventrus pritchardistes, qui s'étaient rendus là pour commencer leur courtisannerie et faire du zèle. Il leur répondit par les paroles suivantes :

« Comme Français, je déplore le mal fait au pays et » le sang qui a été versé. Comme prince, je suis heu- » reux de *contribuer* au *bonheur* de la *nation!* »

Et allez donc grosse caisse : *dzing ! dzing ! dzing ! zing ! zing ! zing !*... *baoum ! baoum ! baoum, ba ba baoum !*...

Avec cette assurance, née d'un premier succès, dès qu'il fut rentré au Palais-Royal sans accident, milord Philippe eut foi en lui-même et dans l'avenir de ce qu'on ose encore appeler sa dynastie, comme si la France avait été appelée à faire cette dynastie. — Vraiment, j'ai presque envie de me fabriquer aussi une dynastie. Comme je puis prouver que les Descha-vanne-Binot avaient les cheveux blancs, quand les d'Orléans n'avaient pas encore fait leurs dents de lait, cela doit me donner un certain prestige pour trouver aussi deux ou trois compères dans toute la France. Il faudra voir dans quelque temps à me construire une dynastie. Pourquoi ne réussirai-je pas aussi ? Milord Philippe n'a-t-il pas réussi ?

Enfin, convaincu de l'imbécilité publique ; comp-tant sur la bassesse qui pousserait vers lui les am-bitieux, sur la foule qui ne demandait qu'à se laisser dominer par une coterie et une servitude nouvelle, pourvu que cette coterie employât des mots nou-veaux et bien dits, il envoya partout ses compères vanter son patriotisme et surtout son républicanisme ; parce qu'il les craignait et les considérait comme ses mortels ennemis. — Il paraît qu'il sentait déjà que, tôt ou tard, ces Messieurs finiraient par lui faire la *toute petite niche* de 48. Quant aux partisans de Napoléon II, — lequel avait plus de droit au trône de France que cent mille familles de d'Orléans réunies, — il ne les craignait pas, il connaissait la recette pour les attirer à lui, en attendant que ce prince fût empoisonné.

S'étant ressouvenu qu'on avait dit à l'Hôtel-de-Ville qu'on ne voulait point de lui, parce qu'il était un Bourbon, il fit afficher partout des proclamations, dans lesquelles on lisait : « *Le duc d'Orléans n'est pas un Bourbon ; c'est un Valois.* »

Maria Stella dit bien dans ses mémoires que milord Philippe n'est ni un Bourbon ni même un d'Orléans ; mais elle ne dit pas qu'il soit un Valois non plus. Elle assure que c'est je crois le fils d'un portier *peu auguste* d'Italie qui fut échangé par son *très auguste père* dans un voyage qu'il faisait dans ce pays avec Madame la duchesse d'Orléans, qui accoucha d'une fille, pendant ce voyage : comme le père était un *très honnête homme*, on ne peut pas trop croire que cela soit vrai. Quant à moi je n'en sais rien.

Voyant que presque toute la notabilité des deux chambres croyait à son hypocrisie et à ses mensonges, il se fit amener les chefs du républicanisme par un petit homme obscur qui devint ensuite plusieurs fois son ministre et un de ses meilleurs débitants d'orviétan. Ces chefs étaient MM. Thomas, Bastide, Carrel, Godefroi Cavaignac, Boinvilliers, Chevalion et Guinard. Ces Messieurs, qui avaient dit-on alors une intelligence supérieure et un grand patriotisme, repoussèrent avec dédain les paroles empruntées à la plus vulgaire habileté, ainsi que les offres que milord Philippe leur

prodigua à foison. Il leur parla avec un injurieux mépris de la Révolution, louangea beaucoup son père
et le Régent, leur assurant qu'ils avaient été calomniés. Puis revenant sur sa *gratitude* pour la branche
aînée des Bourbons, il s'écria :

« Quant à notre rivalité elle est longue et terrible;
» une barrière infranchissable nous sépare... Vous
» savez ce que sont les haines de famille? Eh bien
» celle qui divise la branche aînée de la branche ca-
» dette des Bourbons ne date pas d'hier : elle
» remonte à Philippe, frère de Louis XIV. » — Que
doit-on penser de bien d'un homme qui tient un raisonnement semblable, quand la veille, il en a tenu un
comme celui que nous avons vu plus haut avec M. le
duc de Mortemart ?

Charles X, apprenant ce qui se passait, eut la sottise
de croire à la reconnaissance de milord Philippe :
« J'ai toujours été si bon pour lui, disait ce vieillard
» infortuné, il est chevalier de mes ordres: donc tout
» ce qu'il fait ne peut être que dans mes intérêts ainsi
» qu'il l'a dit lui-même aux messagers que je lui ai
» envoyés. Les circonstances le forcent de faire sem-
» blant de travailler pour lui, mais il est tout dévoué
» à ma famille.

Convaincu de ces sentiments vis-à-vis de son cousin, son obligé, — lesquels sentiments étaient du reste
ceux d'un honnête homme, — *Charles-le-Bœuf* lui envoya l'ordonnance suivante :

« Le roi, voulant mettre fin aux troubles qui exis-
tent dans la capitale et dans les autres parties de la
France, comptant d'ailleurs sur le sincère attache-

ment de son cousin le duc d'Orléans, le nomme lieutenant-général du royaume.

» Le roi ayant jugé convenable de retirer ses ordonnances du 25 juillet, approuve que les chambres
se réunissent le 3 août, et il veut espérer qu'elles ré-
tabliront l'ordre en France.

» Le roi attendra ici le retour de la personne chargée de porter à Paris cette déclaration.

» Si on cherchait à attenter à la vie du roi et de sa
famille, ou à sa liberté, il se défendrait jusqu'à la
mort.

» Fait à Rambouillet, le 1er août.

» CHARLES.»

« Qu'on se garde bien d'attenter à sa vie, dit Égalité
» fils, après avoir pris connaissance de l'ordonnance,
» ça porterait malheur à ma dynastie ; car on a fait
» mourir Charles Ier, roi d'Angleterre, son fils a régné;
» on a fait mourir Louis XVI, et ses deux frères ont
» régné ; tandis qu'on n'a fait que proscrire Jacques
» II et sa famille s'est éteinte sur le continent.» Infâme
buveur de sang ! C'était donc seulement l'intérêt
matériel qui voulait qu'on ne poussât pas le crime
jusqu'à assassiner la famille royale , son éternelle
bienfaitrice !!!... ainsi que Philippe-Égalité père l'a-
vait fait en 93.

M*** aîné, homme *bon et très humain* pour les grandes infortunes, — qui avait dit au commencement de
la lutte : « Les troupes royales l'emportent, c'est fort
» heureux,» — ne voulant pas perdre les bénéfices
d'une amitié qui se faisait royale, conseillait de faire
une réponse insolente au message de Charles X. Mais

il paraît que le moment n'était pas encore venu pour milord Philippe de lever le masque; il fit une réponse *très respectueuse* au roi, lui parla beaucoup de sa *reconnaissance*, de son *dévouement* et de sa *fidélité*. Cela fit encore croire davantage au roi que son cousin était un honnête homme. Cette conviction lui fit envoyer son abdication et celle du dauphin en faveur du duc de Bordeaux.

Dans la soirée du 2 août, Charles X envoya cette pièce au duc d'Orléans par le général de Foissac-Latour. Mais malgré ses instances, milord Philippe ne voulut pas le recevoir, dans la crainte de livrer ses monstrueux desseins, sans doute, à un envoyé de son parent et de son roi. Le général porta l'abdication au duc de Mortemart qui la remit à Égalité fils, qui, après l'avoir lue, sourit ironiquement et refusa toujours de voir M. de Foissac-Latour.

Voici cette pièce :

« Rambouillet, ce 2 août 1830.

» Mon cousin, je suis trop profondément peiné des maux qui affligent ou qui pourraient menacer mes peuples, pour n'avoir pas cherché un moyen de les prévenir. J'ai donc pris la résolution d'abdiquer la couronne en faveur de mon petit-fils, le duc de Bordeaux.

» Le dauphin, qui partage mes sentiments, renonce aussi à ses droits en faveur de son neveu.

» Vous aurez donc, en qualité de lieutenant-général du royaume, à faire proclamer l'avènement de Henri V à la couronne. Vous prendrez d'ailleurs toutes les mesures qui vous concernent pour régler les formes du gouvernement pendant la minorité du nouveau roi. Ici je me borne à faire connaître ces dispositions ; c'est un moyen d'éviter encore bien des maux.

» Vous communiquerez mes intentions au corps diplomatique, et vous me ferez connaître le plus tôt possible la proclamation par laquelle mon petit-fils sera reconnu roi sous le nom de Henri V.

» Je charge le lieutenant-général de Foissac-Latour de vous remettre cette lettre. Il a ordre de s'entendre avec vous pour les arrangements à prendre en faveur des personnes qui m'ont accompagné, ainsi que pour les arrangements convenables pour ce qui me concerne et le reste de ma famille.

» Nous réglerons ensuite les autres mesures qui seront la conséquence du changement de règne.

» Je vous renouvelle, mon cousin, l'assurance des sentiments avec lesquels je suis votre affectionné cousin,

» Charles.

» Louis-Antoine. »

La dernière lettre du duc d'Orléans, envoyée la veille de l'abdication, était si hypocrite, que le lendemain Charles X se confiait entièrement à sa loyauté, ne sachant pas qu'il n'en avait point. Fermé à toute défiance par les dernières protestations de milord Philippe, la pensée de l'ingratitude et de la trahison ne lui vint aucunement à l'esprit.

Avec ses nouvelles protestations de dévouement et de fidélité envers le roi et sa famille, ce qui donnait encore beaucoup de confiance à Charles X vis-à-vis de son cousin, c'était le serment que lui avait prêté milord Philippe peu de temps avant 1830.

En voici la copie :

Serment de Chevalier des Ordres du Roi.

« Je jure à Dieu, en face de son Église, et vous pro-
» mets, Sire, sur ma foi et mon honneur, que je vivrai
» et mourrai en la foi et religion catholique, sans ja-
» mais m'en départir, ni de l'amour de notre sainte
» mère l'Église catholique, apostolique et romaine ;
» que je vous porterai entière et parfaite obéissance,
» comme un bon et loyal sujet doit faire : que je gar-
» derai, défendrai et soutiendrai de tout mon pouvoir
» l'honneur, les querelles et les droits de Votre Ma-
» jesté royale envers et contre tous ; qu'en temps de
» guerre je me rendrai à votre suite, et en paix, quand
» il se présentera quelque occasion d'importance ,
» toutes et quantes fois il vous plaira me mander pour
» vous servir contre quelque personne qui puisse vivre
» et mourir, sans nul excepter, et ce jusqu'à la mort ;
» qu'en telles occasions je n'abandonnerai jamais votre
» personne ou le lieu où vous m'aurez ordonné de ser-
» vir, sans votre exprès congé et commandement, si-
» gné de votre main ; que je vous révèlerai fidèlement
» tout ce que je saurai ci-après importer à votre ser-
» vice, à l'État et à la conservation du présent ordre
» du Saint-Esprit, dont il vous plaît m'honorer, et ne
» consentirai, ni ne permettrai jamais, en tant qu'en
» moi sera , qu'il soit rien innové ni attenté contre
» le service de Dieu, ni contre votre autorité royale...

» LOUIS-PHILIPPE D'ORLÉANS. »

D'après ce serment, les bienfaits et les ordres du
roi Charles X, quel est l'homme sur la terre, même y

compris le sauvage qui vit sans foi ni loi, qui aurait
eu l'impudence de pousser l'infamie jusqu'où milord
Philippe la poussa ? Il n'y en a pas. Ou, s'il y en a,
qu'on me dise si on en trouverait beaucoup en France,
maintenant que la famille d'Orléans n'y est plus.

Prendre la couronne qui appartenait à un enfant
de dix ans, d'après les principes que lui, duc d'Orléans, avait juré maintes et maintes fois de défendre
envers et contre tous, comme il avait accepté, au profit d'un de ses fils, l'héritage du prince de Condé quelque temps auparavant. Puis faire étrangler, dit-on,
cet infortuné prince peu de jours après son usurpation, afin qu'il ne pût pas refaire son testament. Voilà
ce que fit milord Philippe en *reconnaissance* de tout le
bien qu'il avait reçu de la branche aînée. Non, je ne
pense pas qu'il y ait dans l'univers entier un autre
scélérat qui se fût conduit comme lui. Et l'on veut
que les descendants d'un tel prince aient un fort parti
en France!... Il ne faut rien en croire, ce serait une
insulte pour la nation.

Pour atteindre son but, cet homme joua tous les
rôles. Après avoir pris connaissance de l'abdication de
son bienfaiteur, il choisit des commissaires qu'il envoya auprès de Charles X pour lui dire qu'il fallait
que toute la famille royale quittât la France sans re-
tard, ou qu'il ne répondait pas de leur vie. Que le
peuple étant trop courroucé, il avait tout préparé pour
l'embarquement. Et, un instant avant de faire partir
ses commissaires, il avait fait sortir une bande de for-
cenés, salariés par lui, qui couraient les rues en pro-
férant des cris de mort contre la famille royale.

— Vous le voyez, mes amis, disait-il aux commissaires, il n'y a pas de temps à perdre; dites au roi ce que vous avez vu et entendu, il faut qu'il parte vite.

— Mais si la famille royale ne voulait pas partir, que faudrait-il faire?

— Vous la feriez partir de force, il le faut; vous entendez? il le faut.

— Et Henri V, Monseigneur, que faut-il en faire? dit un autre commissaire qui était plus naïf que ses collègues, probablement, ou pas si bien initié.

Henri V est votre roi ! faites en sorte, qu'il ne lui arrive rien de fâcheux. Puis s'approchant du commissaire chargé de tout faire égorger au besoin, si on ne voulait pas quitter la France, milord Philippe lui dit tout bas : « Vous ferez embarquer le duc de Bor- » deaux avec les autres. »

Sur cette réponse : « *Henri V est votre roi,* » sa femme s'était jetée dans les bras d'Égalité en lui disant : « *Vous êtes le plus honnête homme du royaume* » — Si la princesse Amélie a toujours eu cette idée de son *auguste* époux, après le 2 août 1830, c'est une insulte grave qu'elle fait aux Français. C'est dire en propres termes qu'il n'y a pas d'honnêtes gens; que tous sont de grands scélérats.

Quoique le règne de milord Philippe les ait rendus bien mauvais, je ne suis pas de cet avis, il y a encore, Dieu merci, beaucoup plus de bons et d'honnêtes citoyens que de méchants.

Quand les commissaires furent partis, avec l'ordre formel de se débarrasser de la famille royale, par n'importe quel moyen, milord Philippe protecteur fatal de Henri V, envoya au *Courrier Français,* feuille toute dévouée à ses intérêts, l'article suivant qu'il

avait rédigé pour prouver l'illégitimité du duc de
Bordeaux, et aussi, je pense pour mettre le comble à
son infamie. Voici cette pièce curieuse, telle qu'elle.
Qu'on lise et qu'on juge. (*Extrait du Courrier Français du 2 août* 1830.)

» Les propositions que M. le duc de Mortemart est
» venu faire à la chambre des pairs en faveur du duc
» de Bordeaux vont ramener l'attention sur une ques-
» tion qui pourra être enfin examinée et discutée li-
» brement. Nous nous bornons à publier aujourd'hui
» la première pièce insérée dans les journaux anglais
» du temps ; elle n'a jamais paru en France, sa publi-
» cation est tout-à-fait opportune ; elle complète les
» rapprochements qu'on a faits jusqu'ici entre la fa-
» mille des Stuarts et des Capets.

» Voici la teneur de ce document, intitulé : *Protes-
» tation du duc d'Orléans,* et rendu public à Londres
» en novembre 1820.» — *D'après nos renseignements,
ce fameux document n'a jamais été publié ni à Londres
ni ailleurs avant* 1830. ¡*Ce n'était que pour donner un
semblant de vérité au mensonge et à l'infamie ;* mais
continuons, ça ne fait rien à la chose.

« Son Altesse royale déclare par les présentes qu'elle
» proteste formellement contre le procès-verbal daté
» du 29 septembre dernier, lequel acte *prétend établir
» que l'enfant nommé Charles-Ferdinand-Dieudonné* est
» fils légitime de S. A. R. Mme la duchesse de Berry.»
— J'appelle toute l'attention du lecteur sur les deux
premiers alinéas qui suivent :

« Le duc d'Orléans produira en temps et lieu les
» témoins qui peuvent faire connaître l'origine de l'en-
ant et de sa mère ; il produira toutes les pièces né-

» cessaires pour rendre manifeste que la duchesse de
» Berry n'a jamais été enceinte depuis la mort infor-
» tunée de son époux. » — Dieu seul sait si milord
Philippe n'est encore pour rien dans cet assassinat, —
« et il signalera les auteurs de la machination dont
» cette très faible princesse a été l'instrument.

» En attendant qu'il arrive un moment favorable pour
» dévoiler toute cette intrigue, le duc d'Orléans ne peut
» s'empêcher d'appeler l'attention sur la scène fantas-
» tique qui, d'après le susdit procès-verbal, a été jouée
» au pavillon Marsan.

» Le *Journal de Paris*, que tout le monde sait être
» un journal confidentiel, annonça, le 20 août dernier,
» le prochain accouchement dans les termes suivants :

» Des personnes qui ont l'honneur d'approcher la
» princesse nous annoncent que l'accouchement de
» Son Altesse Royale n'aura lieu que du 20 au 28 sep-
» tembre.

» Lorsque le 28 arriva, que se passa-t-il dans les ap-
» partements de la duchesse ?...

» Dans la nuit du 28 au 29, à deux heures du matin,
» toute la maison était couchée et les lumières étein-
» tes ; à deux heures et demie la princesse appela ;
» mais la dame Vathère, sa première femme de
» chambre, était endormie ; la dame Lemoine, sa
» garde, était absente, et le sieur Deneux, l'accou-
» cheur, était déshabillé.

» Alors la scène changea : la dame Bourgeois alluma
» une chandelle, et toutes les personnes qui arrivèrent
» dans la chambre de la duchesse, virent un enfant
» qui n'était pas encore détaché du sein de sa mère.

» Mais comment cet enfant est-il placé ?

» Le médecin Baron déclare qu'il vit l'enfant placé
» sur sa mère et non encore détaché d'elle.

» Le chirurgien Bougon déclare que l'enfant était
» placé sur sa mère et encore attaché par le cordon
» ombilical.

» Ces deux praticiens savent combien il est impor-
» tant de ne pas expliquer plus particulièrement com-
» ment l'enfant était placé sur sa mère.

» Madame la duchesse de Reggio a fait la déclara-
» tion suivante :

» Je fus informée sur-le-champ que Son Altesse
» Royale ressentait les douleurs de l'enfantement ; j'ac-
» courus auprès d'elle à l'instant même, et en entrant
» dans la chambre, je vis l'enfant sur le lit et non en-
» core détaché de sa mère.

« Ainsi l'enfant était sur le lit, la duchesse sur le
» lit, et le cordon ombilical introduit sous la couver-
» ture.

» Remarquez, ce qu'observa le sieur Deneux, accou-
» cheur, qui, après deux heures et demi, fut averti que
» la duchesse ressentait les douleurs de l'enfantement,
» qui accourut sur-le-champ auprès d'elle sans pren-
» dre le temps de s'habiller entièrement, qui la trouva
» dans son lit et entendit l'enfant crier ;

» Remarquez ce que vit le sieur Franque, garde-
» du-corps de Monsieur, qui était en faction à la por-
» te de son Altesse Royale et qui fut la première per-
» sonne informée de l'événement par une dame qui
» le pria d'entrer ;

» Remarquez ce que vit M. Lainé, garde national,
» qui était en faction à la porte du pavillon Marsan,
» qui fut invité par une dame à monter, monta, fut

» introduit dans la chambre de la princesse, où il
» n'y avait que le sieur Deneux et une autre personne,
» et qui, au moment où il entra, observa que la pen-
» dule marquait deux heures trente-cinq minutes;

» Remarquez ce que vit le médecin Baron, qui ar-
» riva à deux heures trente-cinq minutes, et le chi-
» rurgien Bougon, qui arriva quelques instants après.

» Remarquez ce que vit le maréchal Suchet, qui
» était logé par ordre du roi au pavillon de Flore, et
» qui, au premier avis que Son Altesse Royale ressen-
» tait les douleurs de l'enfantement, se rendit en
» toute hâte à son appartement, mais n'arriva qu'à
» deux heures quarante-cinq minutes, et qui fut appe-
» lé pour assister à la section du cordon ombilical
» quelques instans après ;

» Remarquez ce qui doit avoir été vu par le maré-
» chal de Coigny, qui était logé aux Tuileries, par or-
» dre du roi, qui fut appelé lorsque son Altesse Royale
» était délivrée, qui se rendit en hâte à son apparte-
» ment, mais qui n'arriva qu'un moment après que la
» section du cordon avait eu lieu ;

» Remarquez enfin ce qui fut vu par toutes les per-
» sonnes qui furent introduites après deux heures et
» demie, jusqu'au moment de la section du cordon
» ombilical qui eut lieu quelques minutes après deux
» heures trois-quarts.

» Mais où étaient donc les parents de la princesse
» pendant cette scène, qui dura au moins vingt mi-
» nutes? Pourquoi, durant un si long espace de temps,
» affectèrent-ils de l'abandonner aux mains de per-
» sonnes étrangères, de sentinelles et de militaires de
» tous les rangs?

» Cet abandon affecté n'est-il pas précisément la
» preuve complète d'une fraude grossière et mani-
» feste? N'est-il pas évident qu'après avoir arrangé la
» pièce, ils se retirèrent à deux heures et demie, et
» que, placés dans un appartement voisin, ils atten-
» dirent le moment d'entrer en scène et de jouer les
» rôles qu'ils s'étaient assignés?

» En effet, vit-on jamais, lorsqu'une femme, de quel-
» que classe qu'elle soit, est sur le point d'accoucher,
» que pendant la nuit les lumières fussent éteintes ;
» que les femmes placées auprès d'elle fussent endor-
» mies ; que celle qui était plus spécialement chargée
» de la soigner s'éloignât ; que son accoucheur fût dés-
» habillé, et que sa famille, habitant le même toit,
» demeurât plus de vingt minutes sans donner signe
» de vie ?

» S. A. R. le duc d'Orléans est convaincu que la na-
» tion française et tous les souverains de l'Europe sen-
» tiront toutes les conséquences dangereuses d'une
» fraude si audacieuse et si contraire aux principes
» d'une monarchie héréditaire et légitime.

» Déjà la France et l'Europe ont été victimes de l'u-
» surpation de Bonaparte. Certainement une nouvelle
» usurpation de la part d'un prétendu Henri V ramè-
» nerait les mêmes malheurs sur la France et sur l'Eu-
» rope.

» Fait à Paris, le 30 septembre 1820. »

A tous les *remarquez* qu'on vient de lire j'en ajou-
terai encore un pour faire remarquer aussi que milord
Philippe dit qu'il « *produira en temps et lieu les témoins*
» *qui peuvent faire connaître l'origine de l'enfant et de sa*

» *mère, et toutes les pièces nécessaires pour rendre mani-*
» *feste que la duchesse de Berri n'a jamais été enceinte*
» *depuis la mort de son mari, etc., etc. — En attendant*
» *qu'il arrive un moment pour dévoiler toute cette intri-*
» *gue, etc. (1). »*

Qu'on veuille me dire si, pendant dix-huit ans que milord Philippe a été maître absolu, il a fait faire aux législateurs et aux magistrats judiciaires des monstruosités; en un mot, il a fait du régime sacré de la loi et de l'équité un régime du bon plaisir et de l'iniquité, comme je l'ai déjà dit, qu'on me dise s'il n'aurait pas trouvé un moment favorable pour produire ces témoins et ces pièces dont il parle dans sa prétendue protestation, soi-disant faite le 30 septembre 1820,

---

(1) Que les *scrupuleux* Orléanistes, qui disent qu'on ne doit jamais attaquer les morts ni les vaincus, veuillent me dire si c'est ainsi que faisait leur *auguste* roi ? Ni pour les morts ni pour les vaincus, pas plus que pour les vainqueurs, il n'appartient qu'à la franche canaille, à l'infamie personnifiée de calomnier les uns ou les autres; mais quand il s'agit de la vérité, quelque monstrueuse qu'elle soit, et de l'intérêt d'une grande nation et d'un noble peuple, il n'appartient qu'au lâche de ne pas oser la divulguer.

D'un autre côté, on doit se rappeler que les princes et les illustres de l'orléanisme n'ont pas été vaincus en Février 1848, puisqu'il n'y a pas eu de combats livrés; il a suffi à quelques farceurs parisiens de crier au voleur, pour que grands princes et hommes *illustres* prissent la fuite, comme si le diable les eût emportés. Ce n'est que lorsqu'ils virent que ceux qui les remplaçaient ne valaient guère mieux qu'eux, qu'ils pensèrent qu'ils avaient eu tort de se sauver ainsi, et qu'ils recommencèrent alors leurs intrigues et leurs conspirations désastreuses. Comme je l'ai déjà dit, c'est ce qui m'a fait faire ce livre. S'ils fussent restés tranquilles, quoique je savais mieux que personne tout le mal qu'ils avaient fait au pays, je ne l'eusse jamais dit, car on doit indulgence aux repentants. Mais à ceux qui persistent dans le crime et l'infamie qui font la ruine publique, on ne leur doit que mépris et exécration.

mais publiée seulement le 2 août 1830, et, sans contredit, faite probablement aussi dans cette dernière année.

Tout prouve donc que les allégations de cette proclamation ne sont que d'*infâmes...* calomnies, inven-
tées par un homme encore plus infâme!... Et contre
qui ces calomnies, grand Dieu? Contre un enfant innocent qui est son proche parent. Car, quelque coupable que se fût rendu son grand-père envers la nation, on ne peut pas contester que monseigneur le
comte de Chambord, âgé de moins de dix ans alors,
ne fût innocent.

Les paroles manqueront donc toujours à l'historien,
sa plume sera toujours retenue par la trop grande indignation pour qu'il puisse trouver des termes assez
forts pour livrer, comme il le mérite, aux mépris
de la postérité l'homme qui s'est rendu coupable de
tant de trahisons, de tant d'hypocrisie et d'ingratitude,
de tant de calomnies et d'infamies.

Enfin, à force d'intrigues et de trahisons, d'hypocrisie et de milliers de victimes mortes dans la boucherie
qu'il avait organisée, avec ses compères les autres
vampires de Juillet, milord Philippe, — *après avoir eu
la précaution de faire passer son immense fortune à ses
enfants, contrairement à la loi établie,* — milord Philippe voulut bien se laisser faire violence, — *par ceux
qu'il avait corrompus, et qui n'avaient,* je le répète, *pas
plus de mandat pour faire un roi que Cartouche pour
commettre ses crimes,* — pour devenir *le roi!* non pas
le roi de France et de Navarre, ceci n'eût pas été assez patriotique ni assez digne, c'est du trop vieux
rococo, mais le roi des Français. C'était plus ressem-

blant avec *empereur des Français*, dont il avait adopté la couleur du drapeau et quasi les armes; car à la place de l'aigle il avait mis un coq de toute beauté, un véritable coq gaulois, disait-on. Sauf ce titre de roi qui était substitué à celui d'empereur, la honte, la corruption, la trahison, l'abaissement et la ruine nationale qui étaient substitués à l'honneur, à la dignité, au patriotisme, à la grandeur et à la gloire de la France, le coup d'œil pour les couleurs et les armes, ainsi que le son du titre pour l'ouïe, tout était presque la même chose. Il n'y avait donc, après tout, pas plus de différence d'avec le premier ou le second empire, quant aux actes, qu'il en existe entre l'honneur et la honte!... Et l'on sait que de celui-là à celle-ci il n'y a qu'un pas.

On peut donc dire que la forme y était; qu'importe le fond? N'arrive-t-il pas souvent, en justice, que la forme emporte le fond? Pourquoi n'en serait-il pas de même dans la politique et les gouvernants d'une grande nation, quand la plupart de ces gouvernants sont tirés des sangsues de la chicane?...

Finalement, voilà que Monseigneur le duc de Valois d'abord, le duc de Chartres ensuite, puis le citoyen Égalité, puis M. Corby, Chabaud-Latour, puis S. A. S. Monseigneur le duc d'Orléans encore, puis enfin milord Philippe, plus Anglais et plus Cosaque tout à la fois que tous les cosaques du *Don*, voire même que les czars Romanoff, avec lesquels il rivalisait en nombre, pour ce qui concerne les noms, titres et qualités; voilà que ce prince *très auguste*, devient roi des Français, par la grâce de Satan, le vœu et la protection de 219 charlatans vampires et bons compères. — *Deux cent dix-neuf* mauvais citoyens qui ont imposé un être semblable à une nation de 35 millions d'habitants! à un peuple gigantesque, à un peuple victorieux et libre, qui avait seul le droit, — et qui en avait le pouvoir, — de choisir la forme de son gouvernement, ainsi que le chef de ce gouvernement!... Cela paraît tellement incroyable, qu'il faut l'avoir vu de ses yeux pour ne pas déjà en douter!!!

Si au moins il fût devenu honnête homme, une fois roi ; s'il se fût conduit en Français, quoique son passé soit tout ce que l'on peut voir d'abominable, on aurait pu, peut-être, oublier ce passé ; mais s'étant comporté constamment en véritable cosaque anglomanisé, s'étant entouré d'une bande de vampires non moins antinationaux, non moins barbares que lui , ce serait être lâche et sans patriotisme que de ne pas dire toute la vérité, dut-elle, cette vérité, coûter la vie et être la cause d'une mort tragique certaine, puisqu'en fin de compte elle peut contribuer au bonheur de la France.

D'abord, pour tâcher de faire oublier et son origine et son usurpation, dès son arrivée au pouvoir en 1830, il fit répandre le bruit que le haut et le bas de la société étaient extraordinairement mauvais, gangrenés. Que l'un était trop corrompu et l'autre trop ignorant, et par conséquent, ne valaient absolument rien ni l'un ni l'autre pour gouverner une grande nation. D'après les vampires de Juillet, la seule partie du corps sociale qui fût extra-bonne, qui ne laissât rien à désirer, c'était celle du centre, qu'ils nommèrent si improprement et si mensongèrement : *Juste-milieu.* — C'est *injuste milieu* qu'il faut dire pour être dans le vrai.

Aussi, dans l'*intérêt de cette grande nation,* — nous savons qu'un d'Orléans ne procède jamais autrement, — milord Philippe et ses compères firent sortir de cette partie du milieu, leur classe de prédilection, c'est-à-dire de la leur, de la superlative bourgeoisie, ce qu'on appelle le *bon, le regrettable gouvernement de Juillet.*

Après une expérience de plus de vingt ans, y compris leur petit règne de trois ans, qui a commencé en janvier 1849 et fini heureusement au 2 décembre 1851, — je soutiens, sans crainte qu'on puisse me prouver le contraire, que cette partie réputée *si sublime,* est beaucoup plus mauvaise, plus pestiférée sous tous les rapports que les deux extrémités en général, et surtout particulièrement sous le rapport gouvernemental. Il suffit de jeter un coup d'œil sur ce *fameux* gouvernement composé de cette fraction, encore plus *fameuse,* qu'on disait si supérieure aux deux autres, pour en avoir une preuve irréfragable.

Et en effet, excepté quand il fallait faire *assommer* dans les *rues,* les *pauvres gens* qui demandaient du *travail* ou du pain, quasi tous les ministres de milord Philippe avaient le caractère de la lâcheté la plus extrême, de la corruption en *gros,* de la faiblesse et de la trahison en détail. Ils n'avaient de courage que quand il s'agissait de soustraire des milliards à la France, dont devaient profiter un prince d'Orléans, eux-mêmes et leurs créatures, ainsi que les étrangers; mais si ce n'est cela, rien de bien. Partout à l'extérieur notre prépondérance et notre dignité étaient perdues ; les intérêts du pays sacrifiés au dedans et au dehors ; les libertés publiques détruites!... Tout était mis en œuvre pour pratiquer le sublime *régime du bon plaisir,* qu'on voilait de formes mensongères et perfides : loi sur la presse, fortifications pour l'intérieur, provocations infâmes, ruses infernales et audacieuses, violences, rien n'y manquait. Tout leur était bon.

Le droit d'écrire, dont on fait encore tant de bruit, était protégé en apparence, mais de fait aboli, et remplacé par un arbitraire des plus effrontés. On permettait d'écrire pour le plaisir de faire des procès, du zèle, de belles phrases, pour dire quelques mots burlesques, comme ceux-ci : « *Je suis la lime d'acier,*» disait un certain procureur du faux roi, en faisant allusion aux écrivains. « *Je suis la lime d'acier à laquelle ces ser-* » *pents à tête folle se rompront les dents.*» La phrase est peut-être spirituelle, mais elle n'était pas vraie, car les serpents à tête folle ont conservé quelques dents, tandis que le fabricant a fait faillite et ses limes ont été avalées d'une bouchée. Donc le fabricant ne savait pas employer du bon acier ni tremper ses limes comme il faut. Il ne connaissait pas assez sa partie pour devenir maître ; il eût beaucoup mieux valu pour lui et les siens de rester premier commis. Un journaliste ayant jugé à propos, de je ne sais quoi, de reproduire dans sa feuille cette chanson que le grand Béranger composa en 1815, pour demander le rappel des bonapartistes qui venaient d'être proscrits par ordre des Bourbons aînés, et qui finit par ces vers :

> Les oiseaux que l'hiver exile,
> Reviendront avec le printemps.

De là grande rumeur chez les *honnêtes* Orléanistes, puis saisie de la feuille publique et procès au journaliste,

qui faisait, soi-disant, allusion à la famille de Charles X, et outrageait le *bon* roi Égalité qui était si *paternel*. On instruit le procès de suite, car, il tardait aux
magistrats *très impartiaux* d'alors, de vite condamner
cet *infâme* journaliste.

— Ces vers sont-ils de vous ? dit le juge d'instruction avec cet air de colère qui les caractérisait si bien.

— Non, Monsieur.

— En connaissez-vous l'auteur ?

— Oui Monsieur.

— Où est-il ?

— Dans ma poche. Et il montra un volume de Béranger. — Cette fois on n'osa pas condamner.

Avec leurs lois de septembre, — qui étaient bien
pires que les *fameuses ordonnances* de Charles X, dans
le fond, mais dont la forme était plus polie, — il n'y
avait pas trois lignes de prose ou de vers quelque innocentes qu'elles fussent, qui ne continssent au moins
un délit.

Cependant, si on consulte le *Moniteur* des premiers
mois de l'usurpation de milord Philippe, on y voit
d'autres et belles promesses faites en diverses occasions par le bon roi des 219 vampires.

« *Plus de procès de presse* ! disait - il, j'ai tou-
» jours beaucoup aimé les avocats, et j'ai souvent
» admiré le courage avec lequel ils ont combattu les
» abus et défendu les libertés publiques. Heureusement
» ce courage ne sera plus nécessaire : nous ferons des
» lois par lesquelles ces libertés seront garanties. »

Voilà quel était son langage ; maintenant voici comment il le faisait corroborer avec ses actes :

Au commencement de 1834, la somme des condamnations en *matière de presse*, s'élevait à 65 ans et 9 mois d'emprisonnement, et à 331,505 francs d'amende. *C'est peu de chose*; l'amende ne fait presque qu'une somme égale pour payer une année de douaire.

« Le gouvernement qui ne garantit pas les libertés
» creuse lui-même son tombeau. — L'autorité que
» j'exerce ne sera employée qu'à la défense de la li-
» berté. — Faire régner les lois et assurer les vérita-
» bles libertés, tel sera le but de tous mes efforts. —
» Ce n'est qu'en s'appuyant sur les intérêts nationaux
» et les libertés publiques que le trône peut être so-
» lide. — J'ai souvent gémi des condamnations politi-
» ques. Aussi, lorsque je suis arrivé au pouvoir, un de
» mes premiers actes a été de mettre un terme à l'ef-
» fet de ces condamnations. — Mon vœu ne sera en-
» tièrement rempli que quand nous aurons entière-
» ment effacé de notre législation toutes les peines et
» toutes les rigueurs que repoussent l'humanité et
» l'état actuel de la société. *Toujours sincère dans ma*
» *vie, je n'ai jamais rien promis en vain.*»

En voilà du toupet, j'espère, et des choses bien dites : « faire *régner les lois, s'appuyer* sur les *intérêts*
» *nationaux,* souvent *gémir* sur les *condamnations po-*
» *litiques* et y mettre un terme, » puis ajouter à cela
« qu'il a toujours été sincère.» Cartouche n'était pas
plus audacieux et Cicéron ne savait pas mieux dire.

Comment mettre en harmonie ces phrases mielleu-
ses avec les tyrannies exercées contre les écrivains et
les prisonniers politiques? Principalement contre l'hé-
roïne de Blaye, dont la voix du sang et celle de la reconnaissance furent également étouffées par la honteuse politique de l'usurpateur, et contre les prison-

niers du mont Saint-Michel, dont le traitement inhumain auquel ils étaient assujettis aussi, différait tant avec ces sentiments de philantropie qu'avait manifestés milord Philippe, n'étant encore que duc de Chartres, dans une visite qu'il fit à ce lugubre établissement, avec sa *vertueuse sœur* Adélaïde.

Il est vrai qu'alors, il ne s'agissait aussi que de phrases, de bégueulerie et d'hypocrisie, afin d'arriver avec le temps à pratiquer le charlatanisme sur une vaste échelle.

Quant au droit électoral, il le confiait à quelques privilégiés de la fortune, dont ses ventrus et ses ministres achetaient les suffrages, comme nous l'avons déjà dit, par tous les moyens imaginables de corruption et de concessions, au détriment des masses qui étaient réduites à l'ilotisme politique. Il faisait dominer le pays par une nouvelle aristocratie insolente, qu'il s'attachait à force de sénicures, de monopoles et d'emplois triplement rétribués. Tout ceci était prodigué à quelques milliers de mauvais Français, tandis que des millions d'honorables citoyens, au cœur noble et patriotique, se mouraient de faim.

Sous ce règne de désolation, on voyait les plus hautes dignités, comme les plus modestes emplois de l'État, avilis par de honteux trafics.

Des anciens ministres, des pairs de France, des généraux, furent convaincus de concussion et condamnés à l'emprisonnement, pour appaiser l'opinion publique indignée. Des ducs et pairs de race illustre, commettaient les plus lâches assassinats, et n'évitaient le supplice de leurs honteux forfaits que par le suicide ou en s'expatriant. L'escroquerie, le vol, la corruption et l'oubli des traditions les plus vulgaires de l'honneur, étaient pratiqués autour des représentants du pouvoir suprême, et avaient leurs entrées libres dans le palais des rois. Tel était dans le haut, le spectacle que ce gouvernement donna à l'Europe, de cette grande nation qui, plus que jamais, se flattait de marcher toujours à la tête de la civilisation moderne!...

Quant au bon public, pour qu'il ne s'arrêtât pas trop à ces monstruosités, à la perte de son bien-être moral et physique, qu'on lui arrachait peu à peu, on l'assourdissait de belles phrases et de solennelles promesses. Mais phrases et promesses du faux roi, comme celles de ses principales créatures, n'étaient données que pour leurrer le peuple, afin que ce dernier les laissât s'occuper chacun de son intérêt personnel et de sa grande cupidité. Au reste, en démontrant dans le premier chapitre que ce troisième fléau orléaniste avait coûté plus de vingt-et-un milliards à la France et qu'il y avait introduit la perturbation morale, nous avons fourni au moins une demi preuve que ce n'était que l'égoïsme personnel qui présidait à tout, qui gouvernait la nation. Nous allons tâcher de fournir maintenant une autre demi preuve, en examinant sommairement à quel degré d'abaissement il conduisait le pays; le ravalement qu'il faisait de sa dignité. Pour être convaincu que que ce soi-disant *fameux* gouvernement de Juillet était mauvais, archi-mauvais sous tous les rapports, que dès qu'il vit le jour, il n'eut aucun ménagement ni pour l'honneur national ni pour les deniers publics, que tout fut sacrifié à ses quelques compères et à l'étranger; en un mot, que la France fut de suite livrée au pillage et son honneur vendu aux Cosaques ; il suffit de voir les actes de milord Philippe, sa barbarie envers les peuples de l'extérieur et son flegme quand l'armée ou le drapeau français était insulté.

Aussitôt arrivé sur son trône usurpé, il aida de ses conseils et de l'argent de la France les patriotes d'Italie, d'Espagne, de Pologne et des autres petits États de l'Allemagne, pour les faire révolter, puis il les abandonna tous ou les trahit tous !!!

Comme je l'ai déjà dit, pour excuse, il disait : « *La France ne doit pas se mêler des affaires des peuples tyrannisés.* » Quel blasphème impie ! Le génie de la France n'a-t-il pas toujours été dans son cosmopolitisme politique ? Dieu ne lui a-t-il pas imposé le dévouement et le secours envers les faibles, comme une condition de sa grande puissance ? Non seulement milord Philippe foulait aux pieds ce devoir sacré, mais encore il aidait les tyrans à opprimer les peuples autant que faire lui était possible, ainsi que nous en verrons la preuve évidente et matérielle tout à l'heure.

Dans les premiers mois de 1830, Égalité ayant repris nom de prince et duc d'Orléans, protesta contre l'abolition de la loi salique en Espagne. Devenu roi, il se mit en inconséquence ouverte avec sa protestation, en refusant de reconnaître les droits de don Carlos. L'Angleterre lui dit qu'elle ne le voulait pas.

Les États-Unis ayant demandé avec menace 25 millions, que le premier Empire et la Restauration avaient refusé de payer, — attendu qu'ils n'étaient pas dus, — un lâche traité fut de suite signé pour le paiement de cette somme. — Il est vrai que des personnes, se disant bien renseignées, m'ont assuré que la moitié de ces 25 millions avaient été rendus personnellement à milord Philippe, conformément à un accord préalable fait entre les États-Unis et lui. Pour rester dans la vérité, je dois dire que je n'ai pu me procurer la preuve de ce marché inique, lequel au reste, est parfaitement conforme aux traditions de l'*auguste* famille d'Orléans et de ses créatures.

Sur la demande de la Grande-Bretagne, il contribua de tout son pouvoir à faire donner la Belgique, — *qui voulait se donner à nous,* — à un prince anglais.

Nos amis d'outre-Manche avaient besoin d'un traité de droit de visite, pour assurer à leurs possessions indiennes le monopole des sucres; nos *illustres* s'empressèrent de le faire, de le signer et de le ratifier des deux mains.

Vainqueurs du Mexique, nos soldats furent forcés d'accepter le rôle de vaincus. L'Angleterre le voulut ainsi; — et je l'approuve dans toutes ses exigences, — parce qu'en faisant accepter son intervention, non seulement c'était aux dépens de la gloire militaire d'une nation rivale alors, mais encore au détriment de l'honneur et des intérêts du commerce français, dont les Anglais profitaient. Donc ils avaient raison. *Sa patrie avant tout* : c'est la devise de tous les peuples qui ont de l'honneur et de la dignité.

Après avoir blessé la Suisse dans ce qu'une nation a de plus sensible, sa liberté, le *bon* gouvernement de Juillet y organisa un honteux espionnage, et se fit le très humble auxiliaire de la politique autrichienne dans cette petite république.

Sur l'injonction du cabinet de Vienne, milord Philippe fit évacuer Ancône par nos soldats, afin de ne gêner en rien, dans ses égorgements et ses pendaisons des patriotes italiens, ce second gouvernement de Cosaques.

A la Plata, dès que les Anglais lui dirent qu'il contrariait leur politique, il fit le mort et ne bougea plus.

Toujours pour satisfaire les impérieuses exigences de l'Angleterre, ou pour ne pas manquer à ses engagements secrets, ce *bon* milord Philippe, dont le gouvernement est *tant regretté,* fit tous ses efforts pour dégouter l'armée et la France de la conquête de l'Algérie, théâtre pourtant où tôt ou tard, se résoudront les grandes questions de la politique européenne. Mieux que cela, nous allons voir dans un instant qu'il promit formellement à l'Angleterre de la lui abandonner.

Détestant tout ce qui était légalement établi, ce qui est juste, légitime et équitable, il aida l'Angleterre à chasser don Miguel du Portugal, quoique notre allié, et à y établir la fille de don Pédro, la vassale de la fière Albion.

Lorsque cette dernière voulut exécuter Méhémet-Ali, autre allié de la France, il fit retirer notre flotte de ces parages, parce que l'Angleterre lui dit que nous gênerions sa flotte.

Sans demander jamais la moindre réparation, il souffrit, — on peut dire avec reconnaissance, — plusieurs fois que les Anglais dévalisassent nos bâtiments, maltraitassent et même missent aux fers nos officiers marins.

Beaucoup de personnes disent que ce fut par un

ordre impératif de l'Angleterre, que nos ateliers ma-
ritimes de Toulon furent brûlés, comme beaucoup
d'autres disent que c'est parce que la comptabilité
était trop bien tenue, et que ce fut pour cacher un
petit déficit de quelques millions, que les employés
responsables mirent le feu de manière à tout faire
brûler. On ne peut donc rien dire de précis là-dessus,
si ce n'est qu'ils furent incendiés et que le dégât fut
de près de 30 millions. L'acte était *trop patriotique* et
trop *vertueux* pour être divulgué.

Un jour il prend envie au gouverneur de Maurice
d'insulter notre drapeau publiquement, à la face de
toute l'Europe, milord Philippe et ses premiers commis, sur le charlatanisme en gros, reçurent l'insulte
avec un nouveau bonheur, sans dire mot.

Après avoir été traités par l'Angleterre avec le mépris le plus profond, après avoir consenti à laisser
porter par elle les plus graves préjudices à nos intérêts commerciaux et nationaux en tout pays, surtout
en Orient, ceux qu'on a la bêtise d'appeler d'*illustres hommes d'État, de grands politiques,* allèrent *prier
et supplier* la Prusse et la Russie de signer le traité de
1841, afin de *détruire* autant que possible le *commerce
français* sur toutes les mers.

Ensuite, ce *bon* gouvernement qui était si national,
dit-on, — *et que de mauvaises langues nommaient gouvernement de honte et d'opprobre,* — eut la *bonne inspi-
ration* et la *sublime dignité* de déclarer publiquement,
en pleine chambre législative, en présence de ceux
qu'on appelait les députés de la France, que **la souveraineté des mers, ainsi que le commerce**

du monde entier, appartenait de droit à l'Angleterre!!!

Je le répète encore une fois, on ne voudra pas croire ces monstruosités dans cinquante ans : on dira qu'il n'y a jamais pu avoir tant d'Anglais et de Cosaques nés Français.

Et pourtant, à quoi aboutissaient tant de *bassesses,* de *concessions,* de *lâcheté* et de *résignation* aux *outrages;* tant de *honte, d'abandon* des *intérêts* et de *l'honneur* de notre nation à tous les étrangers en général, et aux Anglais en particulier? A faire conclure le traité de Londres, ce *fameux* traité de *juillet* 1840, sans la participation de la France dans le protocole!...

Confiantes dans la faiblesse de ce si *fameux* gouvernement de Juillet, auquel elle était livrée, les autres puissances insultaient, provoquaient cette France qui les vainquit tant de fois, qui les faisait trembler d'épouvante la veille encore!...

C'est vrai qu'à la première nouvelle de ce traité, annoncé avec sarcasme et dédain, c'est vrai que les gouvernants poussèrent un cri et feignirent une grande indignation!... Ils déclarèrent même au pays que leur honneur national exigeait qu'ils empêchassent *l'exécution* de ce *traité.*

Mais, ô déception! fourberie! lâche trahison!... Ils prouvèrent encore une fois qu'il y avait longtemps qu'ils avaient fait *fi* de leur *honneur national.* Cette prétendue indignation dura trois jours! Juste le temps voulu pour consommer certaines opérations de bourse, que quelques gros loups-cerviers du juste-milieu avaient besoin pour augmenter leur fortune, aux dépens des naïfs rentiers. Aussitôt qu'ils eurent réalisé les bénéfices désirés, le contentement fut parfait et l'indignation disparut.

Pour la forme et pour endormir les soupçons des vrais Français, ils firent semblant de se préparer à la guerre. Ils achetèrent quelques chevaux, rebut de l'étranger, et en fin de compte, conclurent des marchés si onéreux, qu'à cette seule époque, ils dépensèrent les crédits accordés de **deux cent millions**. Et cependant, on sait à quelle somme énorme s'élevait leur budget.

Puis l'Angleterre leur dit :

« *Messieurs, vous avez assez fait pour sauver les ap-* » *parences; je ne veux point que vous alliez plus loin.* » *Arrêtez-vous, je le veux; je l'exige... ou sinon vous* » *aurez affaire à moi.* »

Sitôt dit, sitôt fait ; cette menace, ou plutôt cet ordre, fut religieusement exécuté : tout se termina-là. Et, dans la crainte que les Anglais ne doutassent qu'il y eut quelque arrière-pensée dans cette obéissance passive, milord Philippe, comme premier *bon-bourgeois-charlatan de son royaume,* fit dire au cabinet de Saint-James de ne point se fâcher pour de bon ; que tout ce qu'ils avaient fait lui et ses *illustres* n'était que pour rire ; pour donner le change aux Français. Mais que dans le fond, lui et tous ses compères n'avaient jamais cessé une minute d'être aussi Anglais que s'ils étaient nés à Londres même. Qu'il ne fallait rien craindre ni de leur fidélité, ni de leur dévouement à la Grande-Bretagne, que pour son bonheur et sa gloire, ils ne reculeraient jamais devant aucun sacri-

fice : que tous désiraient faire des miladys de leurs
dames.

Les esprits droits qui s'étaient révoltés sincèrement
de nous voir insulter devant toute l'Europe, durent
se contenter de cette comédie. L'Angleterre ne voulait pas que la France fît autre chose que de la comédie en politique.

Quelque temps après ces actes honteux, pour ne
laisser aucun doute à leurs amis de l'étranger, et
bien leur prouver qu'ils se repentaient d'avoir fait
semblant d'agir en Français durant trois jours, —
sans avoir préalablement *demandé et obtenu* leur permission à cet effet, — milord Philippe et ses complices firent voter une indemnité à l'anglais Pritchard,
par les plus illustres des députés; parce que nos
soldats avaient eu le *tort* de ne point se laisser insulter aussi par cet homme, sans ne rien dire.

Puis ensuite, pour le bouquet, ce bon gouvernement prit l'engagement de payer les frais de la
guerre du Maroc. Attendu que, par mégarde encore,
il n'avait pas non plus pensé à demander la permission de l'Angleterre, avant de permettre à notre va-
leureuse armée de se mesurer avec celle d'un petit
souverain, qui voulait anticiper sur nos possessions
d'Afrique.

Nos soldats, — n'étant pas assez *illustres* pour comprendre qu'il ne fallait se battre que pour rire et
non sérieusement, ainsi qu'ils en ont l'habitude, —
avaient eu le *tort* encore de remporter une éclatante
victoire mal à propos, puisque cela déplaisait à l'étranger. Donc la France dut en supporter les frais. Quoique des millions de ses enfants souffrissent de la faim,

dès que l'Angleterre exigeait que ce fût à nous de payer ces frais ; nous étions assez riches pour le faire, et c'était plus *glorieux* disaient les *illustres* gouvernants d'alors.

Voilà quelle était la politique publique de milord Philippe. Quant à sa politique secrète, elle renchérissait encore de beaucoup sur celle connue de tout le monde. Qu'on en juge plutôt par le petit échantillon d'un fragment de la correspondance *secrète* aussi de milord Philippe, que nous allons mettre sous les yeux du lecteur. Voici ce qu'il écrivait à un de ses complices dans les premières années de son *bon* règne. Qu'on veuille bien apporter une grande attention, c'est le style de milord Philippe lui-même, je copie textuellement :

« La voilà cette fameuse épître. Vous qui *n'ignorez*
» rien des nécessités qui l'ont inspirée, vous seul ne
» vous tromperez pas sur le véritable sens qu'elle
» doit avoir pour vous, et quoique je vous la
» copie moi-même, je me garderai de vous dire : *Te-*
» *nez-vous en rigoureusement* et consciencieusement *à*
» *la lettre.* »—Cela veut dire qu'il ferait encore mieux, je pense.

« En thèse générale, ma résolution la plus sincère
» et la plus ferme, est de maintenir inviolables tous
» les traités qui ont été conclus depuis quinze ans
» entre les puissances de l'Europe et la France.
» Quant à ce qui concerne l'occupation d'Alger, j'ai
» des motifs plus particuliers et plus puissants encore
» pour remplir fidèlement les engagements que ma
» famille a pris envers la Grande-Bretagne. » — Je pense que voilà qui n'est pas peu clair : *les engage-*

ments que sa famille a pris. Est-ce de lui livrer la France ou seulement l'Algérie? C'est peut-être l'une et l'autre ; mais sûrement la dernière devait être livrée en attendant de pouvoir faire mieux, comme on va voir.

« Ces motifs sont le vif désir que j'éprouve d'être
» agréable à Sa Majesté britannique, et ma conviction
» profonde qu'une alliance intime entre les deux pays
» est nécessaire, non seulement à leurs intérêts réci-
» proques, mais encore à l'intérêt de la liberté et de
» la civilisation de l'Europe. Vous pouvez donc,
» Monsieur l'ambassadeur, affirmer à votre gouver-
» nement que le mien se conformera ponctuellement
» à tous les engagements pris par S. M. Charles X,
» relativement à l'affaire de l'Algérie (1).

« Mais je vous prie d'appeler l'attention du cabinet
» britannique sur l'état actuel des esprits en France,
» de lui faire observer que l'évacuation d'Alger serait
» le signal des plus violentes récriminations contre
» mon gouvernement, qu'elle pourrait amener des
» résultats désastreux, et qu'il importe à la paix de
» l'Europe de ne point dépopulariser un pouvoir
» naissant qui travaille à se constituer. Il faut donc
» que, rassuré sur nos intentions et convaincu de
» notre ferme volonté de remplir envers elle la pro-

____

(1) La note de M. le prince de Polignac, tout Polignac qu'il fût, n'avait pas le caractère que cette lettre lui attribue. Le procès des ministres et les interrogatoires subis par M. de Polignac devant M. Mauguin lui-même, ont établi que jamais la Restauration n'avait pris d'engagement vis-à-vis de l'Angleterre. Quoiqu'elle devait beaucoup à l'étranger, elle n'était pas cosaque jusqu'à ce point : il lui restait encore assez de dignité pour ne pas agir ainsi.

» messe de la Restauration, Sa Majesté britannique
» nous laisse le choix du temps et des moyens. »

Cela paraît devenir de plus en plus clair. Si je ne
me trompe, il voulait dire qu'il livrerait bien la moitié
de la France d'abord ; mais il craignait que l'autre
moitié s'aperçût de sa trahison et ne le chassât. C'est
pourquoi il demandait le *choix* du *temps* et des *moyens.*
Quel dommage que les Français ne lui aient pas
accordé le temps voulu ! Mais continuons la copie de
ses lettres confidentielles, elles sont trop édifiantes et
trop patriotiques pour ne pas en citer encore une ou
deux. En voici une autre, car elles valent mieux, elles
sont plus instructives que cent volumes de commentaires faits par un bon écrivain.

« Il paraît que vous n'avez pas encore réussi à faire
» comprendre à Vienne et à Saint-Pétersbourg, que
» sans la non intervention, l'Europe était ébranlée,
» que l'Autriche eût perdu l'Italie comme on a enlevé
» la Belgique à la Hollande. A-t-on pu ou dû oublier
» que lors du gouvernement Czartoriski, la Pologne
» en masse, sous l'influence révolutionnaire, eût été
» debout, et que sans notre sage et salutaire influence,
» elle se fût réunie à la France pour repousser, pour
» écraser, qu'on n'en doute pas, la Russie malgré ses
» forces colossales, parce qu'il est immortellement vrai,
» que *lorsqu'un peuple vraiment peuple* est debout pour
» sa liberté, il n'y a pas de pouvoir absolu qui suffit
» pour le dompter. » — Quand vit-on un souverain bâtard ou légitime, plus anti-national et plus tyrannique
envers les peuples? Jamais, au grand jamais. Mais
continuons de copier milord Philippe, il émet de trop
beaux sentiments !

« J'avais mieux espéré des éclaircissements que vous
» avez dû donner sur l'immensité du service que nous
» avons rendu à la Russie, à l'Autriche et à la Prusse,
» service qui ressort du fait, puisque la Pologne a suc-
» combé, et non pas sans quelque péril pour nous.
» Qu'on y songe un peu plus, pour ne pas nous mettre
» dans la nécessité d'en faire souvenir sans cesse.

» N'avez-vous pas les deux lettres de Lafayette, con-
» tenant les reproches à notre ministre d'*avoir para-*
» *lysé par ses conseils et promesses les moyens de défense*
» *de la Pologne*? En faut-il plus pour les cabinets de
» Vienne et de Saint-Pétersbourg, et peut-on ignorer
» tout le danger qui existait pour la Russie dans les
» plans et le système de défense adopté par les Polo-
» nais sous le prince Adam, et voudrait-on oublier ce
» qu'on nous doit, à nous, comme unique et puissant
» moteur des mesures qui ont paralysé ses résolutions,
» neutralisé le système et réalisé les paroles prophéti-
» ques de Sébastiani?» — Est-ce possible, est-ce bien
croyable que la France ait été présidée durant 18 ans
par un homme qui parlait avec un si grand cynisme
de ses monstrueuses infamies? Honte, malédiction et
anathème pour tous ceux qui ont l'impudence et la
perversité de travailler encore à nous ramener les
descendants d'un tel homme!...

« Mais brisons là-dessus, la Pologne n'est plus, et
» c'est nous, bien plus que le vainqueur de Varsovie,
» que le cabinet de Saint-Pétersbourg doit remercier
» d'avoir écrasé ce foyer d'incessante rébellion. Fai-
» tes qu'on s'en souvienne un peu plus à Vienne et
» surtout à Saint-Pétersbourg! »

Vit-on jamais infâmes barbaries avouées avec au-

tant de cynisme? Tibère, Claude, et Néron même,
avaient-ils plus de cruautés dans leurs procédés envers les malheureux peuples esclaves qu'ils faisaient
égorger pour se distraire? Je ne le crois pas.

En voici encore une qui a rapport à la *sauvation* de
la France et de l'Europe par milord Philippe, — lequel avait la bêtise orgueilleuse de se croire de la capacité, voire même du génie, — ainsi qu'aux Parisiens
en particulier. Qu'on lise bien, et qu'on juge s'il y
eût jamais Autrichien, Chinois, Bedouin ou Cosaque
plus anti-francais, ni hypocrites plus traîtres et plus
cupides?

« Il y a d'épouvantables conséquences à redouter
» dans les crises politiques, lorsqu'une volonté sage
» et prévoyante se trouve en inévitable contact avec
» l'obstination d'un zèle qui peut, dans ces cas, se
» réputer hardiment mauvais vouloir. Si au lieu d'en
» finir brutalement avec les artilleurs civiques, l'on
» eût suivi mon seul avis, qu'on eût flatté, cajolé ces
» hommes, qu'on leur eût fait entrevoir que, si l'on
» pensait à construire des forts, c'était pour leur en
» confier la garde; si on leur eût persuadé qu'en cas
» d'invasion, Paris ne pourrait devoir son salut qu'à
» de pareils défenseurs; si, enfin, au lieu d'une desti-
» tution brusque on eût pris ces *citoyens* par la va-
» nité, Arago et les siens n'eussent pas été admis à
» prouver que les forts, bien loin d'être destinés à
» repousser une invasion étrangère, deviendraient, le
« cas échéant, une ressource victorieuse pour main-
» tenir, dans le devoir et la soumission, la très tur-
» bulente population de Paris et *ses aimables fau-
» bourgs.*

» C'était du temps qu'il fallait gagner; au lieu d'ir-
» riter les esprits il fallait endormir le civisme en
» émoi pour le préparer au salutaire moment où une
» ordonnance nous eût fait justice de tout récalci-
» trant. Du reste, rien ne me fera renoncer à un
» projet si sagement conçu, et à l'exécution duquel,
» dans l'état des choses où se trouve la France, j'at-
» tache en quelque sorte, non certes la durée de la
« monarchie constitutionnelle, mais la perpétuité de
» ma dynastie, ce qui sonne mieux et vaut mieux
» pour la France.» — A vous, Messieurs les partisans
de la république avec un roi, *Salut*. — Je présume
que cette phrase ne vous laissera plus de doute.
« Qu'on se persuade bien que moi seul je pouvais af-
» fronter, diriger et vaincre l'hydre révolutionnaire.
» Qu'on nous en sache donc un peu plus de gré.
» On ne tient aucun compte de nos efforts inouïs, on
» ne sait pas à quel peuple nous avons affaire, et que
» depuis quarante ans on peut regarder Paris comme
» étant la France.

» Qu'on s'assure donc que je ne renonce pas à mon
» projet ni à celui de maîtriser la presse, notre plus
» dangereuse ennemie. On a gagné une grande partie
» des écrivains, les autres suivront et le calme succé-
» dera aux excitations malignes et journalières de
» ces plumes guerroyantes. Qu'on pense à ce que
» Juillet eût attiré sur l'Europe en 1830. Que l'on voie
» ce que notre seule et ferme volonté a fait de cette
» effrayante ébullition populaire. Que l'on juge par là
» de ce que nous ferons, et surtout qu'aucune des puis-
» sances n'oublie que nous seul nous pouvions le faire,
sauver la France et l'Europe, et nous l'avons fait.

» Que ni Vienne, ni Saint-Pétersbourg, ni Berlin ne
» l'oublient. »

Ces documents sont d'une authenticité incontestable. Ils furent publiés dans le numéro du 24 janvier 1841, du journal *la France*, et donnèrent lieu à
un procès, à l'arrestation du gérant et du rédacteur
en chef de cette feuille. On traita ces Messieurs de
faussaires et d'infâmes calomniateurs. Sachant qu'ils
étaient restés dans la plus stricte vérité, ils voulurent bien se laisser maltraiter et injurier sans rien
dire, par les zélés et *honorables* magistrats de milord
Philippe, afin de voir, par expérience, où s'arrête-
raient les sarcasmes et les mauvais traitements des
créatures du faux roi des Français. Mais quand le gérant comparut à l'audience de la Cour d'assises de
la Seine, le 24 avril 1841, les choses changèrent de
face.

Après avoir été, encore là, bien traîné dans la boue
par le ministère public, il soumit aux jurés et à la
Cour un *fac simile* de ces trois lettres. Le défenseur
dit à l'avocat-général, qui demandait à les voir : « Ce
» sont les *fac simile*, ce ne sont pas encore les lettres
» originales. » On aurait bien voulu ne pas en voir
davantage ; mais on leur montra tout de même ces
originales, qui ne sont pas moins édifiantes, on pourra
le voir par quelques fragments que nous citerons, et
qui firent que le gérant du journal *la France* fut ac-
quitté et mis en liberté.

Ainsi, il est donc matériellement prouvé que ce
milord Philippe qui fut imposé comme roi, en 1830,
par les deux cents plus corrompus et plus grands saltimbanques qu'on ait jamais vus sur la terre, avait

des sentiments anti-français et de grandes sympathies, non seulement pour l'Angleterre, mais encore pour la Russie, l'Autriche et la Prusse. Que non seulement il trahit et abandonna tous les peuples opprimés en général, en déclarant les traités de 1815 inviolables, mais encore qu'il aida à *écraser*, à *égorger* sciemment et traîtreusement, — il l'avouait, il l'écrivait lui-même et s'en faisait une grande gloire, — tous les peuples et les Polonais en particulier, dans l'intérêt des barbares étrangers, pour les rendre plus puissants, et qu'il refusa la Pologne comme la Belgique. Que non seulement il avait promis formellement à l'Angleterre de lui abandonner l'Algérie, mais encore qu'il avait l'intention tyrannique, en arrivant au pouvoir, de fortifier Paris, non dans l'intérêt de la perpétuité de l'ordre monarchique constitutionnel, car il voulait fermement le détruire, non dans l'intention de préserver la capitale d'une autre invasion étrangère, mais spécialement pour la contenir, et dans l'intérêt de perpétuer sa *fameuse* dynastie en France, par tous les moyens tyranniques et criminels qui seraient nécessaires à cet effet.

Voici ces autres fragments de lettres écrites par le même milord Philippe, alors qu'il n'était que duc d'Orléans, et publiées vers la même époque par la *Gazette de France*, et qui ne furent pas poursuivies. Il paraît que le *bon* roi des Français s'y opposa. Il était si *paternel!*...

« Mon carricle m'attend sur la route de Hampton-
» Court, et je dois y être rassis au mois de juin, parce
» que sans cela je perds, au mois de juin, et *mon trai-*

» *tement et la protection de l'Angleterre* que je ne suis
» nullement *disposé à abandonner.* »

« ..... Il paraît que Soult se trouve dans une situa-
» tion fâcheuse, et qu'il est pressé par la Romana et le
» général Craddock. *J'espère qu'ils vont être écrasés en*
» *Espagne.....* »

» ..... Quand je sens, quand je vois, que je touche
» au doigt et à l'œil, tout ce que je pourrais faire, si
» on s'entendait avec moi, et si on n'avait pas l'air
» de vouloir toujours me tenir sous *clé* à Hampton-
» Court, ou à Twickenham, ma position bizarre pré-
» sente, il me semble, quelques avantages que je puis
» m'exagérer, mais dont il me semble qu'on pourrait
» tirer parti, qui est tout ce que je demande. Je suis
» prince français, et cependant *je suis Anglais;* d'abord
» par besoin, parce que nul ne sait mieux que moi que
» l'Angleterre est la seule puissance qui veuille et qui
» puisse me protéger; je le suis par principes, par
» opinions et par toutes mes habitudes, et cependant
» je ne suis pas un Anglais aux yeux des étrangers;
» quand ils m'écoutent, ce n'est pas avec la même
» prévention que quand ils écoutent ce qui leur est dit
» par un ministre et par un général anglais. Je pour-
» rais donc dans beaucoup de cas établir cette conci-
» liation et cette bonne intelligence, dont le défaut a
» si souvent entravé et même fait avorter les entre-
» prises du gouvernement anglais. »

« *La responsabilité n'est à craindre que quand on ne*
» *réussit pas.* »

« *Il y a en Espagne des armées françaises qui vont*
» *se trouver, je l'espère du moins, dans des positions dé-*
» *sastreuses.* »

La responsabilité n'est quelque chose que quand on ne réussit pas. Il avait du moins l'espoir que l'armée française allait éprouver un grand désastre. Je recommande à l'attention du lecteur ces phrases effrayantes, ces maximes d'état et ces sentiments infâmes et criminels!!!

Et il s'est trouvé en France des hommes assez *illustres*, pour faire cet homme roi! Puis ensuite pour l'aider, pour lui prêter leur appui... lors même qu'ils connaissaient ses sentiments!... Ces dernières lettres, dont une ferait presque un volume in-8, furent produites et bien examinées par la Cour et le Jury, à l'audience du 24 avril 1841, et on a conservé encore cet homme 7 ans après! tandis qu'on avait besoin que de crier au voleur, à l'infâme pour s'en débarrasser!... Et, *ce qui est bien pis*, il se trouve encore des hommes assez scélérats, assez audacieux et assez criminels, non seulement pour oser désirer le triomphe des descendants de ce mauvais prince, mais encore pour conspirer, pour intriguer par des voies souterraines à les faire revenir pour présider à nos destinées!!!... Non, non, je le dis encore une fois, avant 50 ans, on ne voudra pas croire à une telle monstruosité. Je le répète donc, honte, malédiction et anathème pour de tels êtres : ils sont trop méprisables.

On n'en finirait plus, si on voulait citer tout ce que milord Philippe a fait et a écrit, pour démontrer et prouver que ses sentiments étaient mauvais, exécrables et anti-français, avant d'avoir usurpé la couronne déjà. Maintenant, ses paroles hypocrites, ses trahisons, ses promesses formelles de livrer aux étrangers ce qui pourrait leur faire plaisir, quand il fut roi ; joint à cela, ses actes arbitraires et ceux de ses ancêtres et de ses créatures, ainsi que le brigandage des deniers publics, quand un d'Orléans gouverne, c'est plus que suffisant pour être certain d'avance que cette famille ne pourra jamais faire que le plus désastreux et le plus abominable de tous les gouvernements à venir. Il n'y a que ceux qui ne veulent pas le savoir, qui ne savent pas cela, et pour cause.

Je m'arrête donc dans mes citations ; et quoique je n'aie cité que quelques-uns des principaux faits, cela peut donner une idée du charlatanisme et de l'ineptie ridicule du rôle infâme, que les directeurs de la politique du *tant regretté* gouvernement de Juillet jouaient dans le monde diplomatique, ainsi que du mal qu'a fait à la France ce troisième fléau orléaniste. Si je suivais pas à pas ce *trop paternel* gouvernement, je craindrais que la plume ne se refusât de tracer tous les détails de sa *belle* politique ; ou que le lecteur qui a l'âme française, ne fût étouffé par l'indignation en les lisant. Nous ne parlerons donc plus de rien, pas même des assassinats qu'on faisait faire en 1832, par centaines, après la prise des barricades dans le cloître Saint-Merri ; ni des vieillards septuagénaires, qui étaient malades et alités depuis longtemps, qu'on faisait jeter des quatrièmes étages dans la rue, pour les *guérir*; et cela à deux époques différentes. Non, nous pensons que ce que nous avons cité sera suffisant pour faire sortir les gens de bien de leur cécité et qu'ils reconnaîtront leur erreur sur l'orléanisme.

Quant aux prétendues promesses que milord Philippe dit, dans une de ces lettres, que Charles X avait faites à l'Angleterre, relativement à l'abandon de l'Algérie, nous avons déjà dit qu'il n'y avait eu aucune promesse de faite, ni par Charles X. ni par ses ministres. Au reste, y en eût-il eu de faites, c'était toujours anti-français de les ratifier, puisque le roi Charles X et son gouvernement n'étaient plus. Mais ceux qui douteraient que ce n'est pas milord Philippe seul qui avait promis à l'Angleterre de lui abandonner l'Algérie, je les renverrais au journal le *Times*, à la date du 17 mars 1854, dans le compte-rendu des débats parlementaires. Voici ce qu'on y lit :

« *La France parle et agit comme si elle entendait con_*
» *server la position permanente d'Alger, contrairement à*
» *la déclaration de Louis-Philippe.* »

Voilà ce que disait alors sir Robert Peel, qui siégeait en 1830 au cabinet britannique à côté du duc de Wellington. Comme ministre, il était donc parfaitement au courant des promesses que la France leur avait faites ; et cet homme d'État, dont tout le monde a pu connaître la gravité de caractère, l'autorité de la parole et la position politique dans laquelle il a été pour bien connaître les faits, ne parle pas des déclarations faites par Charles X, mais seulement de celles faites par milord Philippe. Ensuite, si de semblables promesses eussent été faites par Charles X, était-ce une raison pour les faire aussi, puisqu'elles étaient anti-nationales? Non, mille fois non. Le faisant, cela ne prouvait qu'une chose, c'est que la France, comme le disait judicieusement un *canu* de Lyon peu de temps après 1830, c'est que la France n'aurait fait que changer son cheval borgne contre un *âne aveugle et vicieux.* Malheureusement, cela ne s'est trouvé que trop vrai ; car, malgré qu'il soit bien constaté que

Charles X n'avait fait aucune promesse à l'Angleterre, il est prouvé jusqu'à l'évidence que, si on lui en avait donné le temps, le *bon* roi de Juillet aurait livré d'abord l'Algérie aux Anglais. Quant à la France, rien ne prouve que par la suite il ne l'aurait pas livrée aussi, comme il avait livré les patriotes italiens à l'Autriche, ainsi que les Polonais à leur bourreau Nicolas et les Belges à un prince anglais, quoique ces deux derniers peuples voulussent formellement se donner à nous.

Quant à ce qu'il disait que : « *La responsabilité n'est à craindre que quand on ne réussit pas,* » je dois dire que les partisans de cette famille doivent être satisfaits de la manière dont il a réussi à introduire ces *nobles sentiments* dans la *société française*; surtout dans la société des voleurs de profession. La devise de ces derniers a quelques variantes avec celle de milord Philippe ; mais si peu, qu'il est permis de dire qu'elle est parfaitement synonyme pour l'*honorabilité* des hommes qui l'ont adoptée. La voici telle que je l'ai entendue maintes fois prononcer à MM. les voleurs, durant les six derniers mois que les *bons* et *bienfaisants* Orléanistes ont bien voulu me faire *l'honneur* de me faire passer dans cette aimable compagnie. :

« *Il n'y a point de mal à voler, disent-ils, il n'y a de* » *mal que de se laisser surprendre sur le fait ou de se lier* » *à des traîtres qui vous vendent.* »

Quelle différence de sentiments trouve-t-on de ceux-ci d'avec ceux dont parlaient milord Philippe dans une de ses lettres? Je n'en vois aucune.

Aussi, qu'on me dise si l'on vit jamais les prisons et les bagnes avoir un nombre si considérable de voleurs de toute espèce, que depuis 1830? Cela se comprend, c'est que les sentiments des gouvernants ne manquent jamais de pénétrer dans le cœur des gouvernés.

En résumé, ce *fameux gouvernement de Juillet*, dont les partisans ont encore la *modestie* d'élever les procédés jusqu'aux nues, était tout ce qu'on avait vu de plus mauvais depuis la Régence; sauf de belles phrases pour leurrer les classes laborieuses, que savait-il faire? Au dedans, attaquer les libertés publiques par la perfidie, la ruse, la corruption et la violence; façonner le pays au joug d'une servitude honteuse et dégradante; étouffer le sentiment national au profit de l'argent, de cet esprit d'égoïsme qui finit tôt ou tard par ruiner et déshonorer les nations qui le mettent en pratique; enrichir quelques cents mauvais citoyens, sans cœur ni honneur, et réduire les travailleurs à la plus grande détresse par un impôt arbitraire et une armée formidable qu'il employait seulement à l'impunité de ses iniquités. Au dehors, faire de la France un objet de mépris pour toutes les nations, la parquer au mileu de ces dernières selon leur bon plaisir; les aider dans leurs tyrannies et leurs égorgements envers les faibles et les peuples asservis; puis faire de cette belle et puissante France, le jouet ridicule de toutes les nations qui voulaient daigner descendre jusqu'à l'insulter. Voilà ce qu'était et ce que savait faire de son vivant *le beau, le bon et le sublime gouvernement de Juillet, composé de son faux roi, de ses augustes princes et de sa multitude d'illustres hommes d'État.*

Si l'on pense que cela était *bien,* aidons les Cosaques de l'intérieur dans leur conspiration, empressons-nous

de faire revenir les descendants de l'iniquité pour
remplacer bien vite le prince équitable et patriotique
qui nous gouverne, nous pouvons être certains d'a-
vance que nous aurons la même politique et les mêmes monstruosités dont voulait bien nous gratifier
milord Philippe. Mais si l'on pense, au contraire, que
la manière avec laquelle ont procédé les d'Orléans est
horriblement *mal* et *infâme*, témoignons tout notre mépris aux *intrigues* des *illustres* et de leurs *créatures*, et
prêtons notre faible concours à S. M. Napoléon III. Lui
seul est capable de relever la France de la ruine dans
laquelle le troisième fléau l'a conduite.

Qu'on se rappelle bien comment a procédé le gouvernement de Juillet, depuis la veille de son usurpa-
pation jusqu'à sa fin honteuse, on verra qu'il ne pourrait y avoir qu'un gouvernement d'occupation qui
serait aussi *détestable*, aussi *mauvais*, sous tous les rapports, aussi *funeste* aux classes laborieuses que celui
présidé par un prince d'Orléans.

A Dieu ne plaise que mon pays ait jamais un gouvernement d'occupation ! Mais, quelque puisse être
son administration, il est impossible qu'elle pût être
plus ruineuse, ni plus avilissante en tous points que
celle des princes d'Orléans. Car, malgré tout ce que
peuvent en dire leurs créatures, chaque fois que la
France a eu le malheur d'en avoir un pour présider à
ses destinées, non seulement son administration a conduit, comme nous l'avons déjà dit, la grande majorité
des Français à une effroyable misère, mais encore le
peuple dans l'abrutissement, dans la fange et le crime,
tout en poussant la société et la nation à deux doigts
de leur perte.

Un prince d'Orléans peut encore convenir aux descendants de ces gros marchands qui saluaient avec
enthousiasme l'invasion des étrangers en 1815, les
considérant comme de *bonnes pratiques, des clients qui
leur faisaient gagner beaucoup d'argent.* Ceux-là, tout
leur est bon quand on souffre leurs tripots honteux.
Pour eux les libertés publiques, l'honneur, la grandeur de la nation et le bien-être des masses, c'est de
cumuler l'or et l'argent, d'économiser par n'importe
quel moyen. Pourvu qu'il en soit ainsi, on les a toujours vu disposés à prêter le flanc à l'outrage, à trahir
nos passions les plus nobles, nos instincts les plus
légitimes, pour détourner, à leur profit, la popularité de l'attitude généreuse et énergique de la
France.

Ces Messieurs ont toujours aimé aider à comprimer
à l'intérieur, par des ruses et des efforts terribles,
par des complots et des égorgements organisés de la
manière la plus infâme ; tels par exemple que les exploits de Saint-Merri, de Lyon, de Foix, de la rue
Transnonain, et les *chasses aux hommes* de l'Ouest.
Voilà le seul genre de gloire qu'ambitionnent les Cosaques de l'intérieur, et des exploits de ce genre là
n'ont jamais porté ombrage aux cosaques de l'extérieur. Mais nous, classe ouvrière, petits et grands négociants qui avons le cœur aussi français que le nom,
nous devons avoir des sentiments plus patriotiques et
plus humains.

D'ailleurs, qu'on ne s'y trompe pas ; quand un gouvernement est légalement établi, comme l'a été celui
de Sa Majesté l'Empereur, toute conspiration en temps
de paix est un crime infâme, et en temps de guerre

triplement infâme. Mais, de toutes les conspirations, celle qui convient encore moins que les autres aux classes laborieuses, est sans contredit celle de l'or-léanisme ; car non seulement il y aurait crime et in-famie comme dans les autres, mais encore il y aurait imbécilité, absurdité, faux patriotisme, anti-nationa-lité et sympathie pour les voleurs en général, et pour le tyran de Russie en particulier ; parce qu'il ne faut pas croire, comme le disent les bons Orléanistes, que la fameuse dynastie d'Orléans représente les idées et les principes de 89. Il n'y a rien de plus faux que cela. Cette dynastie représente l'anarchie, l'arbitraire, le vol et l'absolutisme de l'argent contre les peuples du dedans et du dehors ; ou si l'on aime mieux, elle est, par son passé, la représentation symbolique de tous les crimes, comme je l'ai déjà dit, mais elle n'est que cela. Donc il n'en faut plus.

Il y a une seule dynastie qui représente les vrais principes de 89, quoiqu'on en dise, malgré et contre tous les vampires de Juillet et de Février, c'est la dy-nastie des Bonaparte, ainsi que nous allons tâcher de le démontrer dans le chapitre suivant.

CHAPITRE VII.

De l'aveugle erreur des masses.

————⟡————

CONCLUSION.

DE LA MANIÈRE DONT LES ORLÉANISTES ENTENDENT L'ÉGALITÉ DEVANT LA LOI. — DES ORLÉANISTES *bons régisseurs* DE PROPRIÉTÉS ET DES BONAPARTISTES *mauvais locataires*. — LA MANIÈRE DONT LES JUGES DE PAIX DU BON GOUVERNEMENT DE JUILLET PROCÈDENT, QUAND ILS NE SONT PAS ASSEZ DÉSORLÉANISÉS. — DE CE QUI PROUVE QUE LA DYNASTIE D'ORLÉANS NE REPRÉSENTE PAS LES PRINCIPES DE 89, MAIS SEULEMENT LE RÉGIME DU BON PLAISIR, DE LA HONTE ET DE L'INFAMIE. — DES HOMMES QUI NE COMPTENT PAS AVEC LEURS DEVOIRS ET QUI FONT MÉTIER DE LEURS EMPLOIS.

Le roi de la corruption et ses cosaques ont tant parlé de liberté et des principes de 89, qu'on a fini par croire qu'ils représentaient ces principes et qu'ils étaient partisans de cette liberté ; c'est une grande erreur. L'orléanisme est partisan du dérèglement des mœurs, d'une licence effrénée, mais non de la liberté. Son règne et au besoin les sentiments exprimés par la correspondance secrète de milord Philippe, sont là pour le prouver. Quant aux principes de 89, je ne sache pas que cette glorieuse révolution ait été faite en faveur de telle coterie ni de tel parti ou faction seulement. En disant que *tous les Français sont égaux devant la loi,* la grande révolution de 1789 n'a pas fait la moindre exception; les Bonapartistes, les Légitimistes et les Républicains ont le même droit que les Orléanistes, même y compris les plus *illustres.* Personne n'en possède ni plus ni moins que les autres. Les opinions étant parfaitement libres, en se soumettant à la loi, ce droit est aussi bien acquis à ceux-là qu'à ceux-ci. La seule chose qui ne soit pas permise, ni aux uns ni aux autres, c'est la violation de la loi.

Eh bien ! comme je l'ai déjà dit, sous le règne des *bons* Orléanistes, cette égalité devant la loi n'existait aucunement. Car, si par malheur, un bonapartiste, un légitimiste ou un républicain avait un procès avec un orléaniste, il était certain d'avance ou de le perdre ou de n'obtenir des magistrats qu'un arrêt illusoire. On voyait journellement de monstrueux dénis de justice arriver ainsi. Même depuis l'héroïque et bienheureux Deux-Décembre ; — je dis *bienheureux,* car sans lui, les vampires de Juillet et de Février réservaient à la France, chacun de leur côté, quelque chose de si affreux et de si abominable !... que si les honnêtes gens savaient de quoi il s'agissait, on ne verrait plus un seul homme de cœur et d'honneur qui voulût encore être partisan de l'une ou de l'autre de ces factions. — Même depuis le Deux-Décembre, dis-je, je pourrais citer beaucoup de choses qui ont eu lieu dans certaine localité, où la magistrature n'a pas encore pu être désorléanisée, par l'épuration voulue, comme elle le sera avec le temps.

Depuis lors, nous avons vu, entre autre, traduire pardevant un tribunal de paix un orléaniste enragé qui avait refusé de recevoir ce qui lui était dû par un de ses locataires, et qui avait poussé l'arbitraire jusqu'à retenir le mobilier de ce *mauvais locataire*, qui offrait de payer ce qu'il devait, mais qui ne voulut point se décider à payer deux tiers de plus qu'il ne devait, ainsi qu'il le prouvait par ses quittances et autres titres. Il fut donc forcé d'assigner le *très honorable orléaniste enragé*, pour se faire restituer son mobilier qu'il lui retenait illégalement, demandant en outre des dommages pécuniaires pour le préjudice qu'il lui avait causé en le mettant dans la nécessité de vivre, ainsi que sa famille, au restaurant.

Aussitôt que le juge de paix eut les titres du *mauvais locataire* qui ne voulait pas payer ce qu'il ne devait point, il lui fit rendre de suite son mobilier, contre une somme bien inférieure à celle stipulée sur l'acte d'offre qu'il avait fait faire, par un huissier, au *bon orléaniste*, quelques jours auparavant.

Quoique dans la ville où se passait cette affaire, la chronique disait jadis que les juges de paix mangeaient de bien bons morceaux dont MM. les très honnêtes régisseurs de propriétés leur faisaient cadeau, pour obtenir une *équitable* justice des locataires, le bon orléaniste, qui est pourtant un régisseur, fut si mal mené par M. le juge de paix, qu'il ne savait trop qu'en penser un moment. Voyant que l'arrêt qu'on paraissait disposé à rendre ne serait pas assez *équitable* pour lui, il supplia M. le juge d'avoir la bonté de renvoyer l'affaire à la prochaine audience, alléguant qu'il examinerait de nouveau ses livres et produirait un autre compte, que s'il y avait erreur de sa part, il ne croyait pas qu'elle fût d'un chiffre si élevé que le disait le *mauvais locataire*, etc., etc.

Enfin, il dit tant de belles choses sur ce *mauvais locataire*, — lequel ne se contentait pas comme lui de parler seulement à tort et à travers, mais encore qui fournissait des preuves écrites et signées par le *bon régisseur*, pour appuyer tout ce qu'il avançait ; que nonobstant ces preuves écrites le renvoi fut accordé. A l'audience suivante, le *bon régisseur* nia cent francs sur deux cents qui lui avaient été remis par une personne tierce, et dont il espérait que les reçus seraient égarés ou que la personne voudrait bien ne point se rappeler. Ayant appris, dans l'intervalle de la deuxième audience à la troisième, que les négociants qui lui avaient compté les deux cents francs, avaient fait une déclaration qui attestait la remise de cette somme, il dit à cette audience qu'il s'était ressouvenu que c'était en effet deux cents francs au lieu de cent qu'il avait reçus; mais, qu'il priait M. le juge d'avoir la bonté de lui accorder un quatrième renvoi, afin qu'il pût produire un autre compte qu'il n'avait pas eu le temps de faire.

Ce quatrième renvoi lui fut accordé, puis un cinquième et ainsi de suite jusqu'à sept ou huit. Et, à chaque audience, ce *bon* orléaniste produisait toujours un nouveau compte dont le chiffre était plus ou moins élevé qu'à l'audience précédente; mais jamais le même.

A la dernière audience, ce *très bon régisseur* demandait encore un renvoi, pour produire toujours un autre compte dont il n'avait pas eu encore le temps de s'occuper. Le *mauvais locataire* ayant fait remarquer au juge de paix tous les renvois qui avaient déjà eu lieu et la grande quantité de comptes que son adversaire produisait, il le pria de terminer cette affaire. Le magistrat n'en fit rien. Il n'accorda pas le délai demandé, ni ne voulut pas prononcer un jugement. Il conseilla au mauvais locataire, qui était demandeur, de payer une somme de 80 francs au lieu de 270, que le bon régisseur, défendeur, réclamait ; et cela, malgré le bail, les quittances et une lettre missive, qui prouvaient qu'il n'était dû que vingt et quelques francs à ce dernier, laquelle somme était loin des cent cinquante francs qui formaient la demande.

Les offres, qui avaient été reconnues suffisantes à la première audience ne l'étaient plus ; c'était par erreur que le bail était de telle somme par année, au lieu d'être de telle autre ; c'était par erreur encore que le *bon régisseur* n'avait réclamé que telle somme par une lettre au lieu d'en réclamer telle autre. Cependant, puisque M. le juge de paix fixait la somme de 270 francs qui lui était réellement due, disait-il, il s'en rapportait à lui et il se contentait de *quatre-vingts* francs pour solde.

— Eh bien ! je vous engage à payer cette somme, dit le juge au *mauvais locataire*.

— Mais, Monsieur, répondit ce dernier, je ne veux point payer une somme que je ne dois pas. Comme ce brave homme m'a fait dépenser près de cent francs, soit en frais, soit en me retenant illégalement mon mobilier, j'ai droit à un dommage pécuniaire. Ensuite, en supposant même que je n'aie aucun droit à des dédommagements, je ne dois que vingt et quelques francs, ainsi que le prouvent mes titres : je ne dois donc pas payer quatre-vingts francs, quand je n'en dois pas trente. D'ailleurs, même pour cette dernière somme, je ne pourrais la payer que dans le mois de mars prochain ; mais avant de ne rien payer, je désire qu'il vous plaise, Monsieur le juge, de statuer d'abord sur la demande que j'ai formée en dommages-intérêts, contre cet *honnête* homme.

— Il n'est pas nécessaire de rendre un jugement pour cela, répartit le juge, il vous est accordé jusqu'au 1er mars pour payer ce que vous devez.

Mais. Monsieur, vous avez reconnu vous-même, que mes offres étaient suffisantes, donc j'ai droit à un dédommagement pour la retenue arbitraire qu'on m'a faite de mon mobilier pendant dix jours.

— Oui, javais cru d'abord que vos offres étaient suffisantes ; mais c'est que je n'avais pas bien examiné, j'ai vu ensuite qu'elles ne l'étaient pas tout à fait et qu'il ne vous revenait par conséquent aucun dommage pécuniaire.

Quand le *bon régisseur* entendit cela, lui qui demandait, un instant auparavant encore un renvoi, il demanda alors un jugement. Il s'approcha du greffier et lui dit :

— Combien vous faut-il, Monsieur, puisqu'il ne paie pas, vite, vite un jugement.

— Vous n'en n'aurez pas de jugement, lui dit le magistrat, vous aurez seulement droit de faire assigner le 1er mars, si on ne vous paie pas.

— Je vous prie, dit à son tour le *mauvais locataire*, je vous prie de rendre un jugement, Monsieur le juge, vous me ferez bien plaisir. Prononcez votre arrêt, comme vous le jugerez convenable, je...

— Non, ce n'est pas nécessaire, répondit ce dernier, en ne le laissant pas achever sa phrase.

— Au contraire, je crois que c'est très urgent pour moi.

Effectivement, ce jugement était urgent pour le *mauvais locataire* ; parce que la demande qu'il avait formée s'élevant à plus de cent francs, il aurait pu en rappeler, et c'est ce qu'il se proposait de faire. Mais, le juge de paix, *par bonté pour lui sans doute*, voulut lui éviter ce cassement de tête ; car malgré ses supplications, il n'y eut point de jugement rendu.

En sortant de l'audience, ce *mauvais locataire* se rendit chez son homme d'affaires et lui raconta ce qui s'était passé. Celui-ci lui dit :

— Vous avez eu tort de donner autant d'argent que vous avez fait pour retirer votre mobilier. Votre adversaire a vu ou fait parler au juge de paix et voilà ce qui est arrivé. Comme votre affaire est très claire et que personne ne pouvait *équitablement* vous condamner à payer plus que vous ne devez et que vous avez droit à des dommages-intérêts, pour le préjudice qu'on vous a causé en gardant votre mobilier, le juge n'a pas voulu se prononcer et vous a renvoyés dos à dos, afin de ne pas être obligé de condamner votre adversaire ou de voir à défaut de ce, infirmer son jugement, dans le cas contraire.

— Et il faudra donc que je paie quatre-vingts francs, lors même que je n'en dois que vingt-six ?

— Vous ne paierez je pense rien du tout, à moins que vous ne les lui portiez, car je présume fort qu'on ne vous demandera jamais rien. On vous a renvoyé ainsi pour se débarrasser de vous. Mais si on vous réclame ce que vous devez, c'est-à-dire vingt et quelques francs, je vous engage à les payer, car il n'y a rien à gagner ici avec les régisseurs de propriétés; les juges de paix leur donnent rarement tort.

— Et si on me demandait quatre-vingts francs, il faudrait donc aussi les payer?

— Quant à cela non; si on vous demandait cette somme, faites faire des offres des vingt et quelques francs que vous devez, personne ne peut vous condamner à payer davantage d'après les titres que vous avez; mais vous auriez dû insister pour avoir un jugement.

— J'ai bien insisté aussi, mais je n'ai pu l'obtenir.

Nous allons voir que cet homme d'affaires se trompait, et qu'un magistrat peut beaucoup de choses, quand il est bien dévoué à l'orléanisme.

Quand arriva le premier mars, le *bon régisseur* ne fit rien réclamer au *mauvais locataire;* le premier avril, le premier mai ni le premier juin pas davantage, et ainsi de suite jusque vers la fin de novembre de la même année. Cependant ce ne peut être le manque de mémoire qui faisait défaut au *bon régisseur;* car, dans les quatre mois précités, il n'avait pas rencontré moins de cinquante fois le *mauvais locataire,* et chaque fois qu'ils se rencontraient, ce dernier lui disait en passant, toujours tant près de lui qu'il pouvait: « Tu ne viens donc pas chercher l'argent que » je te dois, brave homme, cependant le premier mars » est passé; pourquoi ne viens-tu donc pas? Si tu as

» peur que je te donne en même temps ce que tu
» mérites, envoie ton commis alors? »

Le *bon régisseur* ne répondait jamais le mot et filait
son nœud, comme si le diable l'eût aidé à marcher.
Mais vers la fin de novembre, il eut une conversation
avec un homme attaché à la police qui lui donna un
grand courage.

Voici ce qui s'était passé :

Le *mauvais locataire*, se trouvant un chaud partisan
du gouvernement impérial, eut le malheur de témoigner sa satisfaction tout haut à propos du 2 décembre : « Enfin, s'était-il écrié en apprenant ce qui était
» arrivé, ce Louis-Napoléon qu'on disait si peu capa-
» ble, fera donc ce que les ânes et les imbéciles des
» partis légitimiste et républicain n'ont pas su com-
» prendre ni l'un ni l'autre, il débarrassera la France
» de l'orléanisme ! Dieu soit loué, et que sa divine
» providence ait toujours sous sa sainte garde le
» grand prince qui rend un tel service à son pays. »

Cet imprudent *mauvais locataire* fit plus; connaissant de monstrueuses infamies qu'avaient faites quelques magistrats de l'orléanisme, il eut le tort d'en dire
quelques unes et de nommer en toutes lettres ces
magistrats. De là procès et condamnation à l'emprisonnement comme diffamateur. Quand il comparut à
l'audience, il offrit bien de faire la preuve de tout ce
qu'il avait avancé, mais comme l'affaire se passait au
moment où l'orléanisme se croyait à la veille d'un
nouvel escamotage, le président lui répondit qu'on
ne voulait point de ses preuves. Il faut croire qu'il
avait raison.

— Cependant, Monsieur le président, un des magis-

trats dont j'ai parlé a été condamné à dix ans de réclusion, lui répondit-il, et je suis convaincu que celui
qui a porté plainte contre moi irait le rejoindre, si
l'on faisait une enquête sur son compte. C'est donc à
tort qu'on me reproche d'avoir diffamé ces messieurs.
Pour qu'il y ait diffamation, il faut, je crois, qu'il y ait
calomnie, et j'offre de prouver que je n'ai dit que la
vérité.

— Je vous ai déja dit que l'on ne voulait pas de vos
preuves, prenez un autre moyen de défense si vous
voulez, nous ne voulons pas de celui-là.

— Ce n'est pas nécessaire, Monsieur le président,
je ne me défends plus ; puisque vous faites profiter le
plaignant du bénéfice de la loi de février 1852, qui est
postérieure aux faits dont j'ai parlé, condamnez-moi,
j'ai tort d'avoir dit la vérité sur de mauvais magistrats.

Il fut en effet condamné à un mois d'emprisonnement. C'était très bien fait. Qu'avait-il besoin d'être
bonapartiste, puisque l'orléanisme était encore alors
la France et le progrès ?

Le magistrat qui avait été condamné à dix ans de réclusion était l'ami et le compagnon de débauche de celui qui avait porté plainte contre le *mauvais locataire*
ainsi que du *bon régisseur.* Quoique la chronique disait que ces deux *honorables* hommes se couvraient du
manteau de fonctionnaire public pour commettre leurs
forfaits et ne valaient pas plus l'un que l'autre, on n'y
fit pas attention, et on eut raison ; la chronique est si
mauvaise langue, qu'il ne faut pas la croire ; même on
doit supposer que les magistrats qui ont condamné un
des trois amis à la réclusion, ont eu tort de ne point

lui faire profiter des bénéfices de la loi de février 1852. S'il avaient bien voulu refuser aussi toutes les preuves accablantes, au lieu d'entendre les témoins qui déposèrent contre lui, il est fort possible que cet *honorable* magistrat exercerait encore ses fonctions, comme son ami, et rendrait aussi de bien grands services à la société, à son autre ami le *bon régisseur surtout,* et *au gouvernement* de Sa Majesté Napoléon III, auquel ils sont tous les trois tout dévoués, après l'orléanisme.

Le *bon régisseur,* qui est l'ami de tous les honorables magistrats, en général, qui ont prêté serment de fidélité à l'Empereur, pour ne pas perdre leur traitement, et qui sont restés tout dévoués au bon orléanisme ; qui est l'ami intime de ces deux-là et de l'employé de la police précité, en particulier; le *bon régisseur* voyant passer la femme et la fille du *mauvais locataire,* pendant qu'il était à causer avec le *très honorable* employé de la police, dans la rue Saint-....., dit à son noble ami, — lequel ami est, du reste, un homme si honorable qu'il poussait le rigorisme de l'honneur et des bonnes mœurs, sous le *bon* gouvernement de Juillet, jusqu'à spéculer sur l'immoralité de sa femme, allant même jusqu'à traduire par devant les tribunaux les amants qui se refusaient de payer les prix, soi-disant convenus entre eux et sa *très vertueuse* épouse, — dit à cet *illustre* ami qu'il ne voyait plus depuis quelque temps M. ***.

— Vous ne savez donc pas où est ce *brave* homme, répondit l'*honorable* employé de la police.

— Eh ! non.

— Il est en prison.

— Ah ! je savais bien qu'on l'avait condamné,

mais, comme je l'avais vu souvent, pendant plusieurs mois après sa condamnation, je pensais qu'on l'avait grâcié.

— Il n'y avait pas de danger qu'on graciât une canaille de ce genre-là; l'ancien préfet, M. le président *** et M. le procureur *** l'avaient trop bien recommandé en haut lieu. Ah! *ben* oui, il n'y avait pas de risque qu'on le graciât.

— Mais je croyais que c'était aussi une canaille de bonapartiste, lui.

— Cela est bien vrai aussi; mais ces Messieurs l'ont fait passer non seulement pour un intrigant et un chevalier d'industrie, mais encore ils ont prouvé que c'était un carliste.

— Savez-vous s'il a encore beaucoup de temps à faire avant d'avoir fini son temps?

— Il a encore huit ou dix jours, je crois.

— Puisqu'il en est ainsi, il me doit quelque argent je vais le faire assigner à me payer, pendant qu'il n'y est pas.

— Comment! il vous doit, et vous ne vous faites pas payer? Ah! je voudrais bien qu'il me doive à moi, son mobilier ne tarderait pas à se vendre sur la place. s'il ne me payait pas. Un tel homme ne mérite aucun égard.

— Je ne veux pas en avoir non plus; je vais de suite chercher un billet d'invitation pour l'audience d'après demain; adieu, M. ***, ménagez-vous.

En effet, il fut immédiatement chercher ce billet d'invitation et probablement parler à M. le juge de paix. La femme du *mauvais locataire* se présenta pour dire que son mari était absent et serait de retour dans

quelques jours ; elle demanda un renvoi à quinzaine.
Que son mari lui avait dit qu'il devait encore vingt et
quelques francs, il est vrai, mais que l'affaire était en
litispendance par devant tel tribunal de paix, qui était
celui du ressort du *bon régisseur*, où il y avait une demande de formée par le *mauvais locataire*, comme nous
venons de le voir.

— Ce n'est pas vingt et quelques francs que votre
mari doit, c'est cent vingt-huit, lui dit M. le juge de
paix.

— Je ne sais pas les comptes de mon mari, mais je
suis certaine qu'il ne doit pas trente francs ; ayez la
bonté de renvoyer l'affaire à quinzaine, il vous le
prouvera. Et sur cette somme de vingt et quelques
francs, il a droit à des dommages-intérêts dont le
chiffre sera plus élevé que ce qu'il doit.

— Et bien, dites à votre mari de venir alors, il fera
voir ses titres et valoir ses droits.

— Mais il ne peut pas venir avant au moins dix ou
douze jours.

— Il est donc bien loin, qu'il lui faut tant de temps
pour arriver ?

— Il n'est pas bien loin, mais il ne peut pas venir,
il est en prison.

Cette infortunée femme, voyant que le juge de paix
était au courant de tout, et qu'il paraissait enchanté
de la torturer et de lui dire que son mari était en prison, elle prit le parti de le lui dire elle-même.

— Dites-lui, alors, de vous faire une procuration
et de vous dire où il a mis ses reçus, vous me les apporterez, et je verrai si ce que vous dites est vrai.

— Je suis allée lui demander tout cela hier, quand

j'ai eu reçu mon billet d'invitation ; mais il m'a répondu qu'il ne voulait ni me faire une procuration ni m'indiquer où étaient ses reçus ; qu'il craignait que je ne les égarasse, qu'il fallait laisser faire à Monsieur ce qu'il voudrait. Je vous en conjure, monsieur le juge, ayez la bonté de renvoyer à quinzaine cette affaire, il viendra lui-même s'expliquer devant vous avec M***.

— C'est tout expliqué, il doit à M***, il faut le payer, il n'y a pas besoin d'autre explication.

— Mais, M. le juge, rien ne prouve qu'il lui doive ; d'ailleurs, je ne peux payer cette somme pour deux raisons : la première, c'est que je sais que mon mari ne la doit pas, la seconde, c'est que je n'ai pas assez d'argent. J'ai bien de quoi payer ce que mon mari doit, mais rien de plus.

— Cela ne fait rien, il faut payer à M*** ce qu'il vous demande. Voici son compte qui est parfaitement en règle.

— Mais, M. le juge, cela m'est impossible, s'écria la malheureuse femme en pleurant ; ayez la bonté de m'accorder le délai de quinze jours, ce n'est pas bien long.

— On ne vous accordera rien du tout. Puis s'adressant au *bon régisseur*, l'*illustre* juge lui dit : Faites assigner, M***, je rendrai un jugement.

Cette pauvre femme sortit de l'audience en versant d'abondantes larmes, pouvant à peine se tenir sur ses jambes. Elle fut de suite suivie par le *bon régisseur*, qui, pour la consoler, sans doute, lui dit qu'elle était une *canaille* qui ne valait pas plus que son mari, mais qu'il ferait vendre ses quatre guenilles sur la place publique avant huit jours, pour lui apprendre à vivre. Que son mari méritait d'être pendu, etc., etc.

Le lendemain, elle n'avait encore pu quitter le lit, où elle avait été obligée de se mettre en arrivant de l'audience, quand l'huissier lui apporta l'assignation pour comparaître dans deux jours afin de s'entendre condamner, du moins son mari, à payer au requérant, etc.

Un médecin avait été appelé pour lui donner des soins, tant elle était dans un état déplorable ; il avait fait une ordonnance, avait recommandé de garder le lit, sous peine d'une congestion cérébrale. Recevant la maudite copie de papier timbré, elle se lève, malgré les pleurs de ses enfants qui la priaient de faire ce que le médecin avait ordonné et de rester tranquille ; elle part à la recherche de cent francs qui lui manquaient, pour payer une somme dont le montant, d'après toutes les rigueurs du droit et de la loi, n'atteignait pourtant pas trente francs. Mais c'est égal, le *bon régisseur* avait procuré un compte qui était *parfaitement* en *règle*, avait dit *l'honorable* juge de paix, il fallait de rigueur trouver cent et quelques francs de plus, qu'on ne devait réellement.

Sa fille aînée voulait l'accompagner, elle s'y opposa formellement, lui disant qu'il fallait travailler, puisqu'elle ne pouvait le faire. Avec des efforts surhumains, elle partit. Elle avait une telle fièvre, m'a dit un témoin oculaire à qui elle fut demander 50 francs à emprunter, que cet homme crut qu'elle avait totalement perdu la raison. Quoiqu'il n'avait pas ces 50 francs, comme c'était un cousin de son mari et qu'il la croyait franchement folle, il courut emprunter lui-même cette somme et la lui remit. Sans lui dire seulement merci, elle prit cet argent et se sauva toute échevelée chez son ancien propriétaire, qui faisait régir ses maisons par le *bon régisseur*. Arrivée là, elle lui raconte l'ennui que ce dernier lui faisait, et le pria de bien vouloir lui prêter 50 francs qui lui manquaient, pour se sortir des griffes de cet homme. Tant il est vrai qu'il y a d'honnêtes gens dans tous les partis et dans toutes les religions, ce propriétaire, qui est un israélite et un orléaniste tout à la fois pourtant, remit de suite à cette malheureuse les cinquante francs qu'elle lui demandait. Il ne lui donna pas en argent ni en billet de banque, mais il lui fit un billet, sans doute pour prouver à son régisseur qu'il ne l'approuvait nullement dans son odieuse conduite.

Si ce billet de 50 francs eût été de 50 mille, et à l'adresse du premier banquier venu de l'endroit, qui connût la signature de ce respectable négociant, il eût été reçu de suite comme argent ou même échangé contre ce métal, car ce *vraiment honnête* juif et orléaniste, dont je regrette de ne pouvoir citer le nom ici, est reconnu riche à plusieurs cent mille francs de toute la ville. Cependant, quoique son régisseur lui dût probablement alors quelques mille francs, il refusa son billet de 50 francs, disant que c'était de l'argent qu'il lui fallait.

Cette malheureuse femme, qui avait eu la précaution de se faire accompagner par un homme chez le *bon régisseur*, ce *monstre* à *figure humaine*, fut obligée de retourner chez le très honorable israélite, pour lui faire part de cette dernière querelle d'Allemand que

lui cherchait le bon régisseur, et le prier de bien vouloir lui remettre 50 francs d'argent blanc. Elle ne
trouva que le fils, le père était sorti et ne rentra qu'à
une heure déjà avancée dans la nuit. Après avoir raconté au fils ce qui lui était arrivé, elle le pria d'a-
voir la bonté de lui remettre 50 francs en argent, lui
disant que le lendemain était le jour pour lequel elle
était assignée, et que si elle ne payait pas de suite elle
était assurée d'avance que le bon régisseur lui ferait
vendre son mobilier à la sortie de l'audience, — chose
qui était impossible, mais ne connaissant pas la chicane, elle le croyait ainsi, parce que cet homme infâme le lui avait dit,—le fils de son bienfaiteur, quoique
très jeune, la rassura et lui dit d'être sans crainte, que
rien de semblable n'arriverait. Mais que le *bon régisseur* en refusant le billet de son père lui faisait une
insulte grave, et qu'il croyait, qu'il convenait de l'attendre ; qu'il rentrerait peut-être bientôt. Le fils avait
mille fois raison, cela convenait en effet. La malheureuse patiente attendit donc.

Contre son habitude, son libérateur resta ce jour-là
longtemps absent de chez lui, et ne rentra, comme
nous l'avons dit, que fort tard dans la nuit. Mais enfin,
il arriva. Quand il eût appris de quoi il s'agissait, il
dit à cette infortunée :

— Ah ! il a refusé mon billet de 50 francs, diable,
il paraît qu'il n'a pas une bien grande confiance à ma
signature. Retournez chez vous, madame, il est trop
tard maintenant, nous ne le trouverions probablement
pas chez lui. Mais trouvez-vous-y demain matin à telle
heure, j'y serai aussi. Peut-être que moi présent, il
voudra bien recevoir mon billet.

— Vous aurez bien la bonté, s'il vous plaît, monsieur, de ne pas manquer, car il ferait vendre mon mobilier demain après l'audience : il me l'a dit. Et c'est un si mauvais homme, qu'il ne manquerait pas de le faire.

— Soyez sans inquiétude, madame, j'y serai à l'heure convenue, et s'il refuse mon billet, je lui remettrai de l'or ou de l'argent, et votre mobilier ne se vendra pas.

— Oh! merci, monsieur, je vous garderai une reconnaissance éternelle du service que vous me rendez.

Sur ce, cette pauvre victime s'en retourna chez elle, où elle trouva tous ses enfants qui pleuraient à chaudes larmes, pensant que leur mère s'était donné la mort, dans un moment de désespoir; car elle était sortie sans dire où elle allait. Ne la voyant pas rentrer à la chûte du jour, on s'était mis à sa recherche et personne n'avait pu en donner la moindre nouvelle. Comme il y avait une rivière qui traversait la ville, on avait pensé qu'elle s'était jetée dans l'eau.

Elle raconta ce qui lui était arrivé, les consola de son mieux, leur disant que leur chétif mobilier ne se vendrait pas, qu'elle avait de quoi payer la somme que son mari ne devait point. Chose qui fit une grande joie dans toute la famille, et qui fit retrouver le sommeil à tout le monde pour le restant de la nuit; car tous l'avaient perdu depuis plusieurs jours, comme on le pense bien; attendu qu'on craignait non seulement la vente du mobilier, mais encore la vente de leurs hardes. La mère et les enfants croyaient qu'on ne leur laisserait que leurs plus mauvais habillements;

et qu'on vendrait tous les meilleurs. Le *bon régisseur* le leur avait dit.

Enfin, le lendemain matin, cette pauvre malheureuse retourna chercher l'homme qui l'avait accompagnée la veille chez le *bon régisseur*, et fut avec lui attendre à la porte d'allée l'arrivée de son libérateur, qui se trouva au rendez-vous à l'heure militaire. Ce dernier les fit entrer, elle et celui qui l'accompagnait, et lui resta un peu en arrière. Les commis n'étant probablement pas encore arrivés, ce fut le *bon régisseur* lui-même qui vint ouvrir la porte. Ne voyant que sa victime et le monsieur qui était déjà venu avec elle la veille, il recommença ses injures envers cette pauvre femme et son mari, comme il avait fait la veille et le jour de l'audience, tout en lui disant :

— Eh ! bien, eh ! bien, avez-vous de l'argent à me donner aujourd'hui?

— Oui monsieur, j'en ai. Et en disant cela, elle se retourna pour faire signe à son sauveur d'avoir la bonté d'avancer, ce qu'il fit de suite.

Quand le bon régisseur le vit ce ne fut plus le même homme-vautour ; il balbutia et lui dit :

— Ah ! vous êtes-là, M. *** ?

— Oui, monsieur, j'ai voulu savoir par moi-même pourquoi vous avez refusé ma signature pour 50 francs?

— C'est que, monsieur, ces gens.... me font perdre beaucoup...; ce sont des canailles.

— Qu'ils soient tout ce que vous voudrez, cela ne me regarde pas, monsieur, je vous demande seulement pourquoi vous n'avez pas voulu recevoir mon billet de 50 francs?

— C'est que..., c'est que, Monsieur, j'avais besoin d'argent.

— Eh bien, Monsieur, vous viendrez en recevoir... Je pense que j'aurai suffisamment dans ma caisse pour payer 50 francs.

— Oh! je sais bien cela, Monsieur.

— Alors, pourquoi n'en voulez-vous point?

— Je ne le refuse pas, Monsieur, je suis prêt à le recevoir.

— Madame, donnez votre argent et mon billet à Monsieur, puisqu'il veut bien le recevoir, dit l'honorable négociant, en se tournant vers la pauvre femme.

Elle remit le tout sur le bureau ; ce qui faisait juste le montant de la somme réclamée la veille, par le *bon régisseur*. Mais le compte s'était augmenté dans la nuit. Au lieu de cent vingt et quelques francs qu'il était, maintenant il s'élevait à cent trente et quelques.

— Mais, Monsieur, vous ne m'avez demandé hier, ainsi que le jour de l'audience, que telle somme; Monsieur est là pour le dire, dit sa victime en désignant celui qui avait bien voulu l'accompagner.

— Je sais cela, répartit le *bon régisseur*, mais je m'étais trompé.

— Je ne comprends pas trop comment vous pouvez vous tromper si souvent. Vous vous êtes trompé en faisant le bail, ainsi qu'en écrivant votre lettre à mon mari, quand vous avez eu réglé vos comptes ensemble, maintenant vous dites que vous vous êtes encore trompé hier, vous vous trompez toujours, mais jamais à votre désavantage. C'est égal, je vais vous payer tout de même ces quelques francs de plus, pour que vous ne vous trompiez pas encore une fois.

— Madame, ne m'insultez pas, je suis un honnête homme, moi.

— C'est possible, mais je n'en crois rien, dit sa victime plus hardie maintenant qu'elle avait son ancien propriétaire avec elle. Puis fouillant dans toutes ses poches, la malheureuse femme vit avec peine, qui lui manquait quatre francs pour pouvoir se débarrasser de son bourreau. Heureusement pour elle que son libérateur avait bien voulu rester là jusqu'à la fin, sur la prière qu'elle lui en avait faite.

— Mon Dieu, Monsieur *****, ayez la bonté de me prêter encore quatre francs.

— Les voici, Madame.

— L'argent reconnu, le *bon régisseur* fit un reçu pour solde qui motivait, que ce réglement avait eu lieu avec le *mauvais locataire* lui-même, et non avec sa femme, dans l'espoir, que par ce moyen, ce dernier ne pourrait pas revenir sur l'escroquerie faite à sa femme.

Nous allons voir, que cette fois encore, ce *bon régisseur*, s'était trompé.

Quand il vit que son reçu était accepté ainsi, soit pour se réhabiliter un peu auprès du riche propriétaire, qui avait prêté l'argent pour le payer, lui régisseur, soit qu'il pensât que par la manière dont il avait fait son reçu, on ne pouvait jamais revenir sur le vol dont il se rendait coupable en plein jour et en présence de témoins, il interpella sa victime en ces termes avant de la laisser partir :

— Vous voyez, Madame, vous disiez que vous ne me deviez rien, ou du moins pas plus de vingt et quelques francs, et pourtant en voilà cent trente et tant que vous m'apportez là, sur mon bureau.

— Il n'y a pas de quoi vous en flatter, Monsieur, lui répondit-elle, car lorsqu'un voleur demande la bourse ou la vie, si celui auquel il s'adresse est un être faible qui ne se sent pas le courage de lui résister, il donne toujours son argent, pour avoir la vie sauve. J'ai été obligée de faire de même. J'ai fait plus, je suis allée chercher chez les honnêtes gens, pour vous donner tout ce que vous m'avez demandé, afin d'avoir la vie sauve, quand j'ai vu que M. le juge de paix ne valait pas plus que vous. Mais je ne vous en fais pas mon compliment ni à l'un ni à l'autre, Monsieur. Vous n'ignorez pas, que si vous aviez eu affaire à mon mari, vous n'auriez pas cet argent, il aurait su faire valoir ses droits. Mais que vouliez-vous que je fisse, moi, je n'avais qu'à payer, si je voulais conserver ma vie et celle de ma fille. Du reste, Monsieur, si cette somme vous avait été réellement due, vous auriez bien attendu huit jours de plus, puisque vous avez attendu près d'un an, sans rien demander. Mais c'est justement parce que vous saviez que mon mari sortait la semaine prochaine, que vous vous êtes entendu d'avance avec M. le juge de paix, pour qu'il ne m'accordât pas le renvoi que je demandais; car l'on m'a dit qu'ordinairement on ne refusait jamais de renvoyer une affaire, en pareille circonstance. Mais c'est assez de récriminations comme ça, je suis débarrassée de vous, c'est l'essentiel pour moi, plaie d'argent n'est pas mortelle; nous travaillerons pour en gagner maintenant, et j'aimerais mieux ne jamais en avoir que d'en beaucoup posséder par les mêmes moyens que vous, Monsieur. Ma fille n'aura plus peur à présent que vous lui manquiez, grand monstre !... — Sur ce, cette pauvre malheureuse partit.

Sept jours après cette scène, le *mauvais locataire,* son mari, sortit de la prison de... tout malade ; car on ne lui avait pas permis non plus, à lui, de faire usage de quelques gouttes de vin et de chocolat, comme on le permettait à quelques voleurs. Ayant fait la demande aussi à la préfecture pour obtenir cette permission, un *illustre* employé de la susdite avait répondu à sa famille, qu'attendu « *qu'il était un homme* » *indomptable, qui voulait faire plier ceux qui étaient* » *placés au-dessus de lui, on ne lui accorderait aucune* » *douceur.* » C'était bien fait. Qu'avait-il besoin aussi d'être bonapartiste, sous le règne de Napoléon III, au lieu d'être conspirateur-orléaniste ? S'il avait eu le bon esprit d'être partisan seulement de cette faction, l'*illustre* employé de la préfecture de..... ne lui aurait rien refusé. Il aurait pu avoir autre chose que l'eau chaude et des boules de son à moitié cuites, pour sa nourriture. Mais il y a des hommes qui sont si bêtes !... qu'ils ne savent pas comprendre ce qu'il faut faire, pour être bien vu de l'autorité *inférieure* de certaine localité de France.

Enfin, pour le remettre de ses souffrances et de ses privations, il trouva sa femme au lit, — où elle est restée près de trente jours entre la vie et la mort, par suite des tortures que lui avait fait endurer le *bon régisseur orléaniste,* — puis le boulanger qui menaçait de couper les vivres si on ne lui donnait pas d'argent, l'épicière qui en demandait à chaque instant, et qui faisait une fort vilaine grimace toutes les fois qu'on allait y chercher pour quelques sous de marchandises, puis le boucher qui paraissait fort peu disposé à rire, en voyant qu'on ne le payait pas souvent non plus.

Pour payer tout ce monde, il n'eût pourtant pas fallu une bien grosse somme ; deux ou trois pièces d'or auraient tout soldé. Mais hélas ! en fait de pièces d'or, la *canaille* de bonapartiste ne trouva que 35 centimes, sept sous, en arrivant chez lui, et un bon déjeuner qui l'attendait.

Sept sous en caisse seulement et un déjeuner, ce n'était guère pour nourrir un ménage de trois ou quatre personnes, dont deux étaient dangereusement malades. C'est égal, c'était assez pour lui. Il vit ses fournisseurs de suite, se rendit chez un pharmacien qu'il connaissait et qui voulut bien lui donner à crédit les médicaments dont lui et sa femme avaient besoin, il releva le moral de ses enfants qui se mirent à travailler nuit et jour avec ardeur, en attendant que lui-même et son épouse pussent aussi sé mettre au travail. Ce qui arriva peu de semaines après. Alors il put donner des à comptes aux uns et solder même les petits mémoires.

Cet homme avait appris les derniers procédés du *bon régisseur*, seulement, à sa rentrée chez lui ; sa femme voyant qu'il ne voulait pas lui dire où étaient ses quittances, et qu'il lui avait défendu de régler cette affaire avant sa mise en liberté, lui avait dit qu'elle avait obtenu un renvoi, et qu'elle était maintenant tranquille ; mais une fois en liberté on lui dit la vérité.

L'indignation faillit l'étouffer , en apprenant la

conduite infâme du *bon régisseur* et de l'*illustre* employé de la police ; mais il dissimula ses souffrances à sa femme et à sa fille aînée, qui le priaient de faire l'abandon de l'argent qu'on s'était fait donner, en mettant le couteau sous la gorge, et de laisser cet homme jouir en paix du bien volé. Sa femme étant menacée d'un transport au cerveau, il promit tout ce qu'elles voulurent : mais quand elle fut remise, il leur fit comprendre qu'il ne lui convenait pas de suivre leurs conseils, leur prouvant mathématiquement que cet homme infâme s'était fait surpayer *cent neuf* francs de plus qu'il ne lui était dû, et les décida à le laisser agir.

Ce compte fait, il le porta à un huissier. Celui-ci lui conseilla de faire appeler d'abord le *bon régisseur* par un billet d'invitation de M. le juge de paix. Il suivit ce conseil.

Arrivé à l'audience, le *mauvais locataire* produisit son compte, par lequel il réclamait cent neuf francs en capital et mille francs de dommages-intérêts, soit pour les mauvais traitements et les injures que le bon régisseur avait fait subir à sa femme, soit pour ce qu'on lui avait retenu arbitrairement son mobilier huit ou dix jours, car nous avons vu que cette dernière question n'avait pas été vidée.

A cette demande, le *bon régisseur* pria M. le juge de paix d'avoir la bonté de prendre connaissance du reçu pour solde qu'il avait fait à telle époque, et qu'il verrait, par ce reçu, que c'était une querelle d'Allemand que maître *** lui cherchait. — Ce *bon régisseur* se servait toujours de ce terme de palais.

Quand le juge de paix eût pris connaissance du

fameux reçu pour solde, il dit au *mauvais locataire* en lui rendant ses pièces :

— Votre demande est mal fondée, vous n'avez rien à réclamer. Voilà un reçu qui prouve un réglement de compte définitif que vous avez accepté.

— Mais je n'ai rien pu accepter du tout, M. le juge, je n'étais pas ici ; c'est ma femme que ce *brave* homme a maltraitée, a injuriée ; il l'a mise dans un état des plus déplorables. Voilà des ordonnances du médecin qui lui a donné des soins, qui vous prouveront ce que je vous avance. Même, si vous le désirez, je vous apporterai un rapport de ce médecin. Et, pour se débarrasser de ce monstre, elle lui a donné tout ce qu'il a voulu. Mais ce *brave* homme sait bien que si j'avais été ici, s'il avait eu affaire à moi, il ne se serait pas fait donner ce que je ne lui dois pas.

Pensant que sa victime n'oserait pas dire à l'audience, qui était pleine de monde, qu'elle était en prison quand il avait escroqué cette somme à sa femme, le *bon régisseur* prit la parole, et dit en souriant ironiquement :

— M. le juge, c'est en effet avec sa femme que j'ai réglé cette affaire ; mais je présume que c'est monsieur qui me l'a envoyée, car je puis prouver qu'il n'était pas absent, qu'il était ici.

— Certainement que j'étais ici, mais vous savez bien que c'est comme si je n'y eusse pas été, et que je ne pouvais pas me rendre à l'audience ; sans cela, vous ne m'eussiez pas fait assigner, vous vous êtes bien donné de garde de le faire, tant que vous avez su que je pourrais me rendre à l'audience. Ce n'est que quand vous avez appris où j'étais par M. *** (il nomma *l'illustre* employé de la police), que vous avez osé vous en prendre à des femmes, et que vous les avez maltraitées pour me voler, grand lâche!...

— Voyons, ne vous insultez pas ou je vous fais mettre à la porte, dit le juge de paix, et il ajouta : puisque vous n'étiez pas absent, où étiez-vous donc, pour ne pas pouvoir vous rendre à l'audience?

— Eh! bien, puisqu'il faut vous le dire, j'étais en prison; j'en suis sorti tel jour; juste une semaine après le réglement que ma femme a fait, contre l'ordre formel que je lui avais donné. C'est parce que, sans doute, j'avais quasi fini de subir ma peine, que M. le juge de paix de mon canton ne voulut pas accorder le renvoi qu'elle demandait. En apprenant ce refus, je dis à ma femme de laisser faire ce *brave* homme, que je serais mis en liberté à temps pour former opposition au jugement qu'on pourrait rendre contre moi; mais ce beau Monsieur l'a tant effrayée, en lui disant, que non seulement il ferait vendre son mobilier aussitôt après le jugement rendu, mais encore qu'il ferait vendre aussi leurs robes et leurs lits. Ces malheureuses, qui n'en connaissent pas plus long qu'un enfant qui vient de naître, en ce qui concerne la jurisprudence, ont cru que cela pouvait se faire. C'est pourquoi elles ont donné à ce *brave* homme tout ce qu'il a voulu.

— Qu'aviez-vous donc fait pour être en prison? demanda le juge de paix.

— J'avais commis un bien grand crime, M. le juge, j'avais dit la vérité contre la canaille et ses protecteurs, contre deux des amis de Monsieur (il désignait le *bon régisseur*) dont un est déjà condamné à la réclusion, et il faut espérer que ce *brave* homme ne tardera pas à aller le rejoindre, ses conspirations et sa manière de procéder ne peuvent manquer de l'y conduire aussi.

— Redonnez-moi vos pièces, dit le juge de paix au *mauvais locataire,* l'affaire est renvoyée à tel jour, je veux examiner chez moi les quittances.

A l'audience suivante, M. le juge de paix dit ceci au *bon régisseur* :

— Vous vous êtes fait surpayer de quatre-vingts et tant de francs, même y compris la déduction faite des frais, que vous avez faite au demandeur après son acte d'offre et, qu'à la rigueur, il ne devait pas. Je laisse ces frais à sa charge ; mais il faut lui rembourser *quatre-vingt-douze* ou *quinze francs,* — je ne me rappelle pas au juste, — *vous les lui devez.* J'ai examiné ses reçus et la durée de son bail ; voici le compte que j'ai fait, vous pouvez en prendre connaissance, vous reconnaîtrez vous-même que vous lui devez cette somme.

—Mais Monsieur le juge par ci, mais Monsieur le juge par là, je ne lui dois rien ; au contraire, c'est lui qui me redoit encore, et *patati* et *patata.* Nous avons eu un autre marché de fait après le bail, etc., etc.

— Je vous dis que vous lui devez cette somme. Voulez-vous la lui payer ?

—Non, Monsieur le juge, parce que je ne la lui dois pas.

— Je ne puis pas rendre un jugement sur un billet d'invitation, faites assigner, dit M. le juge de paix en s'adressant au *mauvais locataire,* je le condamnerai à vous payer *quatre-vingts et tant de francs* et quelques centimes.

L'huissier assigna, mais pas selon les ordres que le *mauvais locataire* lui avait donnés, c'est-à-dire en conciliation et conformément à son compte, qui s'élevait à plus de onze cents francs, y compris les dommages-intérêts auxquels il avait droit, mais seulement en paiement des quatre-vingts et quelques francs que le juge de paix avait reconnus être dus par le *bon régisseur*. Ce trop officieux juge de paix dit à son huissier, — *de son autorité privée et en l'absence du mauvais locataire*, — « Vous assignerez seulement en paiement de » quatre-vingts et tant de francs, je rendrai un juge- » ment en dernier ressort. Le demandeur n'ayant » peut-être pas droit à un dommage pécuniaire, le » défendeur ne pourra pas rappeler de mon juge- » ment, attendu que la somme n'excédera pas cent » francs. »

Quand le *mauvais locataire* vit, à l'audience suivante seulement, que sa demande était faite de cette manière, il pensa de suite qu'il était dupe de quelque machination. Il n'avait pas tort.

M. le juge de paix, — qui semblait mettre une grande impartialité dans cette affaire, même qui paraissait parfois prendre les intérêts du volé, ainsi que nous venons de le voir pour l'assignation ; car c'était censé dans les intérêts de la victime du *bon régisseur* qu'il avait fait faire cette assignation, selon son *bon plaisir*, à lui juge, — M. le juge de paix fit la question suivante au *mauvais locataire*, aussitôt que les parties furent présentes :

— Le défendeur dit que vous n'avez pas toujours

payé votre loyer par des à comptes. Qu'antérieure-
ment au réglement de compte qui est prouvé par sa
lettre, vous avez un reçu d'un terme, lequel reçu
prouve aussi, dit-il, que votre loyer était d'un chiffre
plus élevé que celui que ne porte votre bail. Si vous
produisiez ce reçu, il est prêt à vous payer ce que
vous lui réclamez, si toutefois le montant de ce terme
corrobore avec le prix stipulé dans le bail. Vous
m'aviez donné ce reçu avec les autres, quand vous
formâtes votre première demande ; pourquoi ne me
l'avez-vous pas remis cette fois aussi ?

— Mon Dieu, M. le juge, comme ce reçu est anté-
rieur à notre réglement, lequel est suffisamment prouvé, je pense, par la lettre de Monsieur, je n'ai pas cru
devoir conserver ce reçu ni vous le remettre.

— Il l'a conservé ; mais comme il sait qu'il est
compromettant pour lui, il ne le montre pas, dit le
bon régisseur.

— Vous savez bien le contraire, Monsieur ; vous
n'ignorez pas que si ce reçu est compromettant pour
quelqu'un, c'est pour vous. Que si je le montrais
il ferait une preuve de plus, qui attesterait que vous
êtes un fourbe qui en imposez à la justice.

— Eh bien, montrez-le donc, montrez-le donc,
vous ne l'avez pas perdu, vous l'avez bien ; pourquoi
ne le faites-vous pas voir ?

— Puisque vous y tenez tant, brave homme, le voici,
ce fameux reçu. Lisez, M. le juge, vous pourrez
encore mieux apprécier ensuite la probité de ce *très
honnête Orléaniste.*

— Ils valent plus que vous, les Orléanistes.

— Messieurs, pas de discussions politiques ici, ou je vous fais mettre à la porte, dit le magistrat.

Puis après quoi il prit connaissance du fameux reçu tant demandé par le *bon régisseur*, et que le *mauvais locataire* avait précieusement conservé pour les coups de poings de la fin, comme Rodolphe, voulant faire voir jusqu'au bout la mauvaise foi du bourreau de sa femme et de sa fille, pour le bien faire connaître. Quand il l'eût bien tout lu, le magistrat ajouta :

— Ah! vous n'avez qu'à payer M. ***, voyez plutôt vous-même, dit-il en faisant passer le reçu au *bon régisseur*.

— Je vous prie de renvoyer l'affaire, M. le juge, je crois qu'il y a erreur dans le compte que vous avez fait ; je vous ferai un autre compte qui vous prouvera que je ne dois rien à maître ***. Veuillez par ci, veuillez par là; ayez la bonté de revoir ses quittances ; je suis certain qu'il y a erreur et que je ne lui dois rien. Que c'est plutôt lui qui me redoit. J'ai des droits, je saurai les faire valoir.

Il avait en effet beaucoup de droits ; il avait extorqué, escroqué de l'argent à une femme en la menaçant de mort, et il voulait garder cet argent : voilà quels étaient ses droits...

Le *mauvais locataire* eut beau faire tout ce qu'il put pour s'opposer au renvoi, disant avec raison que cette affaire était déjà venue dix ou douze fois à l'audience, il y eut tout de même renvoi. M. le juge lui redemanda ses pièces, soi-disant pour les examiner de nouveau, car il les lui avait rendues à l'audience précédente.

— Je ne les ai pas ici, M. le juge.

— Eh! bien vous me les apporterez chez moi.

En rentrant chez lui, il dit à sa famille :

— Mes enfants, si mon procès n'est pas perdu, il ne s'en manque guère.

— Mais papa, tu nous avais dit que tu ne pouvais pas le perdre pourtant, lui répondit sa fille en essuyant deux grosses perles de cristal qui lui coulaient sur les joues malgré elle. Mais cette pauvre enfant, — qui avait dit quelques jours auparavant : « Nous aurons » de quoi payer tous nos fournisseurs, maman, oh! » que je serai contente, — voyant maintenant que » cela ne se pouvait plus, n'avait pu retenir ses lar- » mes. »

— Ne pleures pas, ma fille, et ne t'inquiète de rien. Je travaillerai tant, à présent que je le peux, que je gagnerai pour payer non seulement à qui nous devons, mais encore pour vous acheter bientôt chacune une jolie robe. Ce n'est pas les cent et quelques francs que cet homme nous vole ni les deux ou trois cents qu'on m'aurait alloués sur les mille que je demandais, qui auraient pu faire notre fortune ; il n'y a que le travail et l'économie qui aient cette vertu. Ne te fais donc pas de mauvais sang. Sois sans inquiétude et aies confiance en Dieu. Tu sais bien que ton père a du cœur et encore du sang dans les veines.

— Oui, papa, je sais tout cela ; mais j'ai peur que ça te fasse retomber malade. Et comme la maman n'y voit presque plus rien et qu'elle n'a plus la force de travailler, tu comprends...

— Je comprends parfaitement, ma fille ; mais sois tranquille, je ne retomberai pas malade, à moins que je ne vous voie ta mère et toi, vous faire de l'ennui, et pleurer. Quant au reste, quoiqu'il m'arrive cela m'est égal ; je suis cuirassé de manière que rien ne peut me faire de l'ennui, si vous ne vous en faites pas.

— Mais enfin, dit la mère, tes titres ne valent donc plus rien maintenant. Qu'est-ce que le juge de paix t'en a dit, il est donc contre toi ? Il ne les trouve donc plus bons à présent ? Tu crois donc qu'il osera revenir sur sa parole et qu'il voudra passer pour un brouillon ?

— Je crois tout, ma femme, même en Dieu. On voit bien que tu connais peu les Orléanistes. Tu ne te rappelles donc pas ce qui m'est arrivé l'année dernière, avec ce même juge de paix. Mes titres sont et resteront toujours bons, d'après le droit et la loi ; cela est incontestable ; mais d'après le régime du bon plaisir, il n'y a aucun titre de valable. Or, s'il est vrai que M*** soit encore dévoué à l'orléanisme, il osera tout ; mes titres, non seulement ne vaudront plus rien, mais encore je serai très heureux, si on ne m'accuse pas d'être un faussaire. Vous savez d'ailleurs ce que je vous ai dit de ce que je pensais de mon procès, quand j'ai su que le juge de paix avait fait faire l'assignation en paiement d'une somme de moins de cent francs seulement et non en conciliation et en paiement d'une somme de *onze cents* francs, ainsi que j'en avais donné l'ordre formel à l'huissier ; auquel j'avais dit, que je tenais par-dessus tout à mener le brave *** au tribunal de première instance, pour le faire connaître, chose qu'il n'a pas manqué de dire au juge de paix, et....

— Aussi, pourquoi dis-tu toujours toutes tes affaires, toi?

— Mais, ma femme, je ne le lui disais pas sans rai-

son : c'eût été fort inconvenant, d'aller dire moi-
même au juge de paix que, s'il ne me rendait pas la
justice à laquelle j'ai droit de par la loi, j'en rappel-
lerais de son arrêt ; mais j'étais bien aise cependant
qu'il connût mes intentions, pour voir comment il ma-
nœuvrerait cette affaire, pour tirer d'embarras, pour
sortir du bourbier, où s'était mis par sa conduite
infâme, le fameux *** qui est son ami politique et un
régisseur de propriétés. Je tenais par-dessus tout à connaître par expérience, si ce que l'on dit est vrai.

— Que veux-tu donc connaître ?

— Presque rien ; deux choses seulement.

— Qu'est-ce que c'est donc que ces deux choses ?

— Je vous les dirai plus tard, c'est une dernière
étude que j'ai voulu faire.

— Avec tes études, tes études, ça ne nous donne pas
de pain.

— Tu peux bien nous les dire à présent, reprit la
jeune fille, en faisant une petite moue ; puisque tu
crois qu'elles t'empêcheront de retirer nos cent francs
tu n'as pas besoin de nous les cacher, elles nous coû-
teront assez cher ?

— Ne te fâche pas, ma fille, dans quelque temps je
t'en donnerai deux cents, et je t'acheterai une jolie
robe, je te le promets.

— Eh bien ! dis-nous ce que tu veux savoir au
moins !....

— Vous ne vous fâcherez pas, ni l'une ni l'autre ?

— Non, non, répondirent-elles toutes les deux à
la fois.

— Je commence par vous répéter que cette étude

est ma dernière, et que désormais, je ne m'occuperai
à travailler que pour gagner de l'argent.

— Ce serait bien quasi temps, dit la mère ; car j'ai
tant travaillé pour ne pas manquer de pain, que je
n'ai plus de force et je n'y vois plus rien.

— Pas de récriminations, ou je vais m'en aller et je
ne vous dirai jamais rien.

— Tais-toi, maman... Continue, petit père, je t'ai-
merai bien ; et ne t'en vas pas, nous ne te dirons plus
rien.

— Eh bien ! je tiens à savoir d'abord, si l'ordre formel qui a été donné après le 2 Décembre par un certain Comité de ma connaissance qui est composé de tout
ce qu'il y a de plus *illustres* dans les Cosaques de l'intérieur, — est toujours ponctuellement exécuté ; c'est-
à-dire, si les fonctionnaires ou magistrats, — auxquels
on a dit en même temps, de faire semblant de se
rallier au gouvernement actuel, pour avoir un pied
partout quand le moment serait venu, — qui sont
restés fidèles à la dynastie des d'Orléans, quoiqu'ayant
prêté serment de fidélité à l'Empereur, donnent toujours tort à tous ceux qui ne sont pas orléanistes ;
principalement aux bonapartistes et aux républicains,
ainsi que le fameux Comité dont je viens de parler le
leur a expressément recommandé en janvier 1849 et
après le Deux-Décembre. Ensuite, je suis bien aise de
savoir aussi ce qu'il y a de vrai dans ce qu'on dit, que
les régisseurs publics font des cadeaux aux juges de
paix, pour obtenir une bonne justice. Voilà les deux
choses qui m'ont fait dire ce que je voulais faire à
l'huissier, pour qu'il le répétât, afin qu'on prît toutes
mesures qu'on jugerait convenable. Dussent-elles,

empêcher la restitution des cent et quelques francs que le brave M*** nous a volé. Mais ne croyez pas que j'aie dit mes intentions sans motif ; je sais aussi bien que personne, qu'en tout et partout, un homme averti en vaut deux.

— Je suis bien fâchée de t'avoir répété ce que M*** m'avait dit des juges de paix et des régisseurs ; une autre fois je ne te dirai rien ; car si je ne t'en avais pas parlé, tu nous aurais peut-être fait rendre nos cent francs. Nous en avons bien trop besoin.

— N'aies pas de regret, ma femme, je l'avais entendu dire bien avant toi. Ensuite, la première chose était trop importante à connaître, pour ne pas s'exposer à perdre cent francs, malgré le plaisir que cet argent nous ferait.

— Écoute, papa ; ne te fâches pas de mon observation, mais il me semble que tu aurais bien pu attendre plus tard pour faire ton étude : pour le moment, je crois que nos cent francs devaient passer avant, dit l'enfant, en s'essuyant de nouveau les yeux.

Tu te trompe, ma fille, le temps te prouvera que rien n'était plus pressé que cette étude.

— Oui, mais si d'ici là, il nous faut tous mourir de faim, tu seras bien avancé, avec ton étude.

— Ne te fais donc pas de mauvais sang, pauvre enfant, lui dit sa mère ; puisque le papa va travailler, il les aura bien vite gagnés, nos cent francs, tu sais bien que quand il s'y met, il gagne des fois plus dans un jour, que nous deux dans un mois. Ensuite, le juge ne lui a pas dit qu'il ne lui ferait point rendre nos cent francs. Enfin, t'a-t-il dit aujourd'hui qu'il ne te revenait rien ?

— Oh! non, ces Messieurs savent mieux s'y prendre ; il m'a dit seulement de lui reporter mes pièces, quand j'aurais fait visé pour timbre la lettre qui prouve notre réglement de compte, qu'il voulait les examiner de nouveau, avant de rendre le jugement.

— Eh bien, alors, ton procès n'est pas perdu. Au contraire, puisqu'il t'a dit de faire viser ta lettre pour timbre, il ne te ferait pas faire cette dépense, s'il ne voulait pas te faire rendre tes cent francs. Il a trouvé cette lettre bonne, sans être visée, elle ne sera que meilleure après. Tu te trompes, tu vois la chose du mauvais côté.

— Dans l'intérêt de nos cent francs et de la société, je voudrais me tromper, mes enfants, je le désire, mais je ne l'espère pas. D'ailleurs, nous n'avons pas bien à attendre, vous verrez dans quelques jours que malheureusement ce que je prévois arrivera ; vous verrez alors, que si je ne suis pas renvoyé de ma demande et condamné à payer les frais, on ne le condamnera lui, qu'à me rembourser cinq ou peut-être dix francs, pour sauver les apparences, pour faire croire à un arrêt équitable.

— Mais sur quoi fondes-tu tes prévisions, enfin?

— Sur tout ce qui s'est passé, dans les douze ou quinze fois que nous sommes allés à l'audience, l'année dernière et celle-ci, pour cette affaire ; sur les nombreux renvois que mon adversaire a demandés et qui lui ont toujours été accordés ; sur les douze ou quinze comptes qu'il a produits, tous d'un chiffre différent, sans que M. le juge de paix lui en fasse la moindre observation; sur ce que je lui ai dit deux fois, en pleine audience, que c'était un très honnête orléaniste qui espérait un emploi de préfet, s'il réussissait dans sa conspiration ; sur ce que j'ai avoué que j'étais bonapartiste ; sur ce que le juge de paix a fait faire, de son autorité privée, l'assignation de moins de cent francs, soi-disant pour mes intérêts, au lieu de plus de onze cents, ainsi que j'en avais donné l'ordre formellement ; sur ce qu'on m'a dit aujourd'hui, que si je produisais le reçu du terme entier que j'ai payé on était prêt à me rembourser ce que je réclamais, si ce reçu était conforme au prix stipulé dans le bail. Puis après, qu'on a eu reconnu que le reçu me donnait encore raison, on ne me fait plus payer, on redemande mes autres titres qu'on avait gardés près d'un mois dans les deux fois... Ceci n'est pas clair, mes enfants, c'est au contraire fort trouble. Mes titres ont été reconnus bons et valables deux fois, sans être visés pour timbre ; on me les redemande une troisième, quoiqu'ils seront visés cette fois, vous verrez qu'ils ne vaudront rien, ou du moins peu de chose.

— Des fois, nigaud, ne t'en fais pas d'ennui d'avance, tu peux bien te tromper.

— Tant mieux si je me trompe ; quant à l'ennui, je ne m'en fais nullement. J'attends tout avec résignation, et m'en rapporte parfaitement à la Providence. Quelle que soit la décision du juge de paix, vous verrez que rien ne nous manquera quand même.

Cette décision eut lieu deux ou trois jours après cet entretien. Mais, ainsi que l'avait dit le mauvais locataire à sa famille, la lettre, qui prouvait d'une manière incontestable d'abord, le réglement de compte, se trouva de laisser beaucoup de doute et ne plus rien prouver du tout cette fois, quoique visée pour timbre alors seulement ; les frais qui avaient été faits mal à propos par le *bon régisseur* au *mauvais locataire* et qui, d'après M. le juge de paix lui-même, n'étaient pas dus par celui-ci à la rigueur, lui furent colloqués quand même. Par ces motifs, et une multitude d'autres attendus et de considérants, plus nombreux peut-être, que jamais Cour impériale n'en a mis dans aucun arrêt d'une audience solennelle, quand il s'est agi d'une affaire de plusieurs millions d'importance, M. le juge de paix condamna le *bon régisseur* à payer au *mauvais locataire* la somme de **vingt et quelques** francs, le condamna en outre aux frais et dépens de l'instance. Inutile de dire qu'il ne fut pas question des dommages-intérêts. D'après l'assignation que le juge de paix avait fait faire, on n'en demandait pas ni on ne pouvait pas rappeler de ce jugement, attendu que la somme n'excédait pas cent francs.

Ainsi que le *mauvais locataire* l'avait dit à sa famille quelques jours auparavant cet arrêt, il l'entendit prononcer avec résignation et sans dire mot : mais le *bon régisseur* se fâcha beaucoup, criant bien haut qu'on le condamnait à payer une somme qu'il ne devait pas, etc., etc. Par cette colère simulée le tour était joué ; l'iniquité ressemblait à de la très *bonne justice ;* car, tout en faisant *tort* des quelques cents francs qui revenaient au *mauvais locataire bonapartiste,* d'après ses titres authentiques et de par la loi et le droit, le public fut forcé de croire qu'on lui avait accordé plus qu'il ne lui revenait, et qu'on avait fait un *tort réel* au *bon régisseur orléaniste,* puisque ce dernier se récriait beaucoup, beaucoup fort, comme dit l'Anglais.

Pour que les titres qui avaient été reconnus bons

et valables aux deux premiers dépôts, et cela, pendant la durée d'une quinzaine d'audiences] où il y en avait toujours été question, que s'était-il donc passé entre M. le juge de paix et le *bon régisseur*, pour qu'au troisième dépôt ces titres ne valussent plus rien? Ne le sachant pas, je ne puis donc le dire. Mais ce que je peux certifier, c'est que les choses qui se sont passées publiquement sont arrivées telles que je viens de les raconter, si ce n'est une assignation, dont j'ai oublié de parler, que le *bon régisseur* fit donner au *mauvais locataire*, par laquelle il demandait l'incompétence du juge de paix ; parce que ce dernier paraissait trop mettre de partialité en faveur du *mauvais locataire*; et parce que encore cette affaire était pendante, soi-disant, par-devant un autre tribunal de paix, chose qui était fausse sous tous les rapports. Cette assignation, qui était, je présume, pour mieux donner le change au *mauvais locataire*, est une véritable insulte pour le juge de paix auquel elle conteste la compétence et lui signifie de se déclarer. Le *bon régisseur* ne parla pas de cette assignation quand il arriva à l'audience, voyant qu'on lui accordait encore le renvoi qu'il demandait. Ne comprenant encore rien à ce silence, le *mauvais locataire* crut ne rien devoir en dire non plus, mais feignant toujours d'avoir une grande confiance dans l'*impartialité intègre* du juge de paix, il lui porta la copie qu'on lui avait envoyée. C'est pourquoi il en est fait mention dans le fameux arrêt, quoiqu'il n'en ait jamais été question dans aucune audience.

Après le jugement, on rendit les pièces au *mauvais locataire*. Dans ces pièces il a trouvé trois ou quatre

des nombreux comptes produits par le *bon régisseur,*
et qui ont été oubliés sans doute par mégarde par le
juge de paix. Je les ai vus et bien vérifiés, aucun n'est
du même chiffre, comme je l'ai déjà dit.

Je me suis entendu avec le *mauvais locataire* bonapartiste pour avoir en ma possession ces comptes et
toutes ces pièces qui prouvent son droit, ainsi que
l'expédition du fameux jugement. Si l'autorité supérieure désire en prendre connaissance, je les tiens à
sa disposition. Elle pourra voir qu'on a raturé les titres du *mauvais locataire* la dernière fois qu'il les a
remis, ainsi qu'il le fit remarquer au greffier et à
l'huissier du tribunal de paix, avant sa sortie de l'audience.

Qu'on veuille me dire si ces procédés sont les principes de 89? Car il ne faut pas croire que les infamies dont il est parlé dans mon livre soient des faits
isolés qui n'ont aucun rapport avec la généralité des
fonctionnaires ou magistrats de l'orléanisme, ce serait
une grave erreur. Ces actes sont au contraire généraux. Les premiers que j'ai cités étaient parfaitement
au vu et au su de l'autorité du *bon régime de Juillet.*
Quant à ceux dont il vient d'être question, c'est pour
obtempérer aux ordres donnés par le *très haut, très
honorable* et *très illustre* Comité central orléaniste, qui
espère, par ce moyen, dépopulariser entièrement Sa
Majesté Napoléon III, et nous ramener un de ces matins l'*auguste* dynastie du *grand citoyen* Égalité fils.
Les grands génies des très *illustres* de Juillet ont découvert ce moyen, qu'ils considèrent comme devant
être infaillible, pour atteindre leur but. Que le lecteur ne pense pas que ce moyen soit *infâme* et *Cosa-*

que, il est au contraire tout ce qu'il y a de plus *hono-rable* et de plus *français*, d'après les bons Orléanistes, ils le démontrent mathématiquement.

Avant de terminer, j'adresse toutes mes félicitations au très haut Comité orléaniste, soit pour son grand patriotisme, soit pour la manière dont ses ordres sont ponctuellement excutés par ses créatures. Je lui recommande ces dernières d'une manière particulière ; elles méritent de l'avancement, et pour leur grand patriotisme et pour leur zèle. Car je défie que, sur cent fonctionnaires ou magistrats qui sont restés dévoués à l'orléanisme, tout en prêtant serment de fidélité à S. M. l'Empereur, on puisse en trouver deux qui donnent raison à un *bonapartiste* ou à un républicain et tort à un orléaniste, selon le droit et l'équité, et conformément à loi. Ils trouvent toujours un moyen mécanique pour éluder le droit acquis et pour se prononcer de manière que leurs infamies ressemblent, à s'y méprendre, à de la fort *bonne justice*. Tels sont les seuls et uniques principes que représente la fameuse dynastie d'Orléans. Je pense qu'il y a loin de ces principes là à ceux de 89 ; car, je le répète, ces derniers ne font pas d'exceptions. Ils s'opposent formellement, au contraire, à toute faveur faite à une coterie, à un parti, voire même à une faction. Lors même que cette faction serait orléaniste jusqu'au bout des ongles et ses membres riches à millions, les principes de 1789 ne veulent pas plus de préférence pour personne que d'égalité de fortune. Ils veulent seulement *l'égalité devant la loi de tous les citoyens français ;* ils n'ont nullement de faveur pour le veau d'or, et n'ont jamais déifié l'argent. Malgré que les Orléanistes procèdent autrement, ils exigent impérieusement aussi bien cette égalité pour le pauvre, couvert de haillons, que pour le plus riche banquier ou le plus illustre Mirabeau-Saltimbanque.

Or, la seule et unique dynastie qui représente les idées de 89 est donc, sans contre dit, celle des Bonaparte.

Quand cette dynastie est sur le trône de France, l'application de la loi ne se fait pas en faveur de telle ou telle coterie, appartenant à une caste plus ou moins bête et ridicule ou à tel parti, comme quand c'est une des deux autres; la loi alors, mais alors seulement, la loi règne elle-même; elle préside à tout et a la même équité pour tous. L'esprit de parti ne fait jamais agir les représentants de cette dynastie des Bonaparte; les intérêts de la France seuls les guident. Ils ne s'occupent pas eux, depuis le 1er janvier jusqu'à la saint Silvestre, des intérêts de leur dynastie, ils s'occupent du pays envers et contre tout. S'ils ont des préférences, ce n'est pas en faveur d'une caste nobiliaire ou financière et commerciale, ni d'aucune coterie civile ou militaire portant des épaulettes d'or ou d'argent, la préférence des Bonaparte est pour le peuple-blouse et pour le soldat qui n'a que les épaulettes de laine; en un mot, pour le plus grand nombre.

Quoique *M. Bonaparte* n'ait pas le grand génie de milord Philippe, pas seulement l'esprit très supérieur des *illustres,* malgré sa *bêtise* et sa *grande imbécilité,* S. M. Napoléon III sait comprendre, avec ce peu de *gros bon sens qu'il possède,* que l'épaulette d'or ou d'argent et l'habit noir savent parfaitement bien se protéger d'eux-mêmes, pour se garantir des tortures de la faim.

Aussi, l'Empereur s'occupe particulièrement de la blouse et de l'épaulette de laine. Avec son esprit *borné* il comprend, mieux que personne n'a jamais fait, que ces dernières ont plus besoin de la puissante protection du chef de l'Etat, que les habits noirs et les épaulettes d'or.

Car enfin, qu'on veuille me dire si l'on n'a jamais vu souverain, républicain sans-culotte, rouge ou socialiste, qui ait fait le demi-quart autant pour les masses que S. M. l'Empereur? Où est donc le démocrate, qui a mis en pratique aussi bien que lui les vrais principes de la démocratie sociale? Donc sa dynastie seule représente les grands principes de 89.

Nous savons que cela est très vrais, répondront les républicains rouges et autres, qui sont honnêtes citoyens et de bonne foi, mais *M. Bonaparte* a eu tort de se faire proclamer empereur, il aurait dû rester président de la République pendant dix ans. S'il avait conservé cette forme de gouvernement, nous serions ses partisants.

Pourquoi, s'il vous plait, conserver la ruine publique, quand la grande majorité de la France est monarchique, et que cette majorité demandait l'Empire? Si cette imposante majorité devenait un jour minorité, on serait en droit de tenir un tel raisonnement. Mais tant que cette majorité restera ce qu'elle est, et il faut espérer qu'elle y restera longtemps, il est absurde de parler des *si* et des *mais*. Il convient donc à tous les honnêtes gens, qui ont le cœur français, qu'elle que soit d'ailleurs leur opinion politique, de se rallier sincèrement au gouvernement de l'Empereur, afin de préserver le pays d'un quatrième fléau orléaniste, car ce fléau serait infailliblement le tombeau de la France.

Il faut laisser remuer les Cosaques de l'intérieur, — ces vampires, qui ne savaient pas faire autre chose que de puiser dans les coffres de l'Etat et faire des phrases, qui conspiraient entre eux, quand ils voyaient que leur faux roi vivait trop vieux, qui voulaient devenir de suite le *signor Mazarini*, si milord Philippe s'opposait trop longtemps à leur laisser faire semblant de remplir le rôle de Richelieu de temps à autre, qui spéculaient sur la misère publique, sur la faim du travailleur pour faire des grandes fortunes — ces *illustres* cosaques sont comme leur prince, que nous avons vu gourverner, ils n'ont également ni patriotisme, ni cœur, ni honneur; laissons-les donc conspirer à leur aise. Malgré leur perfidie et leur grand génie, eux seuls ne sont pas à craindre; quoiqu'ils se disent la France, leur bande n'est guère plus considérable que celle de leur *illustre ami* Mandrin. Ils ne peuvent donc rien, si les vrais patriotes au cœur noble et généreux ne se laissent pas de nouveau tromper. Tenons-nous donc bien sur nos gardes, puisque l'on veut que la famille d'Orléans soit une dynastie. Examinons consciencieusement et méticuleusment les actes de leurs princes qui ont gouverné la France, ainsi que ceux des princes Bonaparte; et sans partialité, ni aucune prévention, car il faut avant tout être *français*, on reconnaîtra bien vite laquelle des deux dynastie est préférable à l'autre.

Si nous comptons Philippe-Egalité, — et nous devons le compter, attendu qu'il n'a pas été moins funeste au pays que son aïeul, le Régent, — ni que milord Philippe, son fils, — cela fait également trois princes de cette famille qui ont gouverné, à trois époques différentes, comme nous en sommes au troisième *M. Bonaparte.* Qu'on se rappelle d'abord dans quel état florissant et puissant les premiers ont pris la gestion des affaires publiques, quand ils sont arrivés au pouvoir suprême ; puis ensuite, quel affreux désastre ils sont parvenus à causer au pays, par leurs *grands génies* et *belle* et leur *sublime* politique. Cependant, aidés des événements, comme ils l'étaient, que n'auraient-ils pas pu faire, surtout milord Philippe et son père Egalité, que n'auraient-ils pas pu faire, s'ils n'avaient pas été anti-français, bêtes comme six ânes ou deux grands scélérats?

Que serait devenue la France, après 1792 et en 1851, s'il ne se fût pas trouvé à ces deux époques, un *M. Bonaparte* pour la préserver des Barbares de l'extérieur et de l'intérieur? Est-ce bien prouvé, que nous ne serions pas les *très humbles sujets* de l'ours dn Nord, si nous n'avions pas eu le *grand* et le *petit Napoléon,* pour nous en garantir?

Ces princes, il est vrai, ne sont pas grands phraseurs ni hableurs; ils ne possèdent pas la science infuse, comme milord Philippe et tous ses *illustres,* les *MM. Bonaparte* n'en possèdent qu'une seule, c'est celle de savoir gouverner la France. Tout *petit* qu'il soit, malgré son *mauvais* entourage, malgré même les traitres qui cherchent à le tromper et qui lui empêchent de faire tout le bien qu'il voudrait, un Napoléon sait faire respecter la France au dehors comme au dedans. Il n'aide pas, comme milord Philippe, ainsi que nous en avons vu la preuve dans sa correspondance secrète vis-à-vis de la Pologne, il n'aide pas, par la ruse ni la trahison, le fort contre le faible ; lui protége le faible contre le fort, et fait corriger le grand despote barbare qui voulait subjuguer l'Europe, pour pouvoir mieux peupler sa Sibérie de victimes. Voilà pour le dehors.

Quant au dedans, s'il fallait citer tous les faits du mauvais gouvernement de *M. Bonaparte*, et les mettre en relief avec ceux du *bon* gouvernement de milord Philippe, il me faudrait faire un volume. Comme ma santé, ni mes moyens pécuniaires ne me le permettent pas, je me contenterai d'en citer un seulement de chaque gouvernement, parce que je pense qu'ils ne sont pas connus de tout le monde, c'est celui de l'importation des grains.

Quoique beaucoup moins mauvaise qu'en 1853, la récolte des céréales ne fut pas non plus bonne en 1846. Il y eut donc aussi nécessité alors de faire venir des blés de l'étranger. Il n'en manqua pas *onze millions d'hectolitres*, comme l'année dernière, mais il en manqua *huit millions*. C'était déjà assez, pour que le *bon* gouvernement de milord Philippe laissât mourir de faim des citoyens français, qui valaient cent fois mieux que lui ; car il fut constaté, en 1847, que plusieurs familles avaient perdu la vie, faute de pain. Et, dans toute la France, à cette même époque de 47, le pain était d'un prix très élevé. Même à Paris, le pain valut jusqu'à 61 centimes le kilogramme, ce qui fait le tiers, et même davantage, de plus qu'on ne la payé cette année. *Vingt-un centimes* par kilogramme, 42 centimes par pain ! Mais cette différence est énorme, mes amis ; cela fait 18 livres de pain qu'on peut se procurer avec le même argent qu'il fallait, en 1847, pour en avoir seulement douze ; et il reste encore de quoi boire la *goutte* ou avoir du tabac. Pourtant il a manqué, en 1853, beaucoup plus de blés qu'en 1846, trois millions d'hectolitres de plus qu'alors, les douanes sont là pour le prouver. Le pain devrait donc être un tiers plus cher cette année qu'en 1847, puisqu'il a fallu faire venir de l'étranger, presque un tiers de blés de plus que sous le *bon règne*. Cependant, au lieu de payer le pain 80 ou 90 centimes le kilogramme, comme nous le paierions indubitablement, si nous avions un *auguste* prince d'Orléans pour gouverner, nous ne le payons que 40 centimes.

Tout cela n'est malheureusement que trop vrai, vont dire les classes laborieuses, d'où peut donc venir qu'on ait payer le pain si cher en 1847, puisque la récolte a été bien moins mauvaise qu'en 1853, puisqu'elle a rendu trois millions d'hectolitres de plus que l'année dernière? D'où peut donc provenir qu'il y a eu famine, en 1847, au lieu d'y avoir abondance comme en 1854, malgré que la récolte des grains de 1854 ait été bien inférieure à celle de 1846?

Je vais vous le dire, travailleurs, mes frères, d'où cela provient, c'est que nous avions un *bon* gouvernement en 1846, qui était présidé par un *auguste* prince d'Orléans. qui avait un *grand génie* et qui était le plus *grand politique* du monde, qui ne s'entourait que d'hommes *supérieurs* et d'un *mérite hors ligne*, qui étaient *tout* ce qu'il y avait de plus *illustres* et de plus *honorables*. Tandis qu'en 1853, nous n'avions qu'un *mauvais* gouvernement, qui était présidé tout bonnement par un *M. Bonaparte* seulement, qui ne s'entoure que de gens qui sont, *comme lui, sans patriotisme* et *sans capacité ni probité.* Et, ce mauvais gouvernement, qui est si *horriblement mal composé*, ne sait pas procéder comme le *bon* de milord Philippe, qui était composé de tout ce qu'il y avait de plus *probe* et de plus *honorable*, de plus *illustre* et de plus *capable*, comme on va le voir.

Quand le *bon et tant regretté gouvernement* de Juillet vit que la récolte manquait en 1846, voici ce que se dirent les membres *illustres* dont il était composé : « Ah! quel bonheur!... Que c'est heureux qu'il arrive
» enfin une mauvaise année!!! Nous pourrons encore
» plus facilement faire de grandes fortunes, qu'en
» jouant à la Bourse. Gardons-nous de dire que la
» récolte a manqué ; disons, au contraire, qu'elle est
» abondante, afin que le commerce n'ose pas s'aven-
» turer à faire venir des grains de l'étranger. Avant
» que ce commerce ne se doute de rien, achetons les
» blés qu'il y a à Odessa et dans les autres ports ; que
» chacun emploie tous ses capitaux et son crédit à
» l'*honorable* spéculation de l'accaparement des grains.
» Que peut nous faire, à nous, hommes *illustres* qui
» ne manquerons jamais de rien, quoi qu'il arrive,
» qui pourrons toujours, quelque soit son prix, avoir
» du pain à notre volonté, ainsi que tous les aliments
» nécessaires à notre vie et à celle de nos *Dubarry ;*
» que nous importe ensuite que les classes pauvres
» n'en aient pas, puisque l'occasion se présente de
» tripler nos fortunes dans l'espace de quelques mois ?
» Quand il mourrait de faim quelques milliers de ci-
» toyens, ce ne serait qu'un service à rendre à la
» France, car sa population devient trop considérable.
» Mettons-nous donc vite à l'œuvre, ne perdons pas

» un instant. Et quand nos blés seront arrivés et que
» nous saurons que les mers et les fleuves sont gelés,
» nous avertirons seulement alors le commerce, qui
» se trouvera paralysé par la distance ou empêché par
» les éléments. » Voilà comment parlaient les *augustes* et les très *illustres* qui composaient le *bon* gouvernement de milord Philippe. Et l'on sait que, toutes et
quantes fois qu'il s'agissait d'un désastre, d'une misère
publique, le gouvernement d'un d'Orléans n'a jamais
manqué de joindre la pratique à la théorie. Il n'y a
que quand il fallait faire le bien général qu'il s'en
tenait à la théorie, ayant soin de remplacer la pratique
par des phrases.

Aussi, en 1846, il ne prévint le commerce, qu'il avait
eu soin de faire induire en erreur constamment par
ses journaux, il ne le prévint que la récolte n'était
point suffisante que dans le mois de **Décembre**, alors
que les bâtiments marchands ne pouvaient pas sortir
des ports. Telle fut la seule et unique cause de la
cherté du pain et de la famine de 1847, qui firent tant
souffrir les classes pauvres de la faim, ainsi que mourir
beaucoup de leurs membres.

En 1853, le *mauvais* gouvernement de M. Bonaparte
ne sut pas si bien faire ; quoiqu'il soit composé
d'hommes sans *capacité*, et que la récolte fût encore
bien plus insuffisante qu'en 46, ce *mauvais* gouvernement ne sut pas si bien s'y prendre que le *bon* des
illustres. Pour ne pas laisser effrayer les gens par cette
terreur panique, dont les Cosaques de l'intérieur ré-
pandaient avec joie en se pamant d'aise, de ce que la
récolte était encore bien plus mauvaise qu'en 1846;
le gouvernement de *M. Bonaparte* fit aussi dire par

ses journaux que la récolte était très abondante. Mais tout en faisant dire publiquement cela, comme celui de milord Philippe, il eut en outre la *sotte pensée* de faire dire secrètement au commerce, et cela dès la fin de juillet, de faire venir des grains de l'étranger, qu'il en manquerait considérablement. Voilà pourquoi nous n'avons pas payé le pain si cher qu'en 1847, quoiqu'il y ait manqué trois millions d'hectolitres de blés de plus qu'alors.

Cependant ce *M. Bonaparte* avait contre lui, comme il a encore tout ce qu'il y a de plus *illustres* dans les gens *honorables*, que les méchantes langues appellent *méprisables*, vampires de juillet. Ces *très honorables* ne spéculaient pas l'année dernière sur la misère publique pour s'enrichir; non, leur spéculation alors n'était pas pour *gagner* de l'argent; au contraire, nous pourrions citer certaines compagnies houlières qui préféraient refuser de faire de grands bénéfices, pour tâcher seulement de renverser le *mauvais* gouvernement de *M. Bonaparte*; dans l'espoir de rétablir sur le trône un descendant de *mimi* Egalité. Voici d'ailleurs la conversation qui avait lieu, entre deux *illustres* cosaques, dans le mois de septembre de l'année dernière; je ne les connais ni l'un ni l'autre; mais je connais très particulièrement plusieurs personnes qui ont entendu cette conversation. Ces dernières sont loin de penser que ces sentiments soient mauvais, car il s'en faut qu'elles soient bonapartistes; une surtout, voudrait voir S. M. Napoléon III dans un tout autre endroit qu'aux Tuileries. Ne sachant pas à qui elles faisaient leur confidence, elles me racontèrent peu de temps après ce qu'elles avaient entendu, et paraissaient toutes joyeuses de l'espoir qu'elles avaient que la chose ne pouvait pas tarder d'arriver. Les vampires parlaient du *mauvais* gouvernement de *M. Bonaparte.* Voici ce qu'ils disaient, qu'on lise et qu'on apprécie :

« Il est impossible qu'il puisse résister au coup de
» massue qu'il va recevoir cet hiver. Nous nous som-
» mes mis d'accord avec telle et telle compagnies
» houlières, qui doivent fermer une partie de leurs
» puits ; tels et tels armateurs nous ont promis de ne
» faire que le moins de chargement de blés qu'ils
» pourront ; nous sommes en négociation de faire un
» emprunt de **cinq cent millions** dont nous ferons
» le sacrifice, même du double au besoin, pour acheter
» des valeurs publiques, puis les revendre ou du
» moins les offrir à vil prix dans un moment donné,
» afin de faire faire une *dégringolade* complète, et de
» déprécier toutes les valeurs publiques en général,
» et les rentes sur l'Etat en particulier, aussitôt que
» la crise financière arrivera, et vous savez que cette
» crise financière aura lieu quand nous voudrons.

— » Si les travailleurs de Paris et de Lyon, ainsi que
» des autres grands centres de populations, finissent,
» comme vous dites, par n'avoir pas de pain à se
» mettre sous la dent, ni de charbon pour se chauffer,
» tout ira bien ; car ils se révolteront. Mais différem-
» ment, malgré vos **cinq cent millions** et votre
» crise financière et même commerciale, si vous vou-
» lez, vous verrez que nous ne nous débarrasserons
» pas de cet homme si facilement que vous croyez.

— » Je comprends parfaitement cela ; mais vous
» comprenez aussi que d'après les mesures que nous

» avons prises, Paris et Lyon surtout, ne peuvent
» manquer de se révolter avant la prochaine récolte ;
» vous savez bien que la faim est une mauvaise con-
» seillère.

— » Vos mesures, vos mesures ; et *lui* aussi en
» prend. Si malheureusement le pain ne vaut que 4 ou
» 5 sous la livre au lieu de 8 ou 10, comme vous l'es-
» pérez, si la *cupidité* s'empare des faiseurs de grains,
» si *M. Bonaparte* lui-même ou son fameux gouver-
» nement allait se mettre à en faire arriver à temps,
» je ne vois pas notre succès bien assuré encore,
» moi.

— » Vous êtes toujours comme ça vous ; puisque
» nous avons des hommes *illustres* qui lui conseils le
» contraire ; que diable voulez-vous qu'il s'occupe à
» faire venir du blé, il a bien autre chose à penser.
» L'affaire d'Orient n'est-elle pas là pour l'occuper ?
» Ensuite, est-ce qu'il se doute de la moindre des
» choses ? Les siens et les nôtres, surtout, lui disent
» si souvent que la grande majorité de la France est
» sincèrement pour lui, qu'il a fini par le croire ; il
» ne se doute donc nullement que la nation est pour
» la monarchie constitutionnelle ; il ne pense aucune-
» ment qu'un de ces quatre matins le comte de Paris
» sera à sa place. »

Et il a raison de ne pas le penser ; car la France
n'est pas plus pour les Cosaques de l'intérieur que
pour ceux de l'extérieur. Vous en serez cette fois pour
la honte, vils conspirateurs, infâmes saltimbanques.
La nation veille et ne se laissera pas escamoter
comme en 1830, et malgré tout ce que vous pouvez
faire et dire elle est pour *M. Bonaparte.*

Qu'on ne s'attache donc plus aux mots, en ce qui concerne les noms des gouvernements; c'est aux actes qu'il faut s'arrêter. Que signifie ces noms de *monarchie constitutionnelle* ou de *république démocratique* et *même sociale* si l'on veut? Rien, mais absolument rien. Il ne sont mis en avant que pour tromper le peuple.

Qu'on se rappelle les actes et les sentiments *infâmes* du gouvernement de juillet, soit au dedans, soit au dehors; puis qu'on examine ceux de S. M. Napoléon III, malgré les pendards d'Orléanistes qui le trahissent, l'induisent en erreur, pour lui empêcher de faire tout le bien qu'il désirerait de faire encore de plus qu'il ne fait.

Cependant, malgré la conduite de ces pendards, les *actes* du gouvernement de l'Empereur ne *sont-ils* pas la *satire* de *ceux* du *bon* gouvernement des vampires?

Qu'on juge de ce que l'Empereur fera, par ce qu'il a déjà fait, quoiqu'étant trahi par les Orléanistes, qui n'ont fait semblant de se rallier à lui que pour ne pas perdre leurs traitements et le tromper; qui font des pieds et des mains pour mettre des bâtons dans les roues, pour lui empêcher de faire le bien. Qu'on juge ensuite de ce que ferait un prince d'Orléans, par ce que ses ancêtres ont fait quand ils gouvernaient la France, et qu'on apprécie bien le tout.

Quand on aura tout examiné, si les honnêtes gens n'étaient pas encore convaincus que les Orléanistes sont éminemment mauvais, ne sont absolument que des *Cartouches vaccinés* qui ne valent pas plus que ce dernier, qu'on se rappelle ensuite encore combien il s'en est trouvé dans leur bande qui ait refusé de prêter serment de fidélité à l'Empereur? Les Légitimistes, du moins, ont montré de la dignité; mais les bons Orléanistes, pourrait-on en citer dix dans tout l'Empire? Je crois même qu'on ne peut pas en citer un seul. Or, puisqu'ils ont autant de serments dans le ventre qu'un Talleyrand, qu'un Fouché et qu'un milord Philippe, ce ne sont donc que des véritables pendards.

C'est comme des proscriptions et des transportations qui ont eu lieu après le Deux-Décembre, et dont quelques unes ont tant fait crier les Républicains contre le gouvernement de Sa Majesté. Sait-on bien à qui on les doit, ces proscriptions et ces transportations? J'en doute. Eh bien! je vais l'apprendre au lecteur.

Un coup d'État des plus monstreux et des plus désastreux tout à la fois, devait avoir lieu le 10 décembre 1851, mais non le 2, ainsi qu'il a eu lieu, pour le bonheur du pays.

Pour ce coup d'État du 10 décembre, tout avait été si bien combiné, qu'on regardait le succès comme infaillible : — celui-ci devait nous ramener tous les descendants de M. Corby-Égalit.

Qu'on ne pense pas ce que coup d'État, qu'on avait bien arrêté de faire le 10 au matin, devait être pour le malheur de la France, on se tromperait : ce n'était que dans le plus *grand intérêt du peuple et de la nation*. On ne voulait le faire que pour *sauver la France!*... *La préserver* d'un cataclysme de malheurs qui la menaçait!!!...

A cet effet, on avait nommé un gouvernement provisoire, un ministère, un général en chef des armées de terre et de mer, auquel général on avait donné un lieutenant qui devait le remplacer en cas de mort *au champ de la honte*, car cette fois ce n'eût pas été, je pense, *au champ d'honneur.* Tout ce personnel n'était pas des gens de *rien* et sans *capacité*, comme ceux dont s'est entouré *M. Bonaparte,* il avait été choisi dans ce qu'il y a de plus *illustres* dans les vampires de juillet et des plus *honorables* dans les Cosaques de l'intérienr. Dans le mois de juillet 1851, ces *bons* patriotes envoyèrent à 63 ou 73, — je ne me rappelle plus lequel de ces deux chiffres, mais je suis certain de l'un ou de l'autre, — préfets, l'ordre de faire les listes des Républicains, et de leur adresser ces listes, par *courriers particuliers,* de manière à ce qu'elles arrivassent à Paris, au *comité central,* dans la première huitaine de *décembre* 1851. Je pourrais citer un personnage, très dévoué soi-disant, qui était venu de *** à Paris, pour aider ses amis, les *illustres* de juillet, qui est passablement haut placé depuis le Deux-Déeembre. Il fit du zèle bonapartiste quand il vit que l'orléanisme était enfoncé. Ces braves gens aiment tant à faire du zèle!!!

Quand le vénérable comité vit que, contrairement à ce qu'il avaitprévu, le Deux-Décembre effaçait de l'histoire la *grande journée du dix,* ordre fut immédiatement donné à ses 73 dévoués préfets de supprimer les noms des légitimistes et des bonapartistes, et d'envoyer ensuite les listes au gouvernement de *M. Bonaparte* ; leur disant, qu'il resterait toujours assez de républicains, lesquels, dans un moment donné, ne manqueraient pas de leur être utiles pour la destruction du Gouvernement, parce que les nombreuses proscriptions et déportatious qui auraient lieu, ne manqueraient pas d'exaspérer toute cette *canaille (sic)* contre *M. Bonaparte.*

Les préfets d'alors, du moins les 63 ou 73, trouvant un moyen de faire du zèle, tout en servant la très respectable conspiration orléaniste, s'empressèrent d'envoyer les listes de *ces canailles* de républicains. Voilà à qui sont dues les sept huitièmes des proscriptions et des déportations qui ont eu lieu après le Deux-Décembre, et pourquoi les Légitimistes n'ont pas été inquiétés.

Si le Gouvernement de Sa Majesté avait suivi à la lettre ce que les listes voulaient de déportations, le nombre des déportés aurait été plus que du double. Et, si malheureusement le Deux-Décembre n'avait pas eu lieu, la déportation eût été plus que triplée. Noukaïva devait être très bien peuplé. Celui qui trace ces lignes devait y faire un voyage *d'agrément.* en *bonne* et *nombreuse compagnie.* Les bons Orléanistes voulaient faire une razzia qui aurait pu compter pour deux. Ils sont si *humains* et si *honorables ! ! !*...

Que les républicains le sachent donc bien, c'est aux vénérables partisans de la *ruine publique* avec un roi, à qui ils doivent que leurs amis sont à Cayenne, à Lambessa et un peu partout. Sans les vampires de Juillet, il pourrait y en avoir ; mais il y en aurait les trois quarts et demi de moins. Pour se rendre compte de cette grande vérité, que l'on compare le petit nombre d'arrestations qu'il y a eu dans les départements où les préfets étaient sincèrement dévoués à M. *Bonaparte*? Cependant il n'y avait pas moins de républicains dans ces départements, que dans ceux administrés par les ignobles créatures des vampires de Juillet.

Hommes de cœur et d'honneur qui avez des sentiments nobles et patriotiques, quelles que soient vos opinions politiques, ne vous laissez plus influencer par les Cosaques de l'intérieur. Ce sont des êtres sans cœur ni âme qui veulent encore vous tromper une fois. Vous surtout, travailleurs, mes frères, à qui la Providence n'a non plus donné en partage, que vos peines de chaque jour pour subvenir aux besoins de votre famille, méfiez-vous des *illustres* barbares de l'orléanisme et de leurs créatures. Rappelez-vous leur *bon* règne et leurs actes ; cela vous suffira pour vous prouver qu'ils n'ont point d'âme, qu'ils ne représentent que la honte, la misère, la décadence de la nation et le crime !!!

Je passe aux ennemis de Sa Majesté l'Empereur tout le ridicule, même les défauts que lui prêtent la calomnie, le hideux mensonge ! Après cela, j'espère qu'on voudra bien ne pas contester qu'il a de grandes qualités ; qu'il a de nobles et vertueux sentiments, qu'il a pour le peuple l'amour des Louis IX, des Louis XII, et d'Henri IV réunis ; qu'il a pour la grandeur, la dignité et la puissance de la France, les *rares capacités gouvernementales* des Louis XIV et des Napoléon Ier, son oncle. Donc Napoléon III est la représentation symbolique de l'honneur, de la gloire, de la vertu et de la démocratie elle-même !!!

Sa Majesté l'Empereur nous accordant, à nous, *classes laborieuses*, toutes ses préférences et sa puissante protection, prêtons-lui donc tous... notre concours, et n'écoutons plus la jactance et les calomnies des Cosaques de l'intérieur. Nous n'avons que ce seul moyen à prendre, pour nous faire sortir de la profonde misère, dans laquelle ces vampires nous ont plongés.

Procédons de cette manière, vous verrez, mes amis que nous ne tarderons pas à retrouver le bien-être qui nous manque.

FIN.

LE BARON D'ARGENT-COURT

A

SA MAJESTÉ L'EMPEREUR

SIRE,

Sachant que de grandes mesures sont prises par vos ennemis, afin que tout ce qui est dans l'intérêt public, dont Votre Majesté s'occupe avec tant de sollicitude, ne puisse lui arriver ; je profite de la publication que m'offre un ami, dans l'espoir que Votre Majesté pourra avoir connaissance de ma supplique.

Sire, quand on ne se trouve pas bien couvert, il est beaucoup d'employés publics qui reçoivent fort mal les personnes qui ont besoin de leur parler ; ils sont d'une brutalité incroyable.

J'ai vu aussi des arrestatious arbitraires, des provocations, et même des condamnations à l'emprisonnement et à la déportation de personnes honorables, à qui on ne laissait aucun des moyens de défense que leur accordait la loi. Je pourrais citer à Votre Majesté des noms propres, qui ont été poursuivis et condamnés à l'emprisonnement pour affiliation à des sociétés secrètes, quoiqu'ils n'aient jamais fait partie de ces sociétés ; puis ensuite qui ont été condamnés à dix ans de déportation à Cayenne.

On m'a assuré, SIRE, qu'on ne faisait ces sortes de choses que pour dépopulariser Votre Majesté ; que c'est pour indigner l'esprit public afin de faire révolter le pays contre votre Gouvernement ; car on a soin de faire venir directement de vous, SIRE, tout ce qui se fait de mal, et de prêter à un autre parti que celui de Votre Majesté tout ce qu'il vous plaît de faire de bien.

J'ai cru devoir vous prévenir de ce qui se passe,

Sire, afin que Votre Majesté daigne empêcher le trop grand zèle de vos faux amis, Sire, si vous le jugez convenable. Ce faisant, Votre Majesté pourra compter un grand service de plus qu'elle aura rendu à la France.

Dans cet espoir, daignez agréer,

Sire,

Les hommages respectueux et bien sincères de celui qui a l'honneur d'être,

De Votre auguste Majesté,

Le plus humble et dévoué sujet, mais le plus grand admirateur,

Baron D'ARGENT-COURT.

Paris — Imp. G.-A Pinard. — Dentan et Cᵉ, 9, cour des Miracles.

TABLE DES MATIÈRES.

Avant-propos.   5

Chap. Iᵉʳ. — De la Monarchie administrative des Mirabeau-Saltimbanque.   23

Chap. II. — De la bonne justice des amis de Juillet
et de Février.   37

Chap. III. — De la Spéculation sur les gens pauvres.   63

Chap. IV. — De l'Administration qu'on a la facétie
de nommer savante et prospère. . .   93

Chap. V. — Des deux premiers fléaux de l'Orléanisme.   124

Chap. VI. — Du troisième fléau de l'Orléanisme. . .   174

Chap. VII. — De l'aveugle erreur des masses. . . .   247

Supplique du baron d'Argent-Court à S. M. l'Empereur.   307

Du même Auteur,

POUR PARAÎTRE INCESSAMMENT :

LES MÉMOIRES

DU

BARON D'ARGENT-COURT.

——— o ———

UNE MINE D'OR

OU LE

TRÉSOR DES MONTAGNES DU BEAUJOLAIS

IMPRIMERIE G.-A. PINARD. —— DENTAN ET Cᵉ,

9, COUR DES MIRACLES.